"国家金融学"系列教材 / 陈云贤 主编

国家金融政策组合

GUOJIA JINRONG ZHENGCE ZUHE

黄新飞　邓贵川　编著

版权所有　翻印必究

图书在版编目（CIP）数据

国家金融政策组合/黄新飞，邓贵川编著. —广州：中山大学出版社，2021.10

（"国家金融学"系列教材/陈云贤主编）

ISBN 978-7-306-07309-9

Ⅰ. ①国… Ⅱ. ①黄… ②邓… Ⅲ. ①金融政策—中国—教材 Ⅳ. ①F832.0

中国版本图书馆 CIP 数据核字（2021）第172820号

出 版 人：王天琪
策划编辑：嵇春霞
责任编辑：徐诗荣
封面设计：曾　婷
责任校对：卢思敏
责任技编：靳晓虹
出版发行：中山大学出版社
电　　话：编辑部 020-84110283，84113349，84111997，84110779，84110776
　　　　　发行部 020-84111998，84111981，84111160
地　　址：广州市新港西路135号
邮　　编：510275　　传　真：020-84036565
网　　址：http://www.zsup.com.cn　E-mail：zdcbs@mail.sysu.edu.cn
印 刷 者：佛山市浩文彩色印刷有限公司
规　　格：787mm×1092mm　1/16　18.5 印张　313 千字
版次印次：2021年10月第1版　2021年10月第1次印刷
定　　价：62.00元

如发现本书因印装质量影响阅读，请与出版社发行部联系调换

"国家金融学"系列教材

编委会

主　　编　陈云贤

副主编　李善民　李广众　黄新飞

编　　委　（按姓氏笔画排序）

　　　　　王　伟　王彩萍　韦立坚　杨子晖

　　　　　李小玲　李广众　张一林　周天芸

　　　　　赵慧敏　黄新飞

"国家金融学"系列教材

总　序

国家金融与国家金融学，是两个需要清晰界定的概念和范畴。在现实中，当我们谈到金融时，大多是指国际金融或公司金融。有关国家金融的文章或书籍要在国外发表或出版，编辑提出的第一个问题往往是它与公共财政有什么区别。在理论上，现有的金融学科大致可划分为：以汇率和利率决定机制为主的国际金融学和货币金融学[①]，以资产价格决定机制为主的公司金融学和投资学[②]——还没有国家金融学。换句话说，现有的金融学研究大多聚焦于技术细节，即使有与国家金融相关的研究，也主要散见于对政策或市场的解读之中，理论性较弱且不成体系。而笔者所探讨的国家金融是聚焦于一国金融发展中最核心、最紧迫的问题，在此层面采取的政策与措施事关一国金融的健康稳定和经济的繁荣发展。因此，此处提出的国家金融学，是以现代金融体系下国家金融的行为及其属性为研究对象，从金融市场的要素、组织、法制、监管、环境和基础设施六个方面来探讨国家金融行为、维护国家金融秩序、提升国家金融竞争力。

关于现代金融体系，国内外理论界有"三体系论""四要素论"和"五构成论"等不同表述。"三体系论"认为，金融体系可大致划分为三个体系：一是金融的宏观调控和监管体系，二是金融的市场体系，三是金融的机构体系。其中，金融的市场体系包括交易对象、交易主体、交易工

[①] 参见陈雨露主编《国际金融》（精编版），中国人民大学出版社2008年版，前言。
[②] 参见王重润主编《公司金融学》，东南大学出版社2010年版，第1～8页。

具和交易价格。① "四要素论"认为,金融市场由四个要素构成:一是金融市场的参与者,包括政府部门、工商企业、金融机构和个人;二是金融工具,其特征包括偿还性、流动性、风险性和收益性;三是金融市场的组织形式,包括在固定场所内的集中交易方式、分散交易方式和场外交易方式;四是金融市场的管理,包括中央银行及有关监管当局的管理。② "五构成论"认为,金融市场的构成要素有五个:一是金融市场主体,即金融市场的交易者;二是金融市场工具,即金融交易的载体,金融市场工具可以理解为金融市场工具持有人对发行人的债权或权益;三是金融市场中介,通常是指为资金融通提供媒介服务的专业性金融机构或取得专业资格的自然人;四是金融市场组织方式,是指能够使金融市场成为现实的市场并正常运转的制度安排,主要集中在市场形态和价格形成机制两方面;五是金融市场监管,即对金融活动进行监督和调控等。它们在金融体系中共同发挥着作用。③ 与上述的"三体系论""四要素论""五构成论"相比,笔者更强调现代金融体系功能结构的系统性,并在其中探索国家金融行为对一国经济金融稳定和健康发展的影响。

一、国家金融行为是否存在,是个有争议的话题

西方经济学的传统理论认为,政府只能在市场失灵的领域发挥作用,比如需要提供公共物品时或存在经济的外部性和信息不对称时。但我们回望历史又不难看到,现实中的西方国家,尤其是一贯奉行自由主义经济的美国,每到关键时刻,政府都屡屡出手调控。下面仅举几个事例进行说明。

第一例是亚历山大·汉密尔顿(Alexander Hamilton)对美国金融体系的构建。早在美国建国之初,作为第一任财政部部长的汉密尔顿就着力建立国家信用,健全金融体系,完善财税制度,促进工商业发展,从而构建了美国财政金融体系的五大支柱——统一的国债市场、中央银行主导的银行体系、统一的铸币体系(金银复本位制)、以关税和消费税为主体的税

---

① 参见乔治·考夫曼著《现代金融体系——货币、市场和金融机构》(第六版),陈平等译,经济科学出版社2001年版,第3页。
② 参见黄达、张杰编著《金融学》(第四版),中国人民大学出版社2017年版,第286~293页。
③ 参见霍文文主编《市场金融学教程》,复旦大学出版社2005年版,第5~15页。

收体系，以及鼓励制造业发展的财政金融贸易政策。这些举措为美国的现代金融体系奠定了扎实的前期基础。对此，我们需要思考的是，在200多年前，为什么汉密尔顿已经对财政、金融有此思考，并高度强调"整体国家信用"的重要性？为什么他认为美国要成为一个繁荣富强的国家，就必须建立坚固的诸州联盟和强有力的中央政府？

第二例是1933年开始的"罗斯福新政"。其主旨是运用财政手段，结合金融举措，大力兴建基础设施项目，以增加就业、刺激消费和促进生产。其主要举措包括：第一，民间资源保护队计划。该计划侧重吸纳年龄在18岁至25岁之间的身强力壮且失业率偏高的青年人，参与植树护林、防治水患、水土保持、道路建筑、开辟森林防火线和设置森林瞭望塔等工程建设项目。到美国参与第二次世界大战（简称"二战"）之前，先后有200多万名青年参与过这些项目，他们开辟了740多万英亩[①]国有林区和大量国有公园。第二，设立了以着眼于长期目标的工程为主的公共工程署和民用工程署。民用工程方面，美国兴建了18万个小型工程项目，包括校舍、桥梁、堤坝、下水道系统、邮局和行政机关大楼等公共建筑，先后吸纳了400万人为此工作。后来，美国又继续建立了几个新的工赈机构。其中最著名的是国会拨款50亿美元兴办的工程兴办署和针对青年人的全国青年总署，二者总计雇用人员达2300万，占全国劳动力的一半以上。第三，至"二战"前夕，美国联邦政府支出近180亿美元，修建了近1000座飞机场、12000多个运动场、800多座校舍与医院，创造了大量的就业机会。其中，金门大桥和胡佛水坝至今仍是美国的标志性建筑。

第三例是布雷顿森林会议构建的国际金融体系。1944年7月，布雷顿森林会议在美国新罕布什尔州召开。时任英国代表团团长约翰·梅纳德·凯恩斯（John Maynard Keynes）在会前提出了"二战"后世界金融体系的"三个一"方案，即"一个世界货币""一个世界央行""一个世界清算体系"联盟。而以美国财政部首席经济学家哈里·德克斯特·怀特（Harry Dexter White）为会议主席的美国方面，则按照政治力量优先于经济实力的逻辑，采取政治与外交手段，在多国角力中最终促成了围绕美国政治目标而设立的三个工作委员会，分别讨论国际稳定基金、国际复兴开发银行和其他国际金融合作事宜。日后正式成立的国际货币基金组织、世界银行

---

① 1英亩≈4046.86平方米。

（国际复兴开发银行）和国际清算银行等奠定"二战"后国际金融秩序的组织均发端于此。可以说，这次会议形成了以美国为主的国际金融体系，左右着国际经济的运行。

第四例是通过马歇尔计划构建的以美元为主的国际货币体系。该计划由美国于1948年4月主导启动，欧洲国家成立了"欧洲经济合作组织"与之对接。"二战"后，美国对欧洲国家的援助包括资金、技术、人员等方面，其中资金援助的流向是：美国援助美元给欧洲国家，欧洲各国将美元作为外汇购买美国的物资；除德国外，欧洲国家基本上不偿还援助资金；除德国将援助资金用于私有企业再投资外，欧洲各国多数将其用于填补财政亏空。在这个体系中，美元滞留欧洲，形成"欧洲美元"。于是，国际货币体系在布雷顿森林会议和马歇尔计划的双重作用下，逐渐从"金银复本位制"发展到"金本位制"、"黄金—美元—他国货币"双挂钩（实施固定汇率：35美元＝1盎司黄金）、"美元与外国货币固定汇率制"（从1971年8月15日起黄金与美元脱钩）、"美元与外国货币浮动汇率制"（由1976年的《牙买加协定》所确立）。最终，美国运用"石油交易捆绑美元结算"等金融手段，形成了美元在国际货币体系中一家独大的局面，使其成为国际经济中的强势货币。

第五例是美国对2008年次贷危机的应对。美国联邦储备委员会（简称"美联储"）、财政部、联邦存款保险公司（Federal Deposit Insurance Corporation，FDIC）、证券交易委员会（Securities and Exchange Commission，SEC）、国会和相关政府部门联手，全力以赴化解金融危机。其主要举措有：第一，美联储作为独立于联邦政府和政党纷争的货币政策执行者，采取传统的激进货币政策和非常规、非传统的货币政策并行的策略，以市场化手段处置金融危机、稳定金融市场；第二，在美联储货币政策无法应对之际，财政部出台"不良资产救助计划"（Troubled Asset Relief Program，TARP），以政府直接投资的方式，援助主要金融机构和部分大型企业；第三，政府还采取了大幅快速减税、扩大赤字化开支等财政政策刺激经济增长；第四，美国国会参、众两院通过立法的方式及时完善法律环境，如政府协调国会参、众两院分别签署通过了《2008年紧急经济稳定法案》《2008年经济振兴法案》《2009年经济振兴法案》《2009年美国复苏与再投资法案》，以及自1929年大萧条以来最重要的金融监管改革法案之一——《多德－弗兰克华尔街改革与消费者保护法案》。可以说，美国采用货币政策、财政政策、监管政策、经济振兴计划及法制保障等多种措施,稳定了金融市场,刺激了经济发展。

第六例是2019年美国的2万亿美元巨额基础设施建设计划。该计划由特朗普政府发起,2019年4月30日美国参议院民主党和共和党就推进2万亿美元巨额基础设施建设计划达成共识,确定以财政手段结合金融举措,启用汽油税作为美国联邦政府投资的主要资金来源,并通过政府和社会资本合作的方式(Public-Private-Partnership,PPP)融资,通过大规模减税带来海外资金的回流和大量发行国债募集巨额资金投资基础设施建设,目标是创造经济增长的新动力。其主要举措包括重建高速公路、桥梁、隧道、机场、学校、医院等基础设施,并让数百万民众参与到这项工作中来;通过大规模的基础设施建设,打造和维持世界上最好的高速公路和航空系统网;等等。

由以上诸例可见,美国政府在历史进程中采取的国家金融行为,不仅包括处置国内的产业经济危机、助力城市经济和民生经济以促进社会发展,而且还包括强势介入国际经济运行,在打造国际金融体系方面有所作为。其他发达国家的此类案例也比比皆是。历史和现实告诉我们,从国家金融学的角度探讨国家金融行为及其属性,研究国家金融战略,做好国家金融布局,维护国家金融稳定,推动国家经济发展,既是一国政府在当代经济发展中面临的客观要求,也是金融理论界需要重视并深入研究的课题。

二、国家金融理论滞后于实践发展

事实上,通过采取国家金融行为以维护国家金融秩序、提升国家金融竞争力的事例,在各国经济实践中已经广泛存在,但对这些案例的理论总结与分析还远远不够。可以说,国家金融理论的发展是极大滞后于经济实践进程的。下面仅举两个案例予以说明。

案例一是美国资产重组托管公司①(Resolution Trust Corporation,RTC)与中国四大资产管理公司。

RTC是美国政府为解决20世纪80年代发生的储贷机构危机而专门成

---

① 参见郭雳《RTC:美国的金融资产管理公司(一)》,载《金融法苑》1999年第14期,第47~51页。

立的资产处置机构。1989年8月，美国国会通过《1989年金融机构改革、复兴和实施法案》(Financial Institutions Reform, Recovery, and Enforcement Act of 1989)，创立RTC，对国内出现问题的储贷机构进行重组处置。下面我们从六个方面来介绍RTC的具体情况。

（1）RTC设立的背景。20世纪70年代中后期，美国经济受到经济停滞和通货膨胀的双重冲击。政府对当时主要为低收入家庭买房、建房提供贷款的非银行储蓄机构及其储贷协会放松管制，扩大其业务范围，期望以此刺激经济恢复生机。然而，沉没在投机性房地产贷款与垃圾债券上的大量资金和不良资产使储贷机构严重资不抵债，走向破产的边缘。在这一背景下，RTC应运而生，对相关储贷机构进行资产重组。RTC被赋予五大目标：一是重组储贷机构；二是尽量减少重组损失，争取净现值回报最大化；三是充分利用募得资金处置破产的储贷机构；四是尽量减小处置过程中对当地房地产市场和金融市场的影响；五是最大限度地保障中低收入者的住房供应。

（2）RTC的组织架构。这分为两个阶段：第一阶段是1989年8月至1991年10月，RTC由美国联邦存款保险公司（FDIC）负责管理，财政部部长、美联储主席、住房和城市发展部部长和总统指派的两名私营部门代表组成监察委员会，负责制定RTC的运营策略和政策，任命RTC的总裁（由FDIC总裁兼任）和首席执行官，以开展日常工作。第二阶段是从1991年11月开始，美国国会通过《重组托管公司再融资、重构与强化法案》(Resolution Trust Corporation Refinancing, Restructuring, and Improvement Act)，原监察委员会更名为储贷机构存款人保护监察委员会，在调整相关成员后，确定RTC总部设立在华盛顿，在亚特兰大、达拉斯、丹佛和堪萨斯城设立4个地区办公室，在全国设立14个办事处和14个销售中心，RTC不再受FDIC管理。直至1995年12月RTC关闭解散后，其余下工作被重新划回FDIC继续运作。

（3）RTC的资金来源。在实际运营中，RTC的资金来源由四个方面构成：财政部拨款、资产出售后的回收资金、托管储蓄机构中的存款以及来自重组融资公司（Resolution Funding Corporation）和联邦融资银行（Federal Financing Bank）的借款。

（4）RTC的运作方式。这主要分为两类：对储贷机构实施援助和重组。援助主要是以现金注入方式帮助相关储贷机构摆脱困境，使其重获持续经营的能力。重组主要包括四个步骤：清算、托管、重组、资产管理与处置。其中，资产管理与处置主要是采用公开拍卖、期权销售、资产证券化等手段。

（5）RTC 的资产定价方法。因为 RTC 处置的资产中近一半是商业和居民住房抵押贷款，其余是储贷机构自有房产、其他贷款及各类证券等，所以 RTC 在资产估价过程中结合地理位置、资产规模、资产质量、资产期限、偿付标准等因素，主要采用传统的净现值折现方法，同时结合运用推演投资价值（Derived Investment Value，DIV）工具完善估值。为防止不良资产被贱卖，RTC 还会根据资产评估价格的一定比例设定保留价格作为投标底线。

（6）RTC 的运作成效。从 1989 年 8 月至 1995 年 12 月底，RTC 成功重组了 747 家储蓄机构。其中，433 家被银行并购，222 家被其他储蓄机构并购，92 家进行了存款偿付，共涉及资产约 4206 亿美元，重组成本约为 875 亿美元。RTC 的实践为清理破产金融机构、消化不良资产和化解金融危机提供了较为成功的范例。

美国 RTC 的成功经验也为中国所借鉴。1999 年，中国政府在处置亚洲金融危机时，就参考了美国 RTC 的方式，剥离中国工商银行、中国农业银行、中国银行、中国建设银行四大银行的不良资产，组建了华融资产管理公司、东方资产管理公司、长城资产管理公司和信达资产管理公司来处理不良资产，参与资本市场运作。

可见，在美国、中国都存在这种典型的国家金融行为，但对于这类实践，理论界还缺乏系统性的探讨、总结，对这类问题的研究仍然是碎片化的、外在的，主要侧重于对技术手段的研究。在世界范围内，上述类型的不良资产处置公司应怎样定位，其功能和续存时间如何，这些都是亟待学界研究的课题。

案例二是沃尔克法则（Volcker Rule）与金融风险防范。

为了避免 2008 年次贷危机重演，2010 年 7 月，美国颁布了《多德-弗兰克华尔街改革与消费者保护法案》，在政府监管机构设置、系统性风险防范、金融业及其产品细分、消费者保护、危机处置等方面设置了一系列监管措施。其中，沃尔克法则是最有影响的改革内容之一。①

---

① 参见姚洛《解读沃尔克法则》，载《中国金融》2010 年第 16 期，第 45～46 页。

该法则的提出有着特殊的背景。美国的金融监管模式是在历史进程中逐渐形成的，是一个以联邦政府和州政府为依托、以美联储为核心、由各金融行业监管机构共同组成的双层多头金融监管体系。这一体系的弊端在2008年金融危机的爆发和蔓延过程中暴露无遗：一是监管体系无法跟上经济和金融发展的步伐；二是缺乏统一监管，难以防范系统性金融危机；三是监管职能重叠或缺位，造成监管死角；四是缺乏对金融控股公司的有效监管；五是分业监管体系与混业市场经营相背离；等等。保罗·沃尔克（Paul Volcker）对此曾经尖锐地指出，金融机构的混业经营和分业监管的错配是金融危机爆发的一个重大根源。

在这一背景下，沃尔克法则应运而生。其核心是禁止银行从事自营性质的投资业务，同时禁止银行拥有、投资或发起对冲基金和私募基金。其具体措施包括：第一，限制银行的规模，规定单一金融机构在储蓄存款市场上所占份额不得超过10%，从而限制银行通过过度举债进行投资的能力；第二，限制银行利用自身资本进行自营交易，规定银行只能在一级资本的3%以内进行自营投资；第三，限制银行拥有或资助对私募基金和对冲基金的投资，规定银行在每只基金中的投资比例不得超过该基金募集资本的3%；第四，控制资产证券化风险，规定银行销售抵押贷款支持证券等产品至少留存5%的信用风险；等等。

沃尔克法则的目标聚焦于金融市场"去杠杆化"。在该法则之下，国家可以将金融行业的风险进行隔离，简化风险管理的复杂度，提高风险管理和审慎监管的效率。这是一种典型的国家金融行为。在理论上，它涉及对一国的商业银行资产负债管理和投资银行风险收益关系的深化研究；在实践中，它关乎一国金融监管模式的选择和金融经济发展的方向。然而，学界对沃尔克法则的研究或借鉴，多数仍然停留在防范金融风险的技术手段上。

三、国家金融人才短缺，金融学需要细分

国家金融理论滞后于实践发展的直接后果是国家金融人才短缺。其原因主要有三：一是金融学缺乏细分，二是国内外金融学教研主要聚焦于微观金融领域与技术分析，三是国内外金融学学生大多偏重于微观金融的技术手段分析和操作。关于国内金融学研究的现状，我们以两个高校的例子予以说明。

第一例是以"金融"命名的某大学经济学科相关专业人才培养方案中

的课程设置（如图 1 所示）。

- 金融学专业 —— 金融学；金融市场与金融机构；商业银行经营学；信用担保；国际金融学；投资学；公司金融；金融工程学；金融风险管理等
- 投资学专业
- 财政学专业
- 金融工程专业
- 保险学专业
- 国际经济与贸易专业
- 经济学专业
- 经济与金融专业 —— 微观经济学；宏观经济学；金融经济学；投资经济学；区域经济学；产业经济学；计量经济学；金融工程学；商业银行经营学；银行会计；国际金融学；金融市场学
- 信用管理专业
- 经济统计学专业
- 金融数学专业
- 互联网金融专业

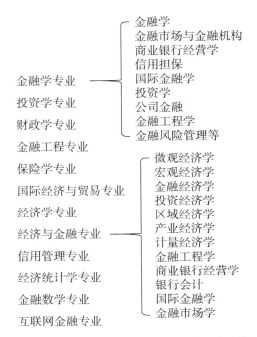

图 1　某金融大学经济学科相关专业人才培养方案中的课程设置

由图 1 的经济学科人才培养方案中的课程设置可知，该大学设置的 12 个经济类专业，涉及宏观金融学科的只有两个：金融学专业和经济与金融专业。前者的 9 门课程中只有国际金融学涉及少量宏观金融的概念，后者的 12 门课程中只有金融经济学与国际金融学涉及一些宏观金融的内容，其余多数为微观金融或部门金融的范畴。

第二例是某综合性大学金融学院金融学专业人才培养方案中的核心课程（如图 2 所示）。

专业核心课程：
- 货币金融学
- 公司金融
- 证券分析与实证分析
- 金融衍生工具
- 国际金融
- 金融机构与市场
- 投资与资产组合管理

图 2　某综合性大学金融学院金融学专业人才培养方案中的核心课程

由图 2 可知，该综合性大学金融学院金融学专业 7 门核心课程中只有国际金融涉及少量的宏观金融知识，其余均为微观金融或部门操作性金融技术的范畴。

上述两个案例告诉我们，国内的金融学教研基本上没有涉及国家金融层面的理论，缺乏对国家金融行为取向的研究与教学。

那么，国外金融学研究的情况如何呢？我们可以回顾一下 1991 年至 2020 年诺贝尔经济学奖获奖者概况（见表 1）。

表 1　1991 年至 2020 年诺贝尔经济学奖获奖者概况

年　份	获奖者（中译名）	主要贡献
1991	罗纳德·科斯	揭示并澄清了交易费用和产权在经济的制度结构和运行中的重要性
1992	加里·贝克	将微观经济理论扩展到对人类行为及互动的分析上，包括非市场行为
1993	罗伯特·福格尔、道格拉斯·诺斯	运用经济理论和定量方法来解释经济和制度变迁，更新了经济史研究
1994	约翰·海萨尼、小约翰·纳什、莱因哈德·泽尔腾	在非合作博弈的均衡分析理论方面做出了开创性贡献
1995	小罗伯特·卢卡斯	发展并应用了理性预期假说，由此重塑了宏观经济学研究并深化了人们对经济政策的理解
1996	詹姆斯·莫里斯、威廉·维克瑞	对信息不对称条件下的经济激励理论做出了基础性贡献
1997	罗伯特·默顿、迈伦·斯科尔斯	为金融衍生品的定价问题贡献了新方法
1998	阿马蒂亚·森	对福利经济学做出了贡献
1999	罗伯特·蒙代尔	分析了不同汇率制度下的货币政策与财政政策，并分析了最优货币区
2000	詹姆斯·J. 赫克曼、丹尼尔·L. 麦克法登	前者发展了分析选择性抽样的理论和方法，后者发展了分析离散选择的理论和方法

续表1

年 份	获奖者（中译名）	主要贡献
2001	乔治·阿克尔洛夫、迈克尔·斯彭斯、约瑟夫·斯蒂格利茨	分析了充满不对称信息的市场
2002	丹尼尔·卡尼曼、弗农·史密斯	前者将心理学的研究成果引入经济学研究中，特别侧重于研究人在不确定情况下进行判断和决策的过程；后者为实验经济学奠定了基础，发展了一整套实验研究方法，并设定了经济学研究实验的可靠标准
2003	罗伯特·恩格尔、克莱夫·格兰杰	前者创立了描述经济时间序列数据时变波动性的方法：自回归条件异方差；后者发现了根据共同趋势分析经济时间序列的方法：协整理论
2004	芬恩·基德兰德、爱德华·普雷斯科特	在动态宏观经济学领域做出了贡献，揭示了经济政策的时间连贯性和商业周期背后的驱动力
2005	罗伯特·奥曼、托马斯·谢林	通过对博弈论的分析，加深了对冲突与合作的理解
2006	埃德蒙·费尔普斯	分析了宏观经济政策中的跨期权衡问题
2007	莱昂尼德·赫维茨、埃里克·马斯金、罗杰·迈尔森	为机制设计理论奠定了基础
2008	保罗·克鲁格曼	分析了贸易模式和经济活动的地域
2009	埃莉诺·奥斯特罗姆、奥利弗·威廉森	分析了经济管理行为，尤其是前者研究了公共资源管理行为，后者分析了公司治理边界行为
2010	彼得·戴蒙德、戴尔·莫滕森、克里斯托弗·皮萨里季斯	分析了存在搜寻摩擦的市场
2011	托马斯·萨金特、克里斯托弗·西姆斯	对宏观经济中的因果关系进行了实证研究

续表1

年 份	获奖者（中译名）	主要贡献
2012	埃尔文·罗斯、罗伊德·沙普利	在稳定配置理论及市场设计实践上做出了贡献
2013	尤金·法玛、拉尔斯·彼得·汉森、罗伯特·席勒	对资产价格做了实证分析
2014	让·梯若尔	分析了市场力量与监管
2015	安格斯·迪顿	分析了消费、贫困和福利
2016	奥利弗·哈特、本格特·霍姆斯特罗姆	在契约理论上做出了贡献
2017	理查德·H. 塞勒	在行为经济学领域做出了贡献
2018	威廉·诺德豪斯、保罗·罗默	前者将气候变化引入长期宏观经济分析中，后者将技术创新引入长期宏观经济分析中
2019	阿比吉特·巴纳吉、埃丝特·迪弗洛、迈克尔·克雷默	在减轻全球贫困方面探索了实验性做法
2020	保罗·米尔格龙、罗伯特·B. 威尔逊	对拍卖理论的改进和发明了新拍卖形式

［资料来源：《盘点历届诺贝尔经济学奖得主及其贡献（1969—2019）》，见新浪财经网（https://tinance.sina.cn/usstock.mggd.2019-10-14/detail-iicezuev2135028.d.html），2019年10月14日。］

在30年的时间跨度中，只有少数几位诺贝尔经济学奖获奖学者的研究是关于金融问题的：1997年获奖的罗伯特·默顿和迈伦·斯科尔斯研究了金融机构新产品的期权定价公式，1999年获奖的罗伯特·蒙代尔讨论了不同汇率制度下的货币政策与财政政策以及最优货币区，2003年获奖的罗伯特·恩格尔和克莱夫·格兰杰在计量经济学领域的开拓性贡献为金融分析提供了不可或缺的工具，2013年获奖的尤金·法玛、拉尔斯·彼得·汉森和罗伯特·席勒的贡献主要是对资产价格进行了实证分析；其余的获奖者则基本上没有直接触及金融问题。而在上述涉及金融问题的诺贝尔经济学奖获奖人中，只有罗伯特·蒙代尔一人在理论上探讨了国际金融问题，其他人则主要侧重于金融资产定价或金融实践的成效。

综上可见，无论是国内还是国外的金融学，都缺乏对国家金融的理论研究，且相关人才匮乏。与之相对的是，世界范围内重大的金融变革与发展，多是由不同国家的金融导向及其行为所推动的。因此，国家金融学研究不但应该引起学界重视，而且应该在一个更广阔的维度获得深化和发展。

笔者呼吁，要培养国家金融人才，就需要对现有的金融学研究和教学进行细分。以美国与中国高校金融学教学中普遍使用的教材为例，美国的常用教材是弗雷德里克·S. 米什金的《货币金融学》①，中国则是黄达、张杰编著的《金融学》（第四版）②。这两种教材的优点是全面、系统：从货币起源讲到金融中介、金融体系，从金融市场讲到金融机构、金融监管，从中央银行讲到货币政策、外汇市场和国际金融，从金融运行的微观机制讲到资产组合与定价、业务管理与发展，等等。然而，为了满足当今经济发展对国家金融理论研究、实践管理和人才培养的需求，有必要在此类金融学教科书的基础上强化对国家金融学的研究与教学。因此，笔者建议在金融学原理的基础上，将金融学科细分为三类，具体如图3所示。

$$\text{金融学原理}\begin{cases}\text{公司金融学}\\\text{国家金融学}\\\text{国际金融学}\end{cases}$$

图3　金融学科分类

上述分类要求现有的各类大学金融学科在国内层面的教学与研究，不能仅仅局限在金融学基础理论和公司金融学两个领域，还应该包含国家金融学的设置、研究与教学发展。其中，国家金融学属于宏观金融管理范畴，研究并指导国家金融行为，即立足于一国金融发展中最核心、最紧迫的问题，要解决的是国家金融顶层布局、国家金融政策组合、国家金融监管协调、国家金融层级发展、国家金融内外联动、国家金融弯道超车、国家金融科技创新、国家金融风险防范和国家金融国际参与等课题。

公司金融学属微观金融管理范畴，研究并指导公司金融行为，即立足于企业金融行为中急需探讨和解决的问题，如公司治理结构（企业管理）、财税管理（会计学、税法）、公司理财（投资学）、风险管理（审计、评

---

① 弗雷德里克·S. 米什金著：《货币金融学》，郑艳文译，中国人民大学出版社2006年版。
② 黄达、张杰编著：《金融学》（第四版），中国人民大学出版社2017年版。

估)、战略管理(决策运营)、公司融资(金融中介)、金融工程(产融开发)、法律责任(法学、信息经济学)和国际投资(兼并收购)等课题。

金融学各门学科从不同的定位出发,阐述其主要原理和应用这些原理的数理模型,并在演绎或归纳中探讨、解说案例,最终达到引导学生学习、思考的目标。金融学原理、国家金融学和公司金融学(当然也包括国际金融学)等各门学科定位不同,相互渗透,有机组成了完整的金融学科体系。

世界各国的国家金融如果要在国内实践中有效运行,首先要在理论上创设国家金融学的同时弄清楚它与金融学(基础理论)和公司金融学的联系与区别。世界各国的国家金融如果要在国际体系中有序参与,首先也应在理论上弄清楚国家金融学与国际金融学的联系和区别,同时看清楚国际金融体系在现实中的运行与未来的发展方向,只有这样,才能在实践中不断地推动其改革、创新与发展。世界各国都希望在国际金融体系中拥有自己的立足点和话语权,这也是其在国家金融行为属性中需要去面对和解决的事宜。

中国对此已有布局。[①] 2017 年,中国召开全国金融工作会议,提出遵循金融发展规律,紧紧围绕服务实体经济、防控金融风险、深化金融改革三项任务,创新和完善金融调控,健全现代金融企业制度,完善金融市场体系,推进构建现代金融监管框架,加快转变金融发展方式,健全金融法治,保障国家金融安全,促进经济和金融良性循环与健康发展。同时,中国成立国务院金融稳定发展委员会,并强调了四个方面:第一,回归本源,把更多金融资源配置到经济社会发展的重点领域和薄弱环节;第二,优化结构,完善金融市场、金融机构、金融产品体系;第三,强化监管,提高防范与化解金融风险的能力;第四,市场导向,发挥市场在金融资源配置中的决定性作用。中国已从国家金融顶层设计的角度,一方面提出了急需国家金融人才来构建现代金融体系、维护国家金融秩序、保障并提升国家金融竞争力,另一方面也催生了国家金融学的设立、教研与发展。

四、国家金融学的研究对象

创设国家金融学的目的、意义及其他,这里不多阐述。笔者认为,国

---

① 参见新华社《全国金融工作会议在京召开》,见中华人民共和国中央人民政府网(http://www.gov.cn/xinwen/2017-07/15/content_5210774.htm),2017 年 7 月 15 日。

家金融学的体系至少包括五个层面的内涵,有待我们去研究和深化。

第一层面:国家金融学研究对象①。

国家金融学以现代金融体系条件下的世界各国国家金融行为属性为研究对象,以探讨一国金融发展中最核心而又最紧迫的问题为导向,研究政策,采取措施,促进一国金融健康稳定,推动一国经济繁荣发展。

第二层面:现代金融体系结构②。

国家金融学以现代金融体系条件下的国家金融行为属性为研究对象,从现代金融体系结构中的金融市场要素、金融市场组织、金融市场法制、金融市场监管、金融市场环境和金融市场基础设施六个子体系去探讨世界各国的国家金融行为,维护国家金融秩序,提升国家金融竞争力。

第三层面:现代金融体系内容③。

现代金融体系强调功能结构的系统性,并在其中探讨国家金融行为对一国金融稳定和经济健康发展的影响。现代金融体系至少包括六个子体系:第一,金融市场要素体系。它既由各类市场(包括货币市场、资本市场、保险市场、外汇市场和衍生性金融工具市场等)构成,又由各类市场的最基本元素即价格、供求和竞争等构成。第二,金融市场组织体系。它由金融市场要素与金融市场活动的主体或管理机构构成,包括各种类型的市场主体、各类市场中介机构以及市场管理组织。第三,金融市场法制体系。金融市场具有产权经济、契约经济和规范经济的特点,因此,规范市场价值导向、交易行为、契约行为和产权行为等法律法规的整体就构成了金融市场法制体系。它包括金融市场相关的立法、执法、司法和法制教育等。第四,金融市场监管体系。它是建立在金融市场法制体系基础上的、符合金融市场需要的政策执行体系,包括对金融机构、业务、市场、政策法规执行等的监管。第五,金融市场环境体系。它主要包括实体经济基础、现代产权制度和社会信用体系三大方面。对这一体系而言,重要的是建立健全金融市场信用体系,以法律制度规范、约束金融信托关系、信用工具、信用中介和其他相关信用要素,以及以完善金融市场信用保障机制为起点建立金融信用治理机制。第六,金融市场基础设施。它是包含各类

---

① 参见陈云贤著《国家金融学》,北京大学出版社 2018 年版,序言。
② 参见陈云贤著《国家金融学》,北京大学出版社 2018 年版,第 8~10 页。
③ 参见陈云贤著《国家金融学》,北京大学出版社 2018 年版,第 8~11 页。

软硬件的完整的金融市场设施系统。其中，金融市场服务网络、配套设备及技术、各类市场支付清算体系、科技信息系统和金融行业标准的设立等都是成熟的金融市场必备的基础设施。

第四层面：政府与市场在现代金融体系中的作用①。

现代金融体系的六个子体系中，金融市场要素与金融市场组织是其体系中的基本元素，它们的行为导向更多地体现为市场的活动、市场的要求、市场的规则和市场的效率；而现代金融体系中的金融市场法制、金融市场监管、金融市场环境和金融市场基础设施，是其体系中的配置元素，它们的行为导向更多地体现为对市场的调节、对市场的监管、对市场的约束和对市场原则的规范。世界各国国家金融行为导向，表现在现代金融体系中，应该是市场决定金融资源配置，同时更好地发挥政府的作用。只有这样，现代金融体系六个子体系作用的发挥才是健全的和完整的。

第五层面：国家金融行为需要着手解决的问题②。

在现有的国际金融体系中，处于领先地位的国家总是力图保持强势有为，处于附属前行的国家总是希望弯道超车以后来居上。世界各国就是国际金融体系演进"马拉松"中的"参赛者"。对于大多数发展中国家而言，在这场世界级的金融体系演进的"马拉松赛跑"中，一国的国家金融行为取向表现在现代金融体系的逐渐完善进程中。第一，应加强金融顶层布局的政策探讨；第二，应加强金融监管协调的措施探讨；第三，应加强金融层级发展的规则探讨；第四，应加强金融离岸与在岸对接的模式探讨；第五，应加强金融弯道超车的路径探讨；第六，应加强金融科技创新的趋势探讨；第七，应加强金融危机化解的方式探讨；第八，应加强金融国际参与的方案探讨；等等。这些需要着手解决的问题，厘清了世界上大多数发展中国家金融行为的目标和方向。

五、现代金融体系演进与国家金融行为互动

国家金融学研究对象五个层面的内涵，构成了国家金融学体系的主要框架。其中，现代金融体系的演进及其与国家金融行为的互动呈现出五大

---

① 参见陈云贤著《市场竞争双重主体论》，北京大学出版社2020年版，第179～182页。
② 参见陈云贤著《国家金融学》（第二版），北京大学出版社2021年版，第18～19页。

特点。①

（1）现代金融体系的六个子体系的形成是一个渐进的历史过程。以美国为例，在早期的市场经济发展中，美国主流认可自由放任的经济理念，金融市场要素体系与金融市场组织体系得到发展和提升，反对政府干预经济的理念盛行。1890年，美国国会颁布美国历史上第一部反垄断法《谢尔曼法》，禁止垄断协议和独占行为。1913年，美国联邦储备委员会正式成立。1914年，美国颁布《联邦贸易委员会法》和《克莱顿法》，对《谢尔曼法》进行补充和完善。在"大萧条"之后的1933年，美国颁布《格拉斯－斯蒂格尔法案》。此后，美国的反垄断制度和金融监管实践经历了近百年的演进与完善，整个金融市场形成了垄断与竞争、发展与监管动态并存的格局。从20世纪90年代开始，美国的通信、网络技术爆发式发展，金融市场创新驱动能力和基础设施升级换代成为市场竞争的主要表现。与此同时，美国政府反垄断的目标不再局限于简单防止金融市场独占、操纵价格等行为，金融市场的技术垄断和网络寡头垄断也被纳入打击范围。这一时期，通过完善金融市场登记、结算、托管和备份等基础设施，提高应对重大金融灾难与技术故障的能力，提升金融市场信息系统，完善金融信用体系建设，实施金融市场监管数据信息共享等，美国的金融市场环境体系和金融市场基础设施得到了进一步完善与发展。这一切将美国的金融市场体系推向现代高度，金融市场竞争发展到了全要素推动和系统参与的飞跃阶段。

（2）现代金融体系的六个子体系是统一的。一方面，六个子体系相互联系、相互作用，有机结合成一个成熟的金融市场体系。在金融市场的实际运行中，缺少哪一个子体系，都会导致市场在那一方面产生缺陷，进而造成国家经济损失。在世界各国金融市场的发展过程中，这样的典型案例比比皆是。另一方面，在现代金融体系的六个子体系内，各个要素之间也是相互联系、相互作用、有机统一的。比如，在金融市场要素体系中，除了各类货币市场、资本市场、保险市场、外汇市场等互相联系、互相作用外，规范和发展利率市场、汇率市场等，逐步建立离岸与在岸统一的国际化金融市场，积极发展一国金融产品和金融衍生产品市场，努力提升一国

---

① 参见陈云贤著《经济新引擎——兼论有为政府与有效市场》，外语教学与研究出版社2019年版，第137～141页。

金融的国际话语权和竞争力，等等，都是相互促进、共同完善现代金融体系的重要举措。

（3）现代金融体系的六个子体系是有序的。有序的金融市场体系才有效率。比如，金融市场价格机制的有序。这主要体现在利率、汇率、债券、股票、期货、期权等投资价格的形成过程中，应充分发挥市场在资源配置中的基础性作用，根据市场反馈的供求状况形成市场定价，从而推动现代金融体系有序运转。又比如，金融市场竞争机制的有序。竞争是金融市场的必然产物，也是实现市场经济的必然要求。只有通过竞争，金融市场要素的价格才会产生市场波动，金融资源才能得到有效配置，从而实现市场主体的优胜劣汰。再比如，金融市场开放机制的有序。现代金融体系是开放的，但这种开放又必定是渐进的、安全的、稳定有序的。这又再次表明，现代金融体系的六个子体系既相互独立又相互制约，它们是对立统一的完整系统。

（4）现代金融体系六个子体系的功能是脆弱的。其原因主要有三个方面。首先是认识上的不完整。由于金融市场主体（即货币市场、资本市场、外汇市场等参与主体）有自己的利益要求，因此在实际的市场运行中，它们往往只讲自由、竞争和需求，避讲法治、监管和均衡，这导致现代金融体系六个子体系的功能常常出现偏颇。其次是政策上的不及时。金融市场的参与主要依靠各类投资者，金融市场的监管主要依靠世界各国政府。但在政府与市场既对立又统一的历史互动中，由于传统市场经济理论的影响，政府往往是无为的或滞后的，或在面临世界金融大危机时采用"补丁填洞"的方式弥补，等等，这使得现代金融体系六个子体系的功能往往无法全部发挥。最后是金融全球化的冲击。在金融立法、联合执法、协同监管措施还不够完善的全球金融体系中，存在大量金融监管真空、监管套利、金融投机、不同市场跨界发展，以及造假、诈骗等行为。因此，现代金融体系的健全及六个子体系功能的有效发挥，还需要一个漫长的过程。

（5）现代金融体系六个子体系的功能正在或即将逐渐作用于世界各国乃至国际金融市场的各个领域。也就是说，在历史进程中逐渐形成和完善的现代金融体系，不仅将在各国金融市场上发挥作用，而且伴随着二十国集团（G20）金融稳定委员会作用的发挥和国际金融监管协调机制的提升与完善，在国际金融体系中也将发挥作用。世界各国的金融领域，不仅需要微观层面投资主体的参与,而且需要宏观层面国家金融行为的引导。在世界各国的理论和实践中,这都是正在逐渐完善的现代金融体系的客观、必然的发展趋向。

在当代中国,要加强国家金融学研究,就需要围绕现代金融体系六个子体系的功能,探讨在国内如何建立、完善现代金融体系,在国际上如何定位中国金融的作用。这必然会从国家行为属性的角度,进一步厘清中国国家金融的目标和作用。这其中涉及诸多重大课题:如何协调财政政策与货币政策?如何推进强势人民币政策?中国拥有现行世界金融体系中最优的金融监管架构,如何发挥其作用?中国在探讨国家与地方金融的层级发展时,如何避免要么"金融自由化"、要么"金融压抑"的老路,在"规则下促竞争、稳定中求发展"的前提下闯出一条新路?如何确定粤港澳大湾区离岸与在岸金融对接的路径及切入点?如何发挥中国"碳金融"的作用,在国际金融体系中实现弯道超车?金融科技尤其是网络金融与数字货币在中国如何健康发展?如何坚持金融服务实体经济,并在金融产业链中有效防范系统性或区域性金融风险?在国际金融体系的变革中,如何提出、推动和实施"中国方案"?等等。可见,现代金融体系的建设与完善,在中国乃至世界各国的发展进程中,始终映射着一国的国家金融行为的特征与取向。这些就是国家金融学需要深入研究的对象。

在现代金融体系下,国家金融学的研究与公司金融学、国际金融学和金融科技发展等密切相关、相互渗透。因此,可以预言国家金融学研究的现状与未来,取决于一国在金融理论和实践层面对国家金融与公司金融、离岸金融与在岸金融、金融科技创新发展、金融监管与风险防范,以及国际金融体系改革创新的探研和实践。国家金融学学科的创设,为从理论上探讨国家金融行为对一国乃至国际现代金融体系的影响拉开了一个序幕。它对中国维护金融秩序、提升国家金融竞争力也将发挥重要的推动作用。

《国家金融学》(陈云贤著)已在北京大学、复旦大学、中山大学、厦门大学、暨南大学等 10 所高校开设的课程中作为教材使用。师生们在教与学的过程中,一方面沉浸于《国家金融学》带来的国家金融领域全方位的知识盛宴,认为教材新颖、视野开阔、知识广博;另一方面又提出了对未来课程的更多设想,希望能有更多材料参考、案例剖析、课后阅研等内容。

鉴于此,中山大学高度重视,组织了以陈云贤为主编,李善民、李广众、黄新飞为副主编的"国家金融学"系列教材编委会。本系列教材共9本。其中，陈云贤负责系列教材的总体设计、书目定排、统纂定稿等工作；9本教材的撰写分工如下：王彩萍、张龙文负责《国家金融体系结构》，赵慧敏、陈云贤负责《国家金融体系定位》，黄新飞、邓贵川负责《国家金融政策组合》，李广众、李光华、吴于蓝负责《国家金融监管协调》，周天芸负责《国家金融内外联动》，李小玲、魏守道负责《国家金融弯道超车》，韦立坚负责《国家金融科技创新》，杨子晖、王姝黛负责《国家金融风险防范》，王伟、张一林负责《国家金融国际参与》。

"国家金融学"系列教材，系中山大学21世纪金融学科重点教材，是中山大学文科重点建设成果之一。它作为一套面向高年级本科生和研究生的系列教科书，力求在现代金融体系条件下探讨国家金融行为属性，从而在一国金融顶层布局、大金融体系政策组合、国家地方金融发展以及国家金融监管协调、内外联动、弯道超车、科技创新、风险防范、国际参与等领域做出实质性探研。本系列教材参阅、借鉴了国内外大量的专著、论文和相关资料，谨此特向有关作者表示诚挚的谢意。

当今世界，全球经济一体化、金融市场国际化的客观趋势无一不要求国际金融体系要更加健全、国际货币体系要改革创新，它需要世界各国国家金融行为的取向能够符合这一潮流。但愿"国家金融学"系列教材的出版，能够助力健全国家金融业乃至国际金融业的体系，开拓全球经济的未来。

2020年10月

陈云贤 北京大学客座教授，中山大学国际金融学院和高级金融研究院名誉院长、博士研究生导师，广东省人民政府原副省长。电子邮箱：41433138@qq.com。

目 录

前 言 ··· 1

第一章 货币概述 ··· 1
   第一节 货币的起源 ·· 2
   第二节 货币的职能 ·· 6
   第三节 货币制度 ·· 10
   思考讨论题 ·· 21

第二章 货币需求 ··· 23
   第一节 货币数量论和剑桥方程式 ································ 23
   第二节 凯恩斯货币需求理论 ······································ 27
   第三节 其他货币需求理论 ··· 35
   思考讨论题 ·· 38

第三章 货币供给 ··· 40
   第一节 中央银行及基础货币 ······································ 40
   第二节 商业银行及货币创造过程 ································ 45
   第三节 货币供给理论 ·· 48
   思考讨论题 ·· 58

第四章 发达国家的货币政策目标与工具 ························· 59
   第一节 货币政策的目标 ·· 59
   第二节 货币政策工具 ·· 69
   第三节 现实中的货币政策目标与工具 ························· 71
   思考讨论题 ·· 78

第五章　货币政策传导渠道 ……… 79
第一节　传统的利率传导渠道 ……… 79
第二节　信贷传导渠道 ……… 81
第三节　资产价格传导渠道 ……… 85
思考讨论题 ……… 88

第六章　货币政策的制度与效果 ……… 89
第一节　货币政策中的锚 ……… 89
第二节　货币政策的相机抉择 ……… 96
第三节　货币政策的承诺规则 ……… 98
第四节　货币政策的效果 ……… 101
思考讨论题 ……… 104

第七章　数字货币与货币政策 ……… 106
第一节　从实体货币到数字货币 ……… 106
第二节　数字货币对基础货币理论的挑战 ……… 114
第三节　数字货币对货币政策的影响 ……… 117
思考讨论题 ……… 127

第八章　开放经济条件下的货币政策 ……… 128
第一节　汇率与外汇市场 ……… 128
第二节　汇率制度与外汇市场干预 ……… 135
第三节　国际因素与货币政策 ……… 142
思考讨论题 ……… 148

第九章　财政与财政政策 ……… 149
第一节　财政概述 ……… 149
第二节　财政政策概述 ……… 159
思考讨论题 ……… 167

第十章　财政政策理论与财政政策类型 ……… 168
第一节　市场失灵与财政政策理论萌芽 ……… 168
第二节　凯恩斯学派的财政政策理论 ……… 171

第三节　现代新古典学派的财政政策理论 …………………… 174
第四节　其他学派的财政政策理论 …………………………… 175
思考讨论题 …………………………………………………… 177

第十一章　财政政策的作用机制 …………………………… 179
第一节　财政政策工具 ………………………………………… 179
第二节　财政政策传导机制 …………………………………… 189
第三节　财政政策效果 ………………………………………… 192
第四节　政府财政与社会资本合作 …………………………… 196
思考讨论题 …………………………………………………… 200

第十二章　货币政策与财政政策 …………………………… 202
第一节　货币政策与财政政策框架 …………………………… 202
第二节　财政赤字与通货膨胀 ………………………………… 204
第三节　最优税赋与铸币税 …………………………………… 212
思考讨论题 …………………………………………………… 222

第十三章　货币政策与财政政策的协调 …………………… 224
第一节　货币政策与财政政策协调的理论基础 ……………… 224
第二节　货币政策与财政政策协调的分析框架 ……………… 227
第三节　货币政策与财政政策的组合及其影响 ……………… 229
第四节　货币政策与财政政策前沿研究 ……………………… 233
思考讨论题 …………………………………………………… 237

第十四章　货币政策与财政政策在中国的实践 …………… 239
第一节　中央银行与财政部门的资金联系 …………………… 239
第二节　中国货币政策与财政政策的历史回顾 ……………… 240
第三节　如何促进中国经济增长 ……………………………… 248
思考讨论题 …………………………………………………… 257

参考文献 ……………………………………………………… 259

后　记 ………………………………………………………… 263

前　言

在全球经济政策不确定性不断增加和中国构建新发展格局的重大背景下，单独使用货币政策或者财政政策，已经不足以有效发挥宏观经济调控的作用，二者的组合运用与相互协调已成为越来越重要的研究主题，甚至货币政策内部和财政政策内部不同政策工具之间的协调也成为有效调控宏观经济的重要内容。

关于货币政策与财政政策组合协调的研究可以追溯到20世纪30年代兴起的 *IS-LM* 模型（又称为"希克斯-汉森模型"）。到了50年代，英国经济学家詹姆斯·米德提出的"米德冲突"，将内外均衡问题展现在学者眼前；同一时期，荷兰经济学家丁伯根提出了著名的"丁伯根法则"。他们的研究都说明一个内容，那就是宏观经济政策组合协调的重要性。20世纪60年代，著名的"蒙代尔-弗莱明-多恩布什模型"诞生，为现代货币政策和财政政策的组合运用奠定了理论基础。

要理解货币政策与财政政策的组合协调，就必须了解货币政策和财政政策的相关理论、政策工具和传导渠道。只有深入理解了货币政策和财政政策组合调控宏观经济的作用机制，才能理解二者的组合如何协调以互补短板、精确调控。作为"国家金融学"系列教材的一部分，《国家金融政策组合》重点阐述了国家金融政策组合（货币政策和财政政策组合）的相关理论、在各国的运用实践、政策组合与相互协调，以及对中国宏观经济调控的意义。希望广大读者通过对本书的学习，可以理解国家金融政策组合的实施目的、传导渠道和实施效果。

本书的特色在于对以往介绍宏观金融的教材的逻辑框架进行了革新。首先，本书的开篇部分介绍了经典的货币理论，梳理货币需求理论与货币供给理论，为读者提供坚实的理论基础，从而帮助读者更好地理解货币政策体系。其次，本书详细介绍了货币政策的四个主要内容：货币政策目标、货币政策工具、货币政策传导和货币政策效果。再次，本书紧跟时代步伐，对数字货币的发展及其对货币政策的影响进行了分析。复次，本书对开放经济条件下货币政策的实施进行了详细阐述，从国际视角对国家金融政策组合进行考察。又次，本书对政府财政与财政政策、财政政策理论、财政政策工具和作用机制进行了详细阐述，帮助读者更好地理解财政政策体系。最后，本书详细阐述了国家金融政策的组合方式、协调机制，以及在中国的实践，帮助读者理解国家金融政策组合协调的机制和方式。除此之外，本书每章的结尾处均附有相应的案例分析和思考讨论题，帮助读者以理论和实践结合的方式深化对相关内容的理解。

期待读者通过阅读本书，能对国家金融政策组合有更深刻的理解。

第一章　货币概述

如果想购买货物，就需要相应的货币。商品与货币是相辅相成的，就像一对"孪生兄弟"一样。对二者来说，货币的出现要比商品晚得多，货币是商品交换发展到一定程度的产物。最早的商品交换是物物交换，出现在原始社会末期，由于早期古代社会没有"钱"这个概念，人们之间只能通过物物交换来满足自身的需求。不过，物物交换最大的弊端在于很少能一次实现产品所有者的交换目的，而是需要通过多次交换才能实现，这就在无形中增加了流通过程的时间和流通环节的复杂性，给人们造成了诸多的不便，也使社会资源遭到了极大的浪费。随着社会的发展和生产力的不断提高，人们生产出来的东西越来越多，而且人们对于产品的差异化需求变得更加多样化，物物交换的难度也越来越大。与此同时，人们为了得到自己想要的商品，可能需要花费更多的时间成本来搜寻。因此，实物货币在相应的历史背景下应运而生。实物货币也叫商品货币，是以劳动产品、自然物充当的一般等价物，比如牲畜、坯布、贝壳等。后来，贵金属金和银作为一般等价物从商品中剥离出来，其明显的特点优势，比如体积小、易于分割、价值大和易于保存等，使其逐渐发展成为所谓的货币。一般等价物就是货币的本质。

货币就是固定充当一般等价物的特殊商品，而商品是用于交换的物品。从定义可以推论，货币是一种特殊的商品。在实际运用中，货币和商品并不能绝对地分开。在一定条件下，普通商品同样可以是货币，只是其货币功能不理想。在"以物易物"的远古时期，所有的交换物既是商品也是货币。随着商品交易演化的不断推进，有一些商品渐渐变成了大家都愿意持有和交易的物品，它们渐渐脱离普通商品，而成为一类特殊商品。商品本身的特性或者消费者的偏好使得不同商品的交易范围与频率是完全不同的。总有这样一些商品受到所有人的喜欢，也是所有人都喜欢持有的，同时交易的频率也是最高的，比如黄金和白银，它们是古代社会理想的投资品和货币。从这个角度说，理想的货币其实就是受大众欢迎且交易频率

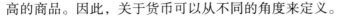

高的商品。因此,关于货币可以从不同的角度来定义。

事实上,关于货币定义最常见的方法是根据货币的职能来定义。希克斯(Hicks,1967)说过:"货币就是货币所行使的职能,货币是由其职能定义的。"但是,其存在一定的"套套逻辑"思维,使得人们对这个货币定义并不信服。因此,本书下面将从货币的起源、货币的职能、货币制度这三个方面对货币做进一步的阐述。

第一节 货币的起源

用现金来定义货币是最简单的定义方式。以现金作为货币具体化的定义方式,在经济学的角度来看可以得到两个重要的货币概念:基础货币与货币存量。从定义货币的范围来看,又可将其分为狭义货币和广义货币。狭义货币是流通中现金与商业银行活期存款的总和,一般用 M1 来表示,也称狭义货币存量。广义货币是"狭义货币"的对称,是狭义货币(M1)与商业银行定期存款的总和,一般用 M2 来表示,也称广义货币存量。

一、基础货币与货币存量

从货币定义可以导出一个重要概念"基础货币"(B),即在忽略交易成本的情况下,商业银行在中央银行(简称为"央行")的存款准备金(R)与流通中现金(C)之和,二者之间具有完全替代性。在国际货币基金组织的报告中,基础货币被称为"reserve money",主要包括中央银行发行的货币以及其担保的相关银行债务[即存款准备金(R)]。因此,关于基础货币的公式可以表示为:

$$B = C + R \qquad (1-1)$$

基础货币在商业银行的整个运作过程中发挥着重要的作用:一方面,基础货币通过贷存等方式为商业银行创造了更多的存款货币,是整个商业银行创造存款货币的基础;另一方面,基础货币是推动商业银行存款扩张的主要动力和源泉。具体来说,商业银行在中央银行的存款准备金是现金的一种完全替代物,如果在忽略交易成本的情况下,当商业银行的现金余额过多时,就可以将现金余额转换为存款准备金;相反,当商业银行需要更多现金时,就可以将存款准备金转换为现金,二者之间存在着完全替代的关系。同样的逻辑，一家银行在其他银行的存款也是现金的一种完全替代品。当然，银行间的这种相互存款之和肯定是为零的。基础货币被多数经济学家认为是与货币最相关的概念。托宾（Tobin，1992）认为，货币理论中的货币指的就是基础货币。

另一个与货币相关的概念是"货币存量"，或者说货币供应量。按照流动性高低可以将货币存量细分为 M1、M2、M3、M4。其中，M1 又称为狭义货币存量，是流通中现金与商业银行活期存款之和。而且，在信息技术飞速发展的今天，活期存款与现金之间相互转换成本很低，两者几乎可以完全替代。

二、广义货币存量

M2 是相对于 M1 流动性更低的货币存量，被称为广义货币存量。中央银行实施货币政策时不但关注狭义货币存量，更关注广义货币存量（M2）甚至流动性更低的 M3 和 M4。表 1-1 为主要国家或地区对货币的定义。

表 1-1　主要国家（地区）对货币的定义

国家（地区）	M1	M2	M3	M4
中国	流通中现金 + 企业活期存款 + 机关团体部队存款 + 农村存款 + 个人持有的信用卡类存款	M1 + 城乡居民储蓄存款 + 企业存款中具有定期性质的存款 + 信托类存款 + 其他存款	M2 + 金融债券 + 商业票据 + 大额可转让定期存款等	M3 + 其他短期流动资产
欧元区	流通中现金 + 活期存款	M1 + 2年期以下定期存款 + 提前 3 个月可收回存款	M2 + 回购协议 + 货币市场共同基金/货币市场票据 + 2 年期以下债券	纸币 + 硬币 + 银行存款 + 住房互助委员会存款（包括大额可转让存单、银币、商业票据和其他短期票据）
日本	流通中现金 + 非金融机构活期存款	M1 + 大额定期存款单 + 准货币①	M2 + 邮政储蓄存款、劳动信贷协会以及农业合作社存款等	

① "准货币"指可随时兑换成货币，但不能直接用于支付的银行定期存款和政府债券。

续表 1-1

国家（地区）	M1	M2	M3	M4
英国	流通中现金 + 活期存款	M1 + 2年期以下定期存款 + 提前3个月可收回存款	M2 + 回购协议 + 货币市场共同基金/货币市场票据 + 2年期以下债券	纸币 + 硬币 + 银行存款 + 住房互助委员会存款（包括大额可转让存单、银币、商业票据和其他短期票据）
美国	现金 + 支票存款	M1 + 家庭持有的储蓄存款、定期存款以及零售的货币市场互助基金份额	M2 + 机构持有的货币市场互助基金份额 + 储蓄机构的主动负债	

（资料来源：中国人民银行、欧洲中央银行、日本银行、英格兰银行以及美国联邦储蓄委员会。）

实现中长期金融市场均衡是国家宏观调控的重要目标，而 M2 在其中充当着观察和调控的重要角色。一般来说，关于 M2 增幅的控制主要涉及经济增长率、物价上涨率以及货币流通速度变化程度。M2 增幅的大小通常被控制在合适的区间内，以保证金融市场达到均衡状态。从经济学的角度来看，不是所有包含在 M2 及 M3 中的资产都可以充当流通中现金的完全替代物。比如，包含在 M2 和 M3 中的定期存款，其利率是大于零的，这部分存款和现金之间就不是可完全替代的。因此，在广义货币存量的计算中，分类及加总是主要的难点。

为了解决广义货币存量分类及加总的难题，Barnett（1980，1982）提出了"迪维希亚方法"。随后，Barnett（1992）对"迪维希亚指数"在货币理论及货币政策中的使用进行了研究。具体来说，该指数是将广义货币存量的各部分赋予不同的权重，用以反映不同部分的流动性差异。但是，该方法的使用是以一定的假设条件为前提的，即流动性差异是可以通过金融资产的"使用成本"来测量的。为了具有可比性，我们需要将一种不具有流动性的资产作为基准资产，定义其收益率（R）为基准利率。在现实操作中，我们将长期债券收益率作为基准利率。因此，任何非基准资产的使用成本（π_i）都可以通过其收益率（i_i）与基准资产收益率（R）之差的折现得到，用公式表示为：

$$\pi_i = \frac{R - i_i}{1 + R} \qquad (1-2)$$

如果资产的使用成本能够表示为持有一种资产的"价格"，那么我们就可以用指数理论来解决广义货币存量的加总问题。与其他相关指数如"拉氏指数""帕氏指数"等相比较，"迪维希亚指数"有着自身的优缺点。其优点在于原理的易解释性，即广义货币存量的增长率与不同资产增长率的加权总和是一致的。虽然"迪维希亚指数"就货币资产加总能给予较为可信的依据，但也存在一定的缺点，即它对基准资产的选择具有一定的随意性，这就使得货币与其他金融资产之间的划分变得模糊。因此，它对货币资产分类的理论贡献较少。

小　结

对于基础货币以及狭义货币存量（M1），有一定的经济学基础作为理论支撑。而对于广义的货币存量 M2 及 M3 来说，虽然"迪维希亚指数"在一定程度上解决了货币资产加总的问题，且提供了较为可信的依据，但其选择基准资产的随意性，使得政策制定者们并不偏好它。对于货币资产分类的问题，人们依然没有找到较为可信的理论支撑，因此，针对央行较为关注的 M2 及 M3，并没有完全令人信服的分类方法。

货币是商品交换的媒介，是商品生产发展的必然产物。中国货币的起源，有据可查的是商汤时期的"铜贝"；而在此之前的夏朝，骨贝、石贝、陶贝也很可能已经开始流通。中国货币自使用贝至今已有四五千年，从历史发展的角度可以看出：首先，物物交换的产生以及后续的发展和改进是货币产生的重要历史来源，所以，货币是一个涉及历史发展的经济范畴；其次，货币是商品经济自然发展的产物，它不是一种发明，而是人们协商或法律规定的结果；最后，货币是交换发展的产物，是社会劳动和私人占有之间矛盾发展的结果。

第二节 货币的职能

货币是人们进行交易的重要工具，在经济生活中起到了不可或缺的作用。这就是货币职能，即货币在人们的经济生活中发挥货币本质的具体表现形式。伴随着人们经济生活中商品的生产、流通与交换，货币随之产生并逐渐体现出了相应的货币职能。追根溯源，早期货币本身具有一定的价值，且用于平时的各种商品交易。因此，其职能更多体现为货币的价值尺度以及将其用于交易所产生的流通手段。通常来说，衡量了商品的价值之后，商品才可流通，这个衡量过程就体现了货币的价值尺度职能。而流通手段职能则表现为在整个商品的流通过程中，货币充当商品间交换的媒介。上述的价值尺度以及流通手段是货币的两种基本职能。除此之外，货币还具有其他职能。具体来说，货币不仅是商品交换的媒介，其本身也是一种财富的象征。因此，货币的职能除价值尺度及流通手段以外，贮藏手段也是其重要职能之一。近年来，随着各种新的商品交易形式出现，货币的职能也在发生相应的变化，传统概念中的流通手段职能被逐渐淡化。例如，按照约定付款日期进行清偿债务的赊销交易体现的更多是货币的支付手段职能，如此便使得诸如流通手段等职能被替换。从国际商品的流通过程来看，上述货币职能得到了广泛的应用，这也使得相关货币会进一步在国际市场中发挥世界货币职能。

经典的货币理论认为，货币主要有五大职能：支付手段职能、贮藏手段职能、价值尺度职能、流通手段职能和世界货币职能。

一、支付手段职能

作为货币最主要的职能，支付手段职能是将某项资产作为普遍支付的手段，其使得商品流通具有较高的效率。在没有货币的情况下，人们通过物物交易来满足自身需求，而物物交易只有在满足一定条件时才会实现。比如，饥饿的裁缝需要找到冷得发抖的面包师，双方只有在信息完备的情况下才可能完成交易。从理论上来看，当经济体存在一个完全的市场时，货币存在与否就变得不那么重要了，因为在这种情况下，每个交易者都可以通过市场借贷来完成其他交易者与自身的交易以满足自身需求。当市场信息不完备且存在交易成本时，货币才变得异常重要，而我们的现实世界恰恰就是信息不完备且存在交易成本的。因此，在现实世界中，货币的支付手段职能无疑是最重要的。

如果从货币支付手段职能的角度来定义货币，就与经济学角度的定义方式基本一致。银行间的支付手段是基础货币。非银行间以及银行与非银行间的交易是将货币存量 M1 作为支付手段的。也就是说，M2 及 M3 都不能作为非银行间以及银行与非银行间的支付手段。换言之，从货币支付手段职能的角度来定义的货币量，主要指狭义货币存量。

二、贮藏手段职能

如果货币可以作为支付手段，那么货币在一定程度上也体现着贮藏手段的职能。由于某个人拥有某项资产以后并不能马上花掉，该项资产就需要在持有者手里保有一段时间，因此，被当作支付手段的资产能在一定程度上体现贮藏手段职能。正如 Friedman 等（1970）所说，货币是"购买力的临时住所"。当一国经济处于通货膨胀（简称为"通胀"）期间，货币的贬值使得人们将持有货币的时间尽量缩短，而如此循环下去，就会导致更加严重的通货膨胀，也会降低人们将货币作为贮藏手段的意愿。因此，如果某项资产体现出价值贮藏的特性，那么该资产就可以被当作广泛认可的支付手段。

由于多数金融资产及部分非金融资产都可以执行贮藏手段职能，因此，价值贮藏并不能作为判别金融资产货币性的唯一标准。使用贮藏手段职能来定义货币是一个较为宽泛的概念，在统计学中这一概念被定义为"货币财富"，即经济体中所有金融资产的总和。这一定义虽然克服了广义货币定义中的分类问题，但不能有效地解决加总问题，因此，它并没有在学术性研究以及货币政策制定中起到主要的作用。不过，它却正好是一个与"迪维希亚指数"相互补充的定义方法。

三、价值尺度职能

价值尺度是指货币表现其他一切商品是否具有价值和衡量其价值量大小的职能。作为价值尺度，货币把一切商品的价值表现为同名的量，使它们在质的方面相同，在量的方面可以比较。为了用货币来衡量商品价值量的大小，必须给货币本身确定一种计量单位。对中国而言，人民币是法定货币；而像欧元区国家，欧元是它们的法定货币。由于所有金融资产都是以某种货币资产来表示的，因此，货币的价值尺度职能不能解决关于货币资产的分类问题。

如果没有货币，那么所有商品的价格都必须用其他商品的价格来表示。对拥有越多种商品的经济体而言，其内部的相对价格就越多，这样就会导致更高的交易成本；相反，如果一个经济体中只有一个标准的价值尺度，那么其他所有商品均能通过标准的价值尺度来表示，这无疑大大降低了交易成本。因此，货币作为一种商品和服务的计价标准，有助于降低交易成本和信息成本。

货币的价值尺度职能具有两个特有的功能。首先是具有延迟支付的功能。价值尺度作为货币的一个职能，有助于进行跨期商品交换。例如，一个人如果想让自己当前的消费大于收入而未来的消费小于收入，那么他或她可以通过金融市场或银行来实现。举例来说，个体 A 将 100 元人民币借给个体 B，期限为一年，如果 A 与 B 达成协议，将美元作为延迟支付的尺度，那么这份债务协议的偿还金额将由人民币对美元的真实汇率决定。其次是具有衡量财富增加的功能。货币有助于人们对资产负债表中的不同资产进行加总，而这一职能在企业发展及税收管理中具有重要的意义。但值得注意的是，如果在不同年份编制的资产负债表使用不同的货币计价单位，比如人民币与美元，那么，用不同货币计算的财富增加量有可能是不同的。

四、流通手段职能

流通手段职能作为货币的重要职能之一，其重要的特征表现在商品的交换中。在货币出现之前，早期人们进行商品交易最主要的方式是物物交易，也就是人们通常所说的以物换物。而随着商品的多样化以及商品交易的复杂化，物物交易的商品交易方式逐渐退出历史舞台，促使商品交易更加便利的货币随之产生，货币成了人们日常经济活动中重要的商品流通交易媒介。原来的物物交易只有一个过程，而作为商品交易媒介的货币出现使其呈现为两个过程：第一个阶段是生产商品的生产者将其生产的商品以一定的价格卖出以换回一定的货币，称为"W－G 过程"；第二个阶段为生产者通过卖出商品所获得的货币买回自身所需的商品，即"G－W 过程"。这两个过程共同形成了完整的商品交易过程。在此"一出一进"的商品交易过程中，货币发挥了重要的媒介作用，我们通常把货币的这种媒介作用称作货币的流通手段职能。

五、世界货币职能

随着国际贸易的发生以及全球一体化程度的不断加深，国家间进行商品交易需要相应的货币在国际流通，这是世界货币产生的主要原因。因此，新的货币职能便应运而生，即世界货币职能。世界货币职能是指货币越出国境，在国际上发挥一般等价物作用时的职能。此货币职能不仅包含我们通常所说的价值尺度职能，还具有其独特的货币职能，主要体现为：第一，世界货币作为国家间商品交易的媒介，其具有一定的购买功能，因此，世界货币具有一定的跨国商品购买职能。第二，在国际债务偿还、相应的跨国利息支付以及其他非生产性支付等领域，都需要相应的货币进行跨国支付，而世界货币具有这样的支付功能，它能在一定程度上解决国家间的收支平衡问题。因此，世界货币也具有一定的国际支付职能。第三，除上述职能之外，世界货币也是一国财富的象征，国家间资本流出和流入以及战争赔款等都需要一定的世界货币支付。早期使用金、银作为主要交换媒介时，由于此类贵金属货币本身存在一定的价值，因此，其在世界各国都具有一定的流通性。由于金银货币交易存在诸多不便，因此，现代信用货币制度下，在国际商品交易中可以把某种货币自由兑换成其他国家的货币，我们通常就认为这种货币是一种世界货币。纵然世界货币在国际上的流通变得便利化和常规化，但世界各国依然贮藏相应的黄金作为准备金，因为黄金自身价值的存在使得其成为世界货币的备用金，如此便可通过黄金来平衡一国的国际收支。

小 结

货币本质上是一种所有者与市场关于交换权的契约，从根本上来说，它是所有者相互之间的约定。货币的契约本质决定货币可以有不同的表现形式，如一般等价物、贵金属货币、纸币、电子货币等。它可以用作交易媒介、贮藏价值工具、延期支付标准和记账单位。随着商品的多样化以及商品交易变得愈加复杂，货币的职能得到了一定的扩展，共包含五大职能：支付手段职能、贮藏手段职能、价值尺度职能、流通手段职能和世界货币职能。

货币的职能是货币的本质体现。货币的价值尺度职能主要体现在"标价""估价""值多少钱"等描述中。而支付手段职能主要体现的是货币在交易中发挥的媒介作用。二者作为货币的基本职能，表明货币从产生之始就包含这两种职能，而货币的其他职能则是在这两种基本职能的基础上衍生出来的。因此，正确理解货币的定义及职能，对正确理解货币主义者的货币政策观点至关重要。总之，在货币定义明确的情况下，讨论货币职能是很有意义的。通过货币职能来定义货币的现象在经济学中较为普遍，但值得注意的是，多数学者通过货币职能来定义货币时都暗含假设条件，即货币的职能是明显的，不需要更多的理论来源。

第三节　货币制度

货币制度（monetary system）是指国家对货币发行、流通与管理等进行的相应规定并因此形成的规范制度。通常来说，较为完善的货币制度，一方面能够保持货币的价值、总量及其流通稳定，另一方面能够使得货币职能得到正常的发挥。按不同的标准可以将货币制度划分为不同的种类。具体来说，根据货币制度对应的范围，可将其划分为国家层面的货币制度、国际层面的货币制度以及具有区域性特征的货币制度；根据货币属性，可将货币制度划分为以金属货币为主的货币制度和不具有兑现功能的信用货币制度。直到近代，伴随着商品经济的发展、产品的多样化以及交易过程的复杂化，才逐渐形成较为规范的货币制度。

一、货币制度的发展

货币制度的简称为币制，具体来说，是一国政府将货币流通结构及其组织形式以立法形式加以确立后的制度。其目的一方面是为了消除货币流通的分散和混乱现象，另一方面是为了适应商品生产、商品流通以及商品交易的复杂化。货币制度的内容主要包括以下三个方面：一是货币材料与货币单位；二是货币的发行及流通；三是货币发行的准备制度。

由于历史上用作交换媒介的物品有很多种，因而货币材料与货币单位也是多种多样的。在中国，最早的货币是"货贝"。人们在"货贝"上打洞，用绳子穿起来，五个叫一系，两系为一朋，这便是我国最早的货币单位。随着古人冶炼技术的提高，中国进入了金属货币时期，公元前1500

年前后的商周时期便出现了青铜货贝，这是我国可考究的金属货币的最早形态。春秋战国时期，中央权力衰微，各地诸侯纷纷自己铸币，诸侯国之间的货币材料、货币形态、货币单位各不相同，也就是在此时期，中国出现了最早的黄金货币——"郢爰"。秦统一中国后，秦始皇于公元前210年颁布了中国最早的货币法，"以秦币同天下之币"，规定在全国范围内通行秦国圆形方孔的半两钱。至此，中国货币从材料到单位尽归一统。白银在西汉的著述中已经出现，但直到宋代才正式成为货币材料。在此后的历朝历代，白银一直都作为主币币材与铜并行流通，这样的通货结构直到20世纪30年代才终止。

从国外来看，铜作为币材的时间在公元前1000年至公元前800年左右，主要出现于西亚、中东以及地中海沿岸地区。但在一些古文明比较发达的国家或地区，主要币材是白银，其出现也主要在公元前1000年前后。金作为币材出现的时间或许更早，但在中世纪的欧洲和两河流域地区，金与银相比，其在流通的货币中所占的分量微乎其微。中国境内出土的波斯、拜占庭等地的金属货币中，银币的数量远远多于金币。直到18世纪，金币在欧洲地区才逐渐占据主要地位；20世纪初，西方主要工业化国家的币材均已被黄金垄断。随着社会经济的发展，人们日常生活中的交易越来越频繁，交易量也越来越大，金属货币的发行成本高、币材稀缺、不易携带等缺点越发凸显。因此，纸币开始出现在流通领域中，逐渐取代金属货币成为人们日常交易的主要货币。

世界上最早的纸币是中国北宋年间的"交子"，最初由现四川地区的商人联合发行，在四川境内流通；随后由官府设立专门机构发行，成为南宋的一种主要货币。而国外的纸币最早是资本主义银行发行的银行券，它具有一定的面额，发行银行券的银行可按面额兑付给持券者相应的金币或银币。

现代意义上的货币发行与流通起源于金属货币时期。最初的金属货币以块状流通且极不方便，不仅每笔交易需要称重量、看成色，有时甚至还要按交易额的大小把金属货币进行分割。货币的铸造权归属也很混乱，有些地方富裕的、有名望的商人竟然可以自己铸币发行流通。秦始皇统一中国后，将货币的铸造权收归中央，并严禁私人铸币。从湖北省云梦县睡虎地秦墓中发掘的秦律竹简《金布律》中有记载："官府受钱者，千钱一畚，以丞、令印印。不盈千者，亦封印之。钱善不善，杂实之。出钱，献封丞、令，乃发用之。百姓市用钱，美恶杂之，勿敢异。"秦币半两钱以国家信誉为担保，在秦朝国内自由流通。西欧对金属货币铸造权的管制没有像中国那么严格。在中世纪的西欧国家内，银币和金币可以自由铸造，两者都具有无限法偿的效力。即使在发行银行券的初始时期，银行券的发行权也并不归属于国家，一般的商业银行都可发行银行券。直到19世纪，率先完成工业化的西方资本主义国家以法律的形式先后禁止了商业银行发行银行券的行为，并将发行权集中于中央银行。现代人们所使用的纸币是由国家或地区强制实行的价值符号，其本身并不具备使用价值，由国家或地区以自身信用为担保，强制发行流通。

货币的发行并不是无止境的，超发货币将会导致货币贬值、物价上涨，严重时甚至会导致超级通货膨胀。因此，货币的发行需要一定的约束，而货币发行准备制度就是为约束货币发行规模、维护货币信用而制定的，其基本的要求是货币发行方必须以一定的某种金属或资产作为发行准备。货币发行准备制度从演进轨迹上可以分为三个阶段：金银准备阶段、保证准备阶段以及管理准备阶段。其中，金银准备阶段是在金属货币制度下实行的，后两个阶段是在现代信用货币制度下实行的。在金属货币制度下，货币的发行一般以法律规定的某种金属作为发行准备；在现代信用货币制度下，货币发行准备制度更趋多样化，历史上共出现过六种形式：现金准备发行制、证券保证准备制、现金准备弹性比例制、证券保证准备限额发行制、比例准备制和无准备制。

二、国际货币体系

（一）国际货币体系简介

国际货币体系，简单来说，就是各国为了达到某种目的而共同制定的一套规则和组织形式。就其目的而言，一方面是为了方便世界各国进行国际贸易，另一方面是为了进行相应的国际支付。为了实现这两个目的，人们就需要在国际范围内确定相应的原则和规则，并采取相应的措施和建立相应的组织，进而发挥其在国际范围内的世界货币职能。国际货币体系主要包括以下内容：①各国货币比价即汇率的确定；②国家间货币的可兑换性和对国际支付所采取的措施，包括对经常项目、资本金融项目管制与否的规定，以及国际结算原则的规定；③国际收支的调节；④国际储备资产的确定；⑤黄金外汇的流动与转移是否自由等。

第一次世界大战之前出现的国际金本位制度是早期的国际货币体系，其具有以下三个方面的特征：一是黄金可以自由铸造；二是黄金可以在各国之间自由流动；三是国际收支具有自动调节机制。金本位制的国际货币体系具备既统一又松散的特点。统一性表现为黄金是最主要的国际储备，其国际间支付原则、结算制度是统一的，且因为各国货币的含金量各不相同，所以，各国均统一实行固定汇率制。松散性表现为没有一个公共的国际组织的领导与监督，各国自行规范其货币在国际范围内发挥世界货币职能的办法。

"一战"后，以金本位制为主的国际货币体系逐渐被削弱，随之而来的则主要是由资本主义国家逐渐建立起来的金块本位制和金汇兑本位制。金块本位制是一种以金块办理国际结算的变相金本位制。在该制度下，由国家储存金块，作为储备；流通中各种货币与黄金的兑换关系受到限制，不再实行自由兑换，但在需要时，可按规定的限制数量以纸币向本国中央银行无限制兑换金块。可见，这种货币制度实际上是一种附有限制条件的金本位制。金汇兑本位制是一种在实行金块本位制或金币本位制的国家保持外汇，准许本国货币无限制地兑换外汇的金本位制。在该制度下，国内只流通银行券，银行券不能兑换黄金，只能兑换实行金块或金本位制国家的货币，国际储备除黄金外，还有一定比例的外汇，外汇在国外才可兑换黄金，黄金是最后的支付手段。实行金汇兑本位制的国家，要使其货币与另一实行金块本位制或金币本位制国家的货币保持固定比例，通过无限制地买卖外汇来维持本国货币币值的稳定。这时的汇率制度仍然是固定汇率制，国际储备除黄金外，还包括一定比例的外汇（主要是英镑和美元）。黄金仍是最后的支付手段。第二次世界大战后，随着布雷顿森林体系（即国际金汇兑本位制国际货币体系）的建立，该体系正式将美元与黄金挂钩，也就是说各国货币均与美元挂钩，如此便建立了与美元保持固定比价关系的且以美元为中心的国际金汇兑本位制。

20世纪70年代，布雷顿森林体系崩溃后，世界急需新的国际货币体系。而新的国际货币体系直到1976年国际货币基金组织（International Monetary Fund，IMF）通过《牙买加协定》才算正式成立，即所谓的"牙买加体系"。IMF通过的《牙买加协定》确定了浮动汇率制的合法性，并且继续维持全球多边自由支付原则。布雷顿森林体系的崩溃在一定程度上削弱了美元在国际货币体系中的地位，使得以美元为中心的国际本位货币和国际储备货币也在一定程度上遭到了重创，但是，美国在国际货币体系中的领导地位和美元的国际储备货币职能并未发生实质性的变化。由于决定布雷顿森林体系的五方面内容所涉及的准则以及规范均不复存在，且遗留下的各种规则又缺乏约束力，故而各种矛盾和冲突不断出现，人们用"无体系的体系"来戏称现存的国际货币体系。随着全球经济一体化程度的加深，经济全球化引发的金融市场全球化趋势使得该体系存在的各种固有问题暴露，许多矛盾逐渐显现。

（二）国际主要货币的发展历史沿革

1. 黄金

黄金曾在国际货币体系中扮演重要角色。今天，黄金作为一种储备货币仍然非常重要。黄金作为一种货币已有很长的历史。在现代金融发展史上，黄金在不同国际货币体系中地位的演变主要分为三个阶段。

1880—1914 年为第一个阶段，称为金本位制。金本位制是金本位制的最佳时期，这一阶段的汇率由黄金平价决定，即基础汇率由两种货币含金量的比值决定，黄金的输入和输出点构成了汇率波动的上下限。由于汇率稳定，这个体系使得国际贸易和国际投资进展顺利。

1915—1944 年为第二个阶段，即所谓的金汇兑本位制。第一次世界大战的爆发直接导致了金本位制的崩溃，而随着"一战"的结束，国际经济形势发生了很大变化，部分国家无法或不愿恢复金本位制，有的国家甚至利用货币贬值进行外汇倾销。为了给国际贸易创造一个更好的国际货币环境，各国于 1922 年在意大利举行了一次金融会议，讨论重建一个可行的国际货币制度。会议建议采用黄金兑换标准，以节省黄金的使用。1933 年，美国放弃金本位制，成立美元集团。英国于 1939 年建立了英镑区。法国的法郎集团则成立于第二次世界大战期间。上述三种货币集团分别以美元、英镑和法郎为中心货币。各集团成员国的黄金分别集中在美国、英国和法国，三大集团对汇率、资本流动和黄金储备都有明确的规定。

1945—1973 年为第三个阶段，即布雷顿森林货币体系。建立在"怀特计划"基础上的布雷顿森林体系实质上是一个国际黄金交易本位体系。总的来说，布雷顿森林体系实行的是"两挂钩、一固定"的原则，而实际运行中则是"两挂钩、两固定"。首先，"两挂钩"是指美元与黄金挂钩、其他国家的货币与美元挂钩。其次,"两固定"是指两种固定汇率:一种是美元与黄金的价格固定,即 35 美元等于 1 盎司[①]黄金;另一种是各国货币对美元的固定汇率。由此可见,布雷顿森林体系实质上是一种金汇兑本位制。从理论上讲,美元发行总量有两个限制:一是美元的发行总量必须保持在美国能够保证履行将各国政府持有的美元兑换成黄金的义务时的水平;二是美元的发行总量必须能够始终维持 35 美元等于 1 盎司黄金的固定汇率。然而,美元作为国际结算的主要手段,美国需要保持国际收支赤字来向其他国家提供美元,美国也非常愿意通过发行货币来获得巨额收益,这使得美元具有贬值压力。因此,实际上美元的发行不受美国黄金储备的限制。布雷顿森林体系内部的"特里芬难题"、美国货币政策的放任以及世界主要国家国际收支失衡决定了布雷顿森林体系不可避免的崩溃。1971 年 8 月,尼克松政府宣布实行"新经济政策",停止履行外国政府或中央银行可用美元向美国兑换黄金的义务,至此,美元停止兑换黄金;1973 年以后,西方国家开始纷纷对美元实行浮动汇率,至此,固定汇率制度完全垮台。美元停止兑换黄金和固定汇率制度的垮台标志着以美元为中心的布雷顿森林体系彻底瓦解。

2. 荷兰盾

金币和银币在荷兰都被使用过。1581 年,当时的荷兰共和国三级会议确定了银制荷兰盾为流通货币。随后在不同的时期,不断有新的硬币出现。1810—1814 年(拿破仑时期),荷兰附属于法国,开始流通法国法郎。随着拿破仑战争的结束,荷兰在 1817 年重新使用荷兰盾,并开始使用十进位制,以 1 盾为 100 分。但直到 1840 年,旧制硬币(可以追溯到 17 世纪)才彻底退出流通领域,而新的分制硬币也依照面额的相似程度而继承了旧币的各种名称。荷兰刚开始使用的是复本位制,以 1 盾等价于 605.61 毫克纯金或 9.615 克纯银。到了 1840 年,纯银的标准修改为 9.45 克,约 2.6 荷兰盾可折合 1 银元,并在 1848 年取消了纯金的标准。1875 年,荷兰开始采用金本位制,以 1 盾等价于 604.8 毫克纯金。金本位制在 1914—1925 年间曾被短暂取消,并在 1936 年被废止。1940 年 5 月 10 日,荷兰盾开始钉住德国马克,以 1 盾兑换 1.5 马克;同年的 7 月 17 日,改为 1 盾兑换 1.327 马克。解放荷兰的盟军将汇率改为 2.652 盾兑换 1 美元,

---

[①] 1 盎司 =31.1034768 克。

并将这一固定汇率写入布雷顿森林协定。1949年，这一汇率改为3.8盾兑换1美元，接近于贬值后的英镑；到1961年又改为3.62盾兑换1美元，接近于德国马克。2002年，荷兰盾被欧元所取代。在2007年1月1日之前，荷兰盾的硬币依然可以在荷兰中央银行进行兑现；而纸币在2032年1月1日前可自由兑换为欧元。荷兰盾作为荷兰的货币，其主要是由荷兰银行发行。该货币于15世纪开始流通，直到2002年，荷兰盾成为欧元区国家第一种正式退出的货币，荷兰本国全面停止了该货币的使用。

3. 英镑

英镑为英国的本位货币单位，由成立于1694年的英格兰银行发行。辅币单位原为先令和便士，1英镑等于20先令，1先令等于12便士。1971年2月15日，英格兰银行实行新的货币进位制，辅币单位改为新便士，1英镑等于100新便士。流通中的纸币有5、10、20和50面额的英镑，另有1、2、5、10、20、50新便士及1英镑、2英镑的铸币。

英国于1821年正式采用金本位制，英镑成为英国的标准货币单位，每1英镑含7.32238克纯金。1914年第一次世界大战爆发，英国废除金本位制，金币停止流通，英国停止兑换黄金。1925年5月13日，英国执行金块本位制，以后又因世界经济大危机而于1931年9月21日被迫放弃，英镑演化成不能兑现的纸币。但因外汇管制的需要，1946年12月18日，英国仍规定1英镑含金量为3.58134克。

20世纪初，英镑是最重要的国际支付手段和储备货币。然而随着"一战"爆发，美元逐渐取代英镑成为国际的主要储备货币，同时，英镑在国际货币体系中的地位也逐渐被美元替代。"二战"时期，严格的外汇管制使得英镑的汇率固定在1英镑等于4.03美元的水平上。直到1947年，英国实施了相应的外汇放松政策，然而这又导致了外汇储备的迅速下降。同年8月，英国又不得不恢复外汇管制。

4. 美元

早在1792年，美元就形成了相应的货币区。到了19世纪末，美国已变成全球最强大的国家之一。"一战"爆发时，美国的经济总量大于当时世界上另外三个经济发展得最好的国家（英国、德国、法国）的经济总量之和，体现了美国强大的经济实力，这也为美元在全球货币体系中的地位奠定了良好的基础。在"一战"中，大量欧洲国家使用黄金购买战争用品，从而使得大量黄金流入美国本土，而美国将黄金作为法定货币又导致了相应的通货膨胀。1914—1920年期间，美国整个市场的价格水平上升。为了治理通货膨胀，美国试图将物价恢复到原来的水平，而这又导致了美国国内的通货紧缩，这也是当时美国历史上最严重的通货紧缩。一定程度上来说，金本位体系推动了国际贸易和投资的发展，但以美元为主导的国际货币体系导致了严格的固定汇率制，这使得各国很难制定出有利于本国经济发展的货币政策，从而在一定程度上制约了各国国内经济的发展。

"二战"后期，为了解决混乱的国际货币体系，美国及英国政府根据自身的利益，分别提出了所谓的"怀特计划"以及"凯恩斯计划"，用于建立战后国际货币金融体系。前者的主要观点是取消外汇管制以及各国对国际资金转移的限制，与此同时，设立一个国际稳定基金组织用于发行一种国际货币，并使各国货币与之保持固定比价，也就是基金货币与美元和黄金挂钩。而后者则从自身黄金储备的角度出发，因为当时英国黄金储备不足，其主要观点则是建立一个世界性中央银行，将各国的债权、债务通过它的存款账户转账进行清算。

"二战"末期，世界上经济发展处于前列的各国均受到了严重冲击，而唯有美国在战争中获得了巨大的财富，促使其经济得到快速的发展。由于黄金的大量流入，其黄金储备从1938年的145.1亿美元增加到1945年的200.8亿美元，约占世界黄金储备的59%，相当于整个资本主义世界黄金储备的3/4，这无疑使它在资本主义国家中崭露头角。如此背景下，便形成了以美元为中心的国际货币体系。"二战"胜利前夕，英国和美国组织了44个同盟国参加了"联合和联盟国家国际货币金融会议"，通过了以美国财长助理怀特提出的"怀特计划"为基础的《国际货币基金协定》和《国际复兴开发银行协定》，总称"布雷顿森林协定"，从此形成了布雷顿森林体系。

三、区域性货币制度

区域性货币制度是指由某个区域内的有关国家（地区）通过协商形成一个货币区，由联合组建的一家中央银行来发行与管理区域内的统一货币的制度。区域性货币制度的建立，是以货币一体化理论为依据的。20世纪60年代初，西方经济学家蒙代尔率先提出的"最适度货币区理论"为货币一体化理论的发展奠定了基础。

根据货币一体化理论，在区域性货币制度发展的较低阶段，各成员国仍保持独立的本国货币，但成员国之间的货币采用固定汇率制和自由兑换，与成员国以外的货币关系由各国自行决定，国际储备集中保管，不过，各国仍保持独立的国际收支和财政政策、货币政策。而当区域性货币制度发展到较高阶段时，区域内实行单一的货币，联合设立一个中央银行为成员国发行共同使用的货币和制定统一的融资政策，办理成员国共同商定并授权的金融事项，实行资本市场的统一和货币政策的统一。

中国的货币文化灿烂辉煌，中国的货币史有3500多年。先秦时期，牲畜、兽皮、珠玉、贝、布帛及金属都充当过货币，中国是世界上最早以铜铸币的国家。人民币制度的建立是以人民币的发行为标志的。随着香港、澳门的回归和"一国两制"的实施，以及"一国两制"条件下地区性货币制度的发展，中国出现了人民币、港币、澳门币"一国三币"的特有历史现象。

四、单本位制

单本位制是指以一种金属作为本位货币的货币制度，是复本位制的对称。历史上曾实行过的单本位制有银本位制和金本位制两种类型。

银本位制又称银单本位制，是一种以一定重量和成色的白银作为法定的价格标准和最后支付手段的货币制度。银本位制产生的时间较早，在古希腊和古罗马帝国就有银币流通。其持续时间较长，在19世纪时，墨西哥、日本、印度等少数国家还保持银本位制，直到1935年中国废除银本位制。银本位制可分为银币本位制和银两本位制。前者是将银铸成特定形状的本位币，实行银币流通的货币制度；后者则是以银的重量单位——"两"作为价格标准，实行银块流通的货币制度。银本位制下，本位币可以自由铸造与熔化，具有无限法偿效力，并可以自由输出和输入。

金本位制是一种以一定重量和成色的黄金作为法定的价格标准或货币单位的货币制度。英国于1816年率先实行金本位制，19世纪70年代以后，欧美各国和日本等相继仿效。于是，金本位制逐渐发展为世界范围内占主导地位的货币制度。1914年第一次世界大战爆发，金本位制中止施行，10年后又以新的形式在各国先后恢复，但在20世纪30年代世界经济危机中全部崩溃。金本位制的主要形式有：①金币本位制，是指法律确定金铸币为本位币的货币制度，是金本位制的典型形式。其特征是金币可以自由铸造和熔化；银行券可以自由兑换金币或黄金；黄金在国际上可以自由输出和输入。因此，它是一种相对稳定的单本位制。②金块本位制，又称"生金本位制"，是指银行券只能兑换金块的金本位制。其特征是规定本位货币的含金量，但不铸造金币，国内不流通金币，只发行代表一定重量黄金的银行券流通；银行券可以有限制地兑换金块；规定黄金官价，允许黄金自由输入，外汇自由交易。③金汇兑本位制，又称"虚金本位制"，是银行券只能兑换外汇的金本位制。其特点是将本国货币与另一实行金块本位制或金币本位制国家的货币，实行固定汇率，并在该国存放外汇准备金；银行券在国内不能兑换黄金和金币；银行券可以兑换外汇，国家通过无限制兑换外汇来维持本国货币的稳定。因此，金汇兑本位制本质上是一种经济附庸国的货币制度，多为殖民地、附属国和战败国所采用。

五、复本位制

复本位制亦称金银复本位制，是指以金、银两种特定铸币同时充当本位币，并规定其币值对比的一种货币制度，是单本位制的对称。英、美、法等国在确立金本位以前均曾在18—19世纪长期采用复本位制。金银复本位制有三种具体形式：平行本位制、双本位制和跛行本位制。

（1）平行本位制，是指金、银两种货币按各自的实际价值流通。平行本位制在中外历史上早已有之。例如，在中国汉武帝时代，就有金制的"麟趾褭蹄"和银锡合金的"白金三品"同时流通。在17世纪60年代的英国，金"基尼"和银"先令"并行。但当时金银的币值对比完全由两种金属的实际价值决定，而实际价值会随劳动生产力的变化而变化，因此，两种金属的价格对比会时常变化，这使得商品交换和信用事业难以正常进行。最终，平行本位制实行的结果，自然会走到金和银交替充当本位币的局面。但在商品经济的发展中，只有一种金属作为通货，又往往会因该种金属数量有限而不能满足社会对货币的需求。为此就出现了两种金属同时流通而由法律规定其铸造比价的制度，这就是双本位制。

（2）双本位制，又称两本位制，是指金、银两种货币同时按国家法定比率流通。美国和欧洲大陆国家曾采用这种制度。人们通常所说的复本位制，一般指双本位制。

（3）跛行本位制，是指法律上仍然承认金、银两种货币的本位币地位，但停止自由铸造银币，只有金币可以自由铸造。它是在19世纪70年代世界银价暴跌时为维持银本位币的地位及金银比价的稳定而被迫实行的制度。跛行本位制在美国、法国、比利时、瑞士、意大利等国都曾实行过。实际上它是由复本位制到金单本位制的一种过渡性货币制度。

小　结

货币制度是为消除货币流通的分散和混乱现象，以适应商品生产和商品流通扩大的需要而形成的。16—18世纪，为与当时资本主义经济发展初期状况相适应，新兴的资本主义国家货币制度广泛采用复本位制。随着资本主义大工业和批发商业的进一步发展，复本位制的不稳定性等缺陷日益突出，到了19世纪初便开始了由复本位制向单本位制的过渡。英国首先于1816年实行金单本位制；至19世纪50年代，大部分国家相继采用金本位制；20世纪初叶，金本位制已在各国广泛实行。1929—1933年世界经济危机期间及以后，各国又都先后放弃各种金本位制，实行不兑现的信用货币制度。综观整个货币制度发展史可知，货币制度是特定历史条件下货币发展与演变的必然产物。随着世界经济的整体发展，创新地出现了如信用货币制度等新型的货币制度，这既能适应贸易的飞速发展，也有利于国家进行宏观经济的调控。

◆案例分析◆

货币形态的变迁

货币的使用始于物物交换的时代。在原始社会，人们通过以物易物的方式交换自己所需要的物资，比如一头羊换一把石斧。但是，有时候受到用于交换的物资种类的限制，人们不得不寻找一种交换双方都能接受的物品，这种物品就是最原始的货币。牲畜、盐、稀有贝壳、宝石、沙金等不容易大量获取的物品都曾经被作为货币使用过。早期的这种货币形式被称为实物货币或原始货币。

货币是一种工具，它的产生始于人类的理性对社会交换媒介的反思和构建，其最初的形态是人类理性对自然物进行加工的结果。这是一种意识层面而非物质层面的加工，即自然物本来的物理属性并没有改变，而是被人类理性赋予了货币的功能。经过长时期的自然淘汰，作为货币使用的自然物在绝大多数社会里逐渐被金属所取代。人类理性在实践中发现原始实物货币存在如易损耗、不易携带、质量不均匀、易被仿造、难以控制数量等问题，同时意识到金属具有价值比较稳定、易于分割保存、便于携带的特征，特别适合于做货币。

金属货币本身还经历了从称量货币到铸币的演变。最初的金属货币是原生的条块形状，并以重量为单位，每次交易都要鉴定成色，计称重量，然后按交易额大小将金属进行分割。鉴定、称量、分割金属极为不易，甚至会因成色不一而引起诉讼，于商品交易极为不便。一些富商巨贾凭借其信誉在金属条块上加盖印戳标明成色和重量，形成最初的铸币，即私人铸币。当商品交换突破区域市场的范围，贵金属的重量和成色就要求更具权威的证明，于是国家开始管理货币，并凭借其政治权力铸造货币，经国家证明、具有规定重量和成色、铸成一定形状的国家铸币就出现了。不过此时，国家或其他政治权威进行铸币并不意味着货币的发行和流通是以信用为担保的，人们接受和使用铸币的原因依旧是因为金银所具有的天然内在价值。贵金属作为货币在人类经济历史中占据了相当长的时间，在古典世界范围内最终形成了以金、银两种贵金属为主要价值尺度以及流通、贮藏和支付手段的货币形式。

金属货币的最早替代物出现在北宋的成都，即历史上最早的纸币——交子。与金属货币相比，纸币的制作成本低，更易于保管携带和运输，避免了铸币在流通中的磨损，因而可以在较大范围内使用，有利于商品的流通，促进了商品经济的发展。

（资料来源：冯小芒：《货币的发展与演变》，载《中国周刊》2018年第9期，第34～37页。）

◆思考讨论题◆

1．什么是货币？
2．什么是信用货币？
3．什么是流动性？
4．浅谈你对货币本质的理解。
5．简述货币形态的演化过程。
6．简述货币制度的构成要素。
7．典型的金本位制具有哪些特点？它在历史上对资本主义的发展起到了什么作用？
8．金银复本位制是一种稳定的货币制度吗？为什么？

9. 简述作为一般等价物的货币的类型。

10. 货币的职能主要包括哪些？

11. 货币的层次分为哪些？请简要说明其划分依据。

第二章 货币需求

货币需求是宏观经济的重要组成部分，是联系货币与实体经济的重要纽带。货币需求与货币的定义密切相关，在不同的货币定义下，货币需求的内涵是不同的。传统的货币需求理论只关注货币的狭义定义，即第一章提到的 M1。大量的经济学家在 M1 的基础上不断扩充，逐步形成了广义货币需求理论。

第一节 货币数量论和剑桥方程式

一、货币数量论

货币需求理论最早的解释来自货币数量论。货币数量论是一种用流通中货币数量的变动来说明商品价格变动的货币理论。到目前为止，货币数量论仍然是货币理论的重要基础，在现代货币理论体系的演进中发挥着重要的作用。

关于货币数量论的发展，最早可追溯到法国重商主义者博丹（Jean Bodin）。15 世纪末至 16 世纪初，在大量金银流入欧洲导致物价上涨和货币贬值（价格革命）的背景下，博丹首先提出了货币理论。博丹认为，货币价值和商品价格决定货币数量，大量白银流入是货币价值下降的主要原因（凌高，2013）。货币数量、商品价格和相应货币价值之间的关系是早期货币数量理论的焦点（凌一南，2015）。后来的研究也对三者之间的关系做了进一步的梳理。例如，万萨蒂（B. Wansadie）认为，物价上涨是由货币数量增加引起的；蒙塔纳里（G. Motanaria）则认为，商品的价值和流通中货币价值的不匹配导致了物价的波动；洛克（John Locke）从货币供求的角度探讨商品价格并进一步扩展到货币数量论，他认为需求大于供给是货币升值的主要原因。后来，孟德斯鸠（Montesquieu）、休谟（David Hume）等学者也从不同角度探讨了货币数量和商品价格问题。

随后，李嘉图（David Ricardo）继承和发展了亚当·斯密（Adam Smith）的劳动价值理论，并将其运用到了对货币领域的研究中。李嘉图认为，生产所需的劳动量和运输到市场的劳动量是影响货币价值的主要因素。货币除了对应的市场价格（供求不平衡时的价格）外，还有一个自然价格（对应于市场价格，即供求相等时的价格）。在控制货币需求的基础上，货币供应量是决定货币价值的主要因素。当货币供给大于货币需求时，货币的市场价格便会小于自然价格，即货币发生了贬值；反之亦然。因此，货币供应量的变化是导致货币价值变化的主要因素。穆勒（John Stuart Mill）则认为，决定货币价值变化的主要因素并不是货币供应量，因为当社会中的商品数量随着货币供应量的增长而增长时，货币价值可能并不会发生变化。从这个角度看，穆勒认为在确定货币价值时，要考虑的因素不仅要包括货币的供给和需求，还应包括商品的数量。具体来说，当货币供应量固定时，商品数量决定货币价值；反之，当商品数量固定时，货币供应量决定货币价值。此外，他还关注货币价值对货币流通速度的影响。比如，在一定的外部条件下，控制商品和商品转售的数量或控制货币的数量和使用次数（更强调货币流通的速度）会在一定程度上影响货币的价值。

费雪（Irving Fisher）于1911年提出的现金交易方程式（又称为费雪方程式）是货币数量论的出发点。该方程指出，买者购买商品所支出的货币总额总是等于卖者收入的货币总额。设 M、V、P、T 分别表示货币供应量、货币流通速度、物价水平、商品交易量，则：

$$MV = PT \tag{2-1}$$

其中，货币供应量 M 主要包含两部分，即流通中现金（C）和商业银行活期存款（D），因而：

$$M = C_1 + D_2 \tag{2-2}$$

$$V = V_1 + V_2 \tag{2-3}$$

其中，V_1 和 V_2 分别表示现金的流通速度和活期存款的流通速度。

费雪方程式假设 T 和 V 是外生的，原因在于自然资源和技术才是决定工商业发展的主要因素，货币数量的作用并不明显。此外，货币流通速度主要受支付体系和人们支付习惯的影响，其他因素作用相对较小。因此，

T 和 V 的设置是相对恒定的。而方程中的 M 和 P 则是可变的。这是因为在 T 和 V 是外生的情况下，货币当局可以对 M 进行调控，以保证 M 的变化不会影响物价水平 P 的变化。费雪指出，就货币供应量 M 和物价水平 P 的关系而言，前者决定后者，反之则不然。对传导机制的进一步分析表明，从货币供应量的变化到物价水平的变化存在一个过渡期，在这个过渡期内会有许多短期变化。在此期间，货币供应量和物价水平将出现不成比例的上涨，货币供应量的上涨幅度将大于物价水平的上涨幅度。同时，物价的变化将先于利率的变化。比如，当物价涨幅变小时，利率仍会快速增长。这必然会影响企业的发展和资金的配置，从而在一定程度上影响物价水平。

从货币数量论的观点来看，商品交易量通常用实际 GDP（国内生产总值，通常用 Y 表示）来近似估计。这是因为经济中没有相应的数据来衡量商品交易量 T，且宏观经济分析所使用的重要核算指标也没有将商品交易量 T 纳入其中。因此，选用了与商品交易量 T 非常接近的国内生产总值指标来替代它。这样，就可以对上述定量方程进行改进，其标准形式如下：

$$MV = PY \qquad (2-4)$$

上述方程虽然已经将货币供应量、货币流通速度、物价水平和商品交易量纳入了一个统一的分析框架，但还不能成为一种解释货币价值变动的十分完美的货币需求理论，一是因为式（2-4）中的某一项可能由方程之外的某些因素决定，例如，人们的货币收入可能会影响货币流通速度 V；二是因为式（2-4）对货币价值变动的分析需要建立在一定的假设条件之上，例如，假设在货币流通速度和物价水平不变的情况下，货币供应量将影响货币价值。

二、剑桥方程式

剑桥方程式又叫现金余额方程式，是传统货币数量理论中的方程式之一，由英国剑桥学派代表庇古（Arthur Cecil Pigou）提出。在探讨货币需求的相关问题时，该方程更多地关注微观主体即个人对货币的需求，主要论证了经济中个人资产持有的选择问题。除了我们通常知道的财富水平、利率和便利程度会影响个人的货币持有选择外，名义货币需求和名义收入水平也是影响个人决策的重要因素。在其他条件不变的前提下，名义货币需求与名义收入之间存在相对稳定的关系。

作为剑桥学派的创始人之一，马歇尔（Alfred Marshall）认为"人们愿意保持的储备购买力是人们以货币形式储存的财产和收入"。人们以货币形式储存的财产和收入取决于人们持币的时间和持币量，而人们持币的时间和持币量又取决于货币的流通速度。因此，当一个国家的货币形态所保持的实物价值与货币总价值完全相等时，便可以得到对应的剑桥方程式。这样，货币的数量、价格和价值就可以在货币需求中联系起来。作为马歇尔的学生，庇古于1917年发表在《经济学季刊》（*The Quarterly Journal of Economics*）上的论文《货币的价值》中提出了所谓的剑桥方程式：

$$M = kPY \qquad (2-5)$$

式（2-5）中的 M、k、P、Y 分别表示人们持有的货币量、货币量与国民收入或国内生产总值的比值、价格指数、国民收入或国内生产总值。对于个人来说，在一定的时间范围内，其使用的资金是其在这一时期的全部收入，且该收入中的一部分是以现金形式持有的，这将增加人们对现金的需求；但对于整个社会收入来说，人们对现金的需求与整个社会收入之间存在固定比例，因此，人们对现金需求的增加并不会影响货币价值。如果式（2-5）中的 M 是一年内所有人的平均现金余额，将公式调整为 $P = M/kY$，则 P 是单位货币的实际价格，即个人用一单位货币购买商品的数量，也叫货币购买力。

通过以上分析我们可以看到，在一定条件下，剑桥方程式和费雪方程式的结论是一致的，即货币量决定价格水平，价格水平和货币量的变化方向相反、比例相同。此外，上述两个方程式在经济意义上存在差异。具体来说，首先，两个方程式中关于 P 的定义存在差异。在费雪方程式中，P 代表物价水平；而在剑桥方程式中，P 代表货币价值。其次，费雪方程式和剑桥方程式虽然都强调了 M 对 P 的影响，但前者考察的是在 V 不变条件下的影响，而后者则是考察在 kY 不变条件下的影响，二者的假设条件不同。最后，费雪方程式着重强调的是货币流通手段和货币的交易，其中并没有将货币的需求纳入，而剑桥方程式则将货币需求纳入其中，着重强调了货币的价值贮藏手段职能。

小 结

货币数量论是最早解释货币需求的理论。到目前为止，它仍然发挥着重要作用，为后来更加复杂的货币需求理论的创立奠定了基础。货币数量论作为研究货币需求理论的重要组成部分，是我们进一步研究货币需求理论的基础。正确认识和探索货币数量论对于拓宽我们的研究视野具有重要意义。剑桥方程式不仅吸收了费雪方程式对货币交易媒介功能的认识，同时也考虑了货币的价值贮藏手段职能，使剑桥方程式更加贴合货币运行的实际情况。剑桥方程式从人们持有的货币量和现金余额出发，将货币需求视为资产选择的结果，并隐含地承认利率因素会影响货币需求。这也为凯恩斯主义的有效需求理论及其所坚持的货币需求是收入与利率的函数理论提供了重要的借鉴。

第二节 凯恩斯货币需求理论

在货币经济理论的发展过程中，凯恩斯货币需求理论是一个不可或缺的组成部分。许多与货币经济相关的课题都是基于凯恩斯货币需求理论设计出来的，同时，凯恩斯货币需求理论也是宏观经济分析和政策绩效评价的重要参考。然而，凯恩斯货币需求理论并不完善：一方面，随着现代经济理论的不断更新和迭代，传统的凯恩斯理论无法解释某些经济现象；另一方面，宏观经济理论缺乏对微观问题的解释，这也是凯恩斯货币需求理论的一个缺陷。

一、凯恩斯货币需求理论概述

凯恩斯对货币需求的研究始于对经济主体需求动机的研究。凯恩斯认为，人们的货币需求由三种动机决定：交易动机、预防动机和投资动机。

（一）交易动机

交易动机（transaction motive）是指人们为了处理日常商品交易而需要持有货币的动机。凯恩斯将交易动机分为两类：收入动机和经营动机。收入动机主要是对个人而言，经营动机主要是对企业而言。

（二）预防动机

预防动机（precautionary motive）是指人们为了满足意想不到的需要而持有货币的动机。凯恩斯认为，用于交易动机的货币的支出时间、金额和用途可以提前确定，但生活中也有一些意想不到的、不确定的开销和购物机会。因此，人们还需要把一定数量的钱放在手中，这可以称为预防性的货币需求。

（三）投机动机

投机动机（speculative motive）是指人们根据对市场利率变化的预测来持有货币，以满足投机获利的需求。由于货币是流动性最高的资产，持有货币可以根据市场状况的变化随时进行金融投机。这种动机产生的货币需求称为货币投机需求。凯恩斯认为，投机性货币需求随着利率的变化而变化，与利率呈负相关。利率上升，需求下降；反之，需求上升。

二、凯恩斯货币需求理论的发展

由于凯恩斯借鉴了马歇尔的经验，所以，他的货币需求理论在一定程度上可谓是剑桥学派货币需求理论的发展。剑桥学派货币需求理论提出了"人们为什么持有货币"这个问题，直接引出了剑桥学派对持币者交易需求的分析。然而，剑桥学派货币需求理论并没有对此进行深入分析。而凯恩斯详细分析了人们持有货币的动机。根据他的分析，人们持有货币的动机包括：交易动机、预防动机和投机动机。相应地，人们持有货币的需求包括：交易性需求、预防性需求和投机性需求。在这三种需求中，一般认为交易性需求和投机性需求具有可加性和可分离性，而预防性需求可以分别归结为交易性需求和投机性需求（陈青，2012；邹彤，2018）。因此，凯恩斯的货币需求由以下两部分组成：

$$M = L_1(Y) + L_2(r) \qquad (2-6)$$

式（2-6）右侧的 $L_1(Y)$ 和 $L_2(r)$ 分别表示与收入相关的交易性需求和与利率相关的投机性需求。在现代宏观经济分析及政策中，由于凯恩斯货币需求理论处于核心地位，因此，完善和深化凯恩斯的流动性偏好理论具有十分重要的意义。

（一）交易动机的精细研究

原则上，凯恩斯认为人们持有货币的动机主要取决于价值尺度变量。凯恩斯没有否认交易需求与利率有关，但也没有提供两者之间具体明确的关系。鲍莫尔（William Jack Baumol）和托宾（James Tobin）结合他们的库存成本模型，为这个问题提供了一个具有普适性的答案。鲍莫尔（1952）和托宾（1956）假设人们是否持有货币会产生两种相关费用：持有现金的机会成本和处置证券的手续费（邓婧，2009）。由于这两种费用的存在，为了使成本最小化，个体将面临取舍。由此，我们可以导出鲍莫尔著名的平方根定律：$M=(2bT)/r$。其中，b代表每笔交易的佣金费用，r代表有价证券利率。这个公式表明，货币需求同国民收入和利率的弹性均为1/2，这意味着货币不是奢侈品。其更深层次的含义是，收入分配越均衡，货币需求总量就越大；或者说，收入分配越不均衡，货币需求总量就越低。

（二）不确定性决定预防动机

关于预防动机，正如凯恩斯所指出的一样，"由此动机持有之货币，乃在提防有不虞之支出，或有未能逆睹之有利进货时机"。但是，凯恩斯对不确定性如何影响货币需求的分析没有详细的论述，这导致后来的经济学家围绕该问题向不同方向对该理论进行了扩展（高洪民，2017）。最著名的研究之一是托宾的货币需求象限分析。托宾巧妙地将预防性需求、交易性需求和投机性需求整合到一个统一的分析框架中，将预防动机限定在利率的不确定性范围内。

另一个研究方向是基于收入或支出的不确定性研究预防动机，如惠伦（Whalen，1966）提出的预防性货币需求模型。该模型假设净支出（收支相抵）服从以零为中心的概率分布，σ为净支出的标准差。通过设定适当的风险概率，惠伦导出了立方根律的货币需求公式：$M=\sqrt[3]{2\sigma^2 b/i}$（邓婧，2009）。

（三）关于投机动机的研究

投机动机是凯恩斯货币需求理论区别于其他货币理论的一个重要特征。然而，凯恩斯的投机模型是一个纯粹的投机货币需求模型。在这个模型中，投机者面临着非此即彼的选择。在预期利率的帮助下，个人应持有所有货币或债券（尹敬东，2000）。在这个理论中，个人是盲目的投机者，而不是投资多元化的投机者。为了克服这一缺陷，托宾（1958）在马科维茨（Harry Markowitz）的投资组合理论的基础上发展了凯恩斯的纯投机货币需求模型。托宾的这个理论可以用分离定理来解释：第一，投资者根据各种风险资产的收益和风险来确定资产的有效集合或有效边界，这个有效集合与个人喜好无关。在引入无风险货币之后，投资者的有效集合就变成了一条从原点开始与有效边界相切的直线。第二，个体选择哪一点作为最优决策点取决于个体风险和收益的无差异曲线。无差异曲线与直线的切点是投资者的最佳选择。这决定了货币在所有金融资产中所占的比例，而投机性货币需求就是由这一比例决定的。

三、凯恩斯货币需求理论的微观基础

到目前为止，凯恩斯货币需求理论仍然是现代货币理论的主流。凯恩斯货币需求理论的微观基础可以从交易需求和投机需求两个角度来探讨。

在交易需求方面，凯恩斯货币需求理论中的交易需求理论缺乏足够的微观基础。从形式上讲，凯恩斯货币需求理论直接以个体行为为分析对象，但交易需求分析本质上是静态分析，交易需求本身需要被解释（尹敬东，2000）。尽管凯恩斯货币需求模型将商品市场、劳动力市场和货币市场联系起来，形成了一个一般均衡模型，交易需求在一定程度上得到了解释，但是，这种解释是远远不够的，因为它只停留在宏观层面，没有解决货币需求是如何从个体的最优行为中衍生出来的问题。在这里，个人的最优行为不仅仅是指个人的行动，而且指的是个人的最优理财行为，也指个人的最优消费行为。后者取决于消费者动态效用的最大化。因此，在个人财务支出的约束下，货币需求必须从消费者动态效用的最大化中获得。然而，在凯恩斯的货币需求模型中，充分强调个人财务支出而不涉及个人效用最大化是凯恩斯货币需求理论的主要缺陷之一。为了克服这一缺陷，有两种选择：一种选择是弗里德曼（Milton Friedman）的现代货币数量理论。他的货币数量理论可以概括为：

$$\frac{M_d}{P} = f(Y \cdot w \cdot r_m \cdot r_b \cdot r_e \cdot \frac{1}{P}\frac{dP}{dt} \cdot u) \qquad (2-7)$$

其中，M_d 是货币需求，w 是非人力财富占个人总财富的比率，r_m 是货币预期报酬率，r_b 是固定收益的债券利率，r_e 是非固定收益证券的预期收益率，P 是价格水平，t 代表时间。根据弗里德曼的理论，货币和其他资产是一样的，因为它会像其他资产一样给持有者带来相应的效用。这样，就可以利用效用最大化原理进行相应的分析和应用。然而，弗里德曼的货币需求理论中没有明确的优化过程，不足以反映居民的动态行为（尹敬东，2000）。

另一种选择是从动态优化的角度阐述现代新古典主义货币需求的宏观研究方法。该方法中最著名的新古典主义货币模型是由萨缪尔森（Paul

A. Samuelson)提出的"纯粹消费借贷"模型导出的货币迭代模型。新古典货币迭代模型的效用函数为：$U = U[c_1(t), c_2(t)]$，其中，方程右侧的$c_1(t)$和$c_2(t)$分别表示年轻时的消费和年老时的消费。由于青年人与老年人在资源禀赋上存在一定的差异，青年人通过相应的货币交换，使得$c_1(t)$和$c_2(t)$实现效用最大化。然而，对于货币迭代模型来说，有两个问题需要解决：一是货币性资产与生息性资产共存的问题；二是如何在模型中反映货币作为交易媒介的问题。对这两个问题的处理产生了货币法定限制理论和基于克洛尔（Clower）约束假设推导的具有交易约束的卢卡斯（Lucas）迭代模型。

新古典主义货币模型由于具有明确的微观基础，在原则上优于基于货币交易需求的分析模式。然而，新古典主义货币模型也存在问题，那就是它缺乏易于处理的迭代形式。更重要的是，迭代模型把货币作为价值贮藏的基本手段，忽略了货币作为交易媒介的作用。实际上，迭代模型中的货币不仅是现实中财富代际传承的工具，而且要满足日常交易的需要。虽然克洛尔约束的引入有助于克服这一困境，但克洛尔约束的假设本身只是简化了问题，并没有解决问题。对于投机性货币需求，无论是凯恩斯的纯投机性货币需求理论，还是托宾的资产选择理论，原则上都是基于个体优化的微观分析。正如前面所指出的，托宾的理论是建立在更正式的效用分析的基础之上的。托宾的分析模型中，在投机者有效集的约束下，个体通过预期收益和风险的无差异曲线来确定风险投资组合和无风险货币需求（尹敬东，2000）。

凯恩斯的纯投机性货币需求模型和托宾的资产选择模型尽管都是基于个体最优财务成本而产生的，但在微观机制的描述上仍存在一定的差异。首先，在凯恩斯的纯投机性货币需求模型中，对利率的预期是核心。在这个模型中，货币的存在只表现为市场机会下的间歇性投资。托宾的资产选择模型则不同，在这个模型中，货币的存在是投资者资本、资产收益和风险平衡的结果。在这里，货币的作用不是间歇性投资，而是风险的避风港，它是投资者资产组合中不可或缺的一部分（尹敬东，2000）。其次，凯恩斯理论强调了不同个体对未来利率预期的差异性，使得投机性货币需求总量与利率呈现平稳的逆向关系。托宾强调不同个体对资产收益和风险理解的同一性，从而形成共同的市场边界。从原则上讲，同一性假设是有力的，但在现实中，同一性假设却是站不住脚的，因为任何资产的当前收益率都取决于利率和资本利得或损失，而利率和资本利得或损失总是涉及资本的价格预期。一般来说，不同的个体会有不同的预期，因此就可分性定理而言，没有同一个市场可分性定理，只有一个适合个体的个体可分性定理。

在个体可分性定理的帮助下，个体投机性货币需求可以得到解释。然而，由于财富效应和利率与风险的替代效应，货币需求与总利率之间的平滑关系在理论上无法得到清晰的推导，因为利率和货币需求之间的关系是在不断调整的。基于以上分析，凯恩斯货币需求理论继承了剑桥学派货币需求理论的特点，以个体最优持有行为为分析的起点，具有一定的微观基础（李劲松 等，2003）。然而，凯恩斯货币需求理论只从个人最优财务支出的角度考虑，而没有从更为基本的个人效用角度考虑。因此，凯恩斯货币需求理论的微观基础是不足的。新古典宏观经济学的出现使得货币需求理论的微观基础得到进一步加强，基于消费效用最大化的货币需求理论得到了发展，货币需求理论的微观基础日益丰富（柳欣，2001）。

四、罗斯福新政及凯恩斯货币需求理论的应用

大多数人认为罗斯福新政挽救了美国大萧条，但后来人们对此存在很多争议，因为历史上的"大萧条"问题并没有真正得到解决，美国乃至整个西方世界都被拖入了"二战"。战争中断了经济的发展进程，使罗斯福新政失去了可持续实施的环境。但是，罗斯福新政在美国经济中发挥的作用是毋庸置疑的。从1929年8月到1933年3月，美国经济一直处于衰退状态。此后，美国经济开始缓慢复苏。在第二次世界大战期间，美国经济迅速发展。

运用凯恩斯主义的 *IS-LM* 模型，我们可以分析政府如何通过财政政策和货币政策来保证经济的稳定增长。财政政策是指政府为了影响总需求进而影响就业和国民收入而改变税收和政府支出的政策。当经济不景气时，政府支出的增加导致 *IS* 曲线右移，从而导致国民收入和利率的上升。因此，政府可以通过扩大商品和服务的购买，加大公共建设投入，来扩大民营企业产品的销售，增加消费，刺激总需求（姜伟，2008）。减税政策的实施也会使 *IS* 曲线右移，因为减税导致消费随着可支配收入和购买力的增加而增加，这必然会刺激总需求，使得 *IS* 曲线右移。

1．罗斯福新政产生的背景

1929年10月24日，在美国历史上被称为"黑色星期四"。在此之前，美国通用汽车的股价从268美元上升到391美元。直到9月，美国财政部长还信誓旦旦地向公众保证"这种繁荣的景象还将继续下去"。但是，10月24日这一天，美国金融业崩溃了，股市的总市值一夜之间由5000多亿美元的顶峰跌入深渊，股市的崩溃导致了长达四年之久的经济大萧条。此后，美国陷入了经济危机的泥潭。过去繁荣的美国社会逐渐被库存积压、百姓失业和商店关门的惨淡景象所取代；企业破产、银行倒闭，金融业陷入窒息状态。美国失业人数从不足150万人猛增到1700多万人，占总劳动力的四分之一以上。与此同时，农产品的价格也降到了最低点。经营者将牛奶倒入大海，谷物和棉花被当众焚烧的现象屡见不鲜。当时胡佛政府采取了反对国家干预经济的自由放任政策，加剧了经济危机的危害，使美国经济跌入谷底。这是美国乃至世界经济发展史上爆发的最严重的经济危机，为罗斯福击败胡佛成为美国第32任总统奠定了基础。

2．罗斯福新政的社会危机

罗斯福就任美国总统后，首先纠正了胡佛政府为应对经济危机而采取的一些措施。面对经济危机，胡佛采取了一些不恰当的措施来应对经济危机，这为罗斯福新政提供了可供借鉴的经验和教训。在任纽约州州长期间，罗斯福推行的政策为后来的"新政"政策奠定了基础，也为"新政"政策创造了有利条件。

首先，美国的统治者反对走计划经济的道路，唯一有效的办法就是在维护市场经济的前提下，放弃市场"看不见的手"的自我调节机制和自由放任政策，大力加强国家对社会经济生活的干预，改变地方生产关系。这就是"罗斯福新政"。

其次，19世纪末20世纪初美国的实用主义思潮、进步主义思潮和改革思想，第一次世界大战期间对经济实行全面干预政策和20世纪20—30年代初制度经济学的理论创新，都是"新政"前的思想运动，都成为了罗斯福新政的思想渊源。

3．罗斯福新政的内容

罗斯福根据当时的实际情况和广大人民的意愿，实施了一系列旨在克服经济危机的政策和措施。历史上，它们被称为"新政"。"新政"的主要内容包括救济、复兴和改革。主要措施包括以下七个方面：一是整顿银行金融体系，责令银行停业整顿，逐步恢复银行信用，放弃金本位制度，使美元贬值以刺激出口。二是振兴产业或调整工业（中心措施），通过《全国工业复兴法》和"蓝鹰运动"来防止盲目竞争造成的生产过剩。根据《全国工业复兴法》，各工业企业负责制定行业的公平运行规章，确定各企业的生产规模、价格水平、市场分配、工资标准和工作时间等，以防止盲目竞争造成的生产过剩，加强政府对资本主义工业的控制和调节，以缓和阶级矛盾。三是调整农业政策，对减少耕地和产量的农民给予经济补贴，提高并稳定农产品价格。四是落实"工作救济"这一重要措施。五是大力建设公共工程，缓解社会危机和阶级矛盾，增加就业，刺激消费和生产。六是建立社会保障制度，通过《社会保障法》，使退休职工得到养老金，失业人员得到失业保险金，有幼儿的母亲和残疾人得到补贴。七是成立紧急救助机构，为人民发放救助资金。

4．罗斯福新政的结果

1939年，罗斯福总统的新政取得了巨大成功。新政几乎涉及美国社会和经济生活的方方面面。这些措施大多是为了使美国摆脱危机、尽量减少经济危机后果的具体考虑，还有一些则是基于资本主义长远发展目标的长期计划。其直接效果是使美国避免经济崩溃，帮助美国走出危机。1935年以后，美国几乎所有的经济指标都稳步回升，国内生产总值上升，失业人数下降，国民对国家制度的信心恢复，法西斯主义对民主制度的威胁消除，而处于危机中的美国避免了激烈的社会动荡。这为美国参加反法西斯战争创造了有利的环境和条件，在很大程度上决定了"二战"后美国社会经济的发展方向。

虽然历史证明了实施罗斯福新政是通过加强国家对经济的干预来帮助美国克服经济危机的成功之举，但是，罗斯福新政在实施过程中也不是一帆风顺的。在推行新政的过程中，利益受损的阶层进行了强烈的抵制和反抗。甚至连新政初期的重要内容《全国工业复兴法》和其他两项法案都在新政实施两年后被最高法院裁定为违宪。但是，只要我们以历史唯物主义的态度来看待罗斯福新政，就不难看出，新政使人们重返工作岗位，使企业重新活跃起来，这符合劳动人民的利益，也充分调动了劳动人民的积极性。罗斯福把维护国民经济正常运行、保障公民就业作为政府的职责，特别是大量以工程救济形式建设的工程项目，如田纳西河流域工程等，不仅大大缓解了失业困难，刺激了经济的早期复苏，而且使美国经济受益于基础设施建设。

罗斯福新政不仅是西方社会反经济危机政策的成功典范,也是美国经济从自由放任的市场经济向国家干预的现代市场经济转型的重要标志。新政挽救了20世纪30年代美国的大危机,阻止了美国走上日本、德国所走的法西斯主义道路。

小 结

凯恩斯货币需求理论中提出的交易动机和预防动机与货币数量论中的说法基本一致。交易动机明确地指出了货币需求中交易的作用;预防动机被认为是不确定条件下的现金余额说,因为经济部门并不总是了解即将面临何种交易。关于投机动机的理解会比较困难,该理论应用到货币供应量M1中,需要假设人们仅仅是出于价值贮藏的目的而持有(无息)货币。凯恩斯的货币需求模型中关于投机性需求是一个纯投机性的货币需求,在该模型中,投机者面临非此即彼的选择,即个人要么全部持有货币,要么全部持有债券,个人是盲目的投机家,而不是多样化的投机家。为克服这一缺陷,托宾(1958)根据马科维茨(1952)的投资组合理论发展了凯恩斯的纯投机性货币需求模型。托宾的理论可以用分离定理来解释:首先,投资者根据各种风险资产的收益和风险来确定资产的有效集合或有效边界,这个有效集合与个人偏好无关。在引入无风险货币后,投资者的有效集合就变成了一条从原点开始与有效边界相切的直线。其次,个体选择直线上的哪个点作为最优决策点,取决于个体风险和收益的无差异曲线。无差异曲线与直线的切点就是投资者的最佳选择。这一点决定了货币在所有金融资产中的比重,而货币的投机性需求量就是由这一比重决定的。

第三节 其他货币需求理论

一、马克思货币需求理论

货币需求理论是马克思经济理论的重要组成部分。马克思货币需求理论不仅是经典的货币需求理论之一,而且揭示了资本主义经济中货币需求的本质内容。马克思货币需求理论的主要内容可概括如下。

第一，流通中必要的货币量是流通中销售的商品价格总额所代表的货币量。流通所需货币量等于销售商品的价格总额与货币流通速度的比值，这表明流通所需货币量取决于三个因素：价格水平、流通中的商品数量和货币流通速度。

第二，执行流通手段与支付手段职能的流通中货币量。一定时期内作为流通手段与支付手段的货币需求量等于待销售商品价格总额减去赊销商品价格总额与到期应支付总额的和，再除以货币流通次数。

第三，流通中全部银行券（纸币）所代表的货币金属价值。所有流通纸币所代表的货币的金属价值等于流通所需货币的金属价值，单位纸币所代表的货币的金属价值等于流通所需货币的金属价值除以流通纸币总量。马克思的货币必要量公式（流通所需货币量＝流通中的商品数量×商品价格水平÷货币流通速度）指出，商品价格由其价值决定，商品总价值决定货币必要量，而货币数量对商品价格没有决定性影响。但是，这个结论只适用于金属货币的流通。马克思的货币必要量公式提供了货币需求的理论分析，但直接用这个公式来衡量现实生活中的货币需求还存在许多困难。这一公式反映了货币的交易需求，即货币履行流通手段职能的需求。

二、弗里德曼的货币数量论

弗里德曼继承了凯恩斯关于货币是一种资产的观点，但弗里德曼将财富的形式扩展到股票、债券、实物资产等。根据弗里德曼的观点，居民货币持有量受到以下三个因素的影响：①预算约束，即一个人能够持有的货币数量仅局限于他的财富总量。财富总量以恒久收入为代表。恒久收入是指过去、现在和将来的收入的平均数，即长期收入的平均数。弗里德曼指出，总财富中有人类财富和非人类财富。人类财富是指个人获得收入的能力，非人类财富是指物质财富。弗里德曼把非人类财富占总财富的比例视为影响人们货币需求的重要变量。②货币等资产的预期收益率，包括货币预期收益率、债券预期收益率、股票预期收益率等。③财富持有者的偏好。

弗里德曼的研究表明，虽然货币需求是许多复杂变量的函数，但其决定性变量受到社会生产力水平和制度等因素的制约。从长期来看，货币需求不会有大的变化，因为长期收入这一因素对货币需求起主导作用，而长期收入是高度稳定的。相对而言，利率、物价变动率等变量对货币需求的影响非常有限。因此，货币需求函数总体上是稳定的，经济学家和政府部门均可以对货币需求进行预测。

凯恩斯的货币需求理论和弗里德曼的货币数量论都是在剑桥方程式和费雪方程式的基础上发展起来的，但二者各有特点。关于凯恩斯与弗里德曼的货币需求理论的区别见表2－1。

表2－1　凯恩斯与弗里德曼货币需求理论的区别

项　目	凯恩斯的理论	弗里德曼的理论
货币需求量的决定因素	主要因素是利率的变化；与利率成反方向变化；若利率经常变动，则货币需求量是不稳定的	利率的影响很小；长期收入的影响大；长期收入的稳定性决定货币需求的稳定与否
货币供给量变化对经济的影响	货币供给量影响国民收入，它是通过利率来间接影响的	从长期看，货币供给量不影响国民收入；从短期看，货币供给量是直接影响国民收入的主要因素
对货币政策的选择	重视财政政策；主张采用"逆经济风向"行事的货币政策	淡化财政政策，重视货币政策；主张"规则"的货币政策

弗里德曼的货币需求理论和凯恩斯的货币需求理论均指出货币需求与收入和利率有关。这两种理论都有鲜明的特点，均为创新性的理论，都有很大的影响，并对实际的经济发展做出了很大的贡献。但是，这两种理论也都存在不足和挑战。弗里德曼的货币数量论反对凯恩斯的机会主义货币政策，主张用数量规则来防止货币政策的摇摆。单一规则货币政策与货币主义的主要观点有关，即民营经济有其内在的稳定性。货币主义者认为，短期经济不稳定的根本原因是政府反复无常的干预，货币当局唯一的任务是为民营经济提供稳定的货币环境。

小　结

马克思认为，流通所需货币量等于销售商品的价格总额与货币流通速度的比值，这表明流通所需货币量取决于三个因素：价格水平、流通中的商品数量和货币流通速度。弗里德曼认为，影响人们货币需求的因素包括：预算约束；货币和其他资产包括债券、股票等的预期收益率；财富持有者的偏好。在弗里德曼的货币需求函数中，利率包含了各种财富的收益率，而收入是一种具有高度稳定性的恒久性收入，且恒久性收入是决定货币需求的主要因素。

◆**案例分析**◆

电子货币

从字面上来理解，电子货币就是通过电子化方式支付的货币形式。它没有实体，而是包含在电子载体中的信息，其价值以电子形式存储。1973年，罗兰·莫诺发明了IC卡（Integrated Circuit Card，集成电路卡），将其作为电子货币的存储介质，拉开了网络货币发展的序幕。20世纪80年代，美国开始了电子货币的研究和试验。随后，英国、德国等欧洲国家也相继开发了电子货币。1993年，中国政府开始组织实施"金卡工程"，这是以电子货币应用为重点，以加强宏观调控、深化金融改革、加快金融商业化建设为目标的多种卡基应用系统工程。如今，所谓的电子货币涵盖面很广，包括信用卡、储蓄卡、IC卡、消费卡、电话卡等，几乎涵盖了所有与资本有关的支付手段和方式。

中国电子货币市场发展迅速。随着计算机和互联网的普及，越来越多的人会使用电子货币。电子货币将是21世纪主要的金融支付工具，也是国家管理金融的重要基础。我们要推进电子货币的发展进程，加快制定电子货币的发展和管理办法，迎接电子商务的到来。

请分析电子货币对货币需求有何影响。

[资料来源：《货币需求：教学案例》，见百度文库（https://wenku.baidu.com/view/16d325e4c5da50e2534d7f7a.html）。]

◆**思考讨论题**◆

1. 简述货币需求的概念。
2. 请比较剑桥方程式与费雪方程式的异同。
3. 简述流动性偏好与流动性陷阱。
4. 请分析现金交易说与现金余额说的区别。
5. 宏观层面和微观层面的货币需求有什么不同？

6. 简述凯恩斯货币需求理论的交易动机。
7. 凯恩斯货币需求理论的微观基础是什么?
8. 简述弗里德曼的货币数量论与凯恩斯货币需求理论的异同。

第三章　货币供给

货币供给也称货币供应，是指一个国家或地区的银行系统向经济投入、创造、扩张（或收缩）货币的过程。货币供给对经济有着广泛的影响，它不仅会影响一国的经济运行状况，也会影响每个人的行为决策。因此，货币供给的增加或减少往往会引起人们的关注。

第一节　中央银行及基础货币

一、基础货币

基础货币是指社会公众在银行体系以外持有的现金与在商业银行体系内持有的存款准备金（包括法定存款准备金和盈余公积）之和。基础货币又被称为强势货币、初始货币和高能货币，因为它具有使货币总量翻番或减少的能力。基础货币是整个商业银行体系货币创造的基础。

由于过去的货币理论不完善，人们对货币和存款没有进行严格的区分，因而对货币种类产生了一些错误的认识。实际上，存款是货币在市场上运动和流通的结果。

（一）基础货币的属性

基础货币的属性主要包括：①可控性，即基础货币是中央银行可以控制的货币；②负债性，基础货币是中央银行的负债；③扩张性，基础货币被中央银行吸收并作为货币创造基础，它具有多倍创造的功能；④独特性，基础货币的来源是独特的，其增长只能来自中央银行。

基础货币是货币总供给量的基础。在现代银行体系中，中央银行主要通过控制货币数量来调节宏观金融活动。具体操作流程为：中央银行提高或降低存款准备金率时，商业银行必须调整资产负债表，相应增加或减少其在中央银行的法定存款准备金。乘数效应可以减少或增加货币的数量。公众持有的现金数量发生变化，也会导致衍生金融工具发生相应的变化，从而导致资金数量发生变化。

（二）影响基础货币的因素

基础货币包括流通中现金和存款准备金，其数量增减变动取决于以下四个因素。

（1）中央银行对商业银行和其他金融机构债权的变动。这是影响基础货币最重要的因素。一般来说，中央银行对商业银行等金融机构债权的增加，意味着中央银行对商业银行再贴现或再贷款资产增加。同时，商业银行注入流通领域的基础货币不断增加，必然导致商业银行盈余公积和货币供应量的增加。相反，如果中央银行对商业银行等金融机构的债权大幅减少，商业银行的资金量就会减少。一般认为，在市场经济条件下，中央银行对这部分债权具有较强的控制力。

（2）外汇净资产。外汇净资产包括外汇、黄金和中央银行在国际金融机构的净资产。其中，外汇和黄金由中央银行使用基础货币购买。一般来说，中央银行如果不把稳定汇率作为政治目标，其在决定外汇、黄金、其他金融资产的比例时具有较大主动权。反之，为了稳定汇率，中央银行会被动进入外汇市场。这样一来，外汇市场的供求关系将对中央银行外汇占款产生重大影响，从而导致基础货币通过这一渠道被动释放。

（3）中央银行对政府债权净额。中央银行对政府债权净额增加通常由直接认购政府债券和贷款给财政以弥补财政赤字两个渠道形成。无论哪条渠道都意味着中央银行通过财政部门把基础货币注入了流通领域。

（4）其他项目净值。主要是指固定资产的增减变化以及中央银行在资金清算过程中应收应付款的增减变化。它们都会对基础货币量产生影响。

二、中央银行对基础货币的创造与控制

基础货币是中央银行发行的债务凭证，为商业银行存款准备金（R）和流通中现金（C）之和。基础货币的发行制度可细分为可兑现货币制度和不可兑现货币制度。

在可兑现货币制度下，基础货币发行必须以本国持有的黄金数量为依据。例如，以美元为中心的国际货币制度即为可兑现货币制度，在这个制

度下，美元与黄金挂钩，其他国家的货币与美元挂钩。如果美元的发行数量超过美国持有的等值黄金，多余的美元将无法兑换成黄金，该货币系统将崩溃。

在不可兑现货币制度下，基础货币的发行则无须以本国持有的黄金数量为依据。不可兑现货币（即不可兑换成黄金或不以黄金的精确重量规定其价值的货币）的应用离不开早期使用商品货币习惯的形成和发展，因为不可兑现货币是从可兑现货币发展而来的，货币发行的垄断性为不可兑现货币制度的实施铺平了道路。当一个国家转向不可兑现货币制度时，通常是从中央政府给予单一机构垄断货币发行特权开始的。中央银行负债以黄金和白银为主，并成为其他银行的储备。然后，政府永久取消中央银行债务的可赎回性，中央银行发行的基础货币变成不可兑现货币。尽管中央银行的资产负债表也将其列为负债，但一般来说，这是一种不需要偿还的长期债务。这种不可兑现货币之所以能够继续流通，主要在于国家法律的强制性规定。更重要的是，人们对不可兑现货币已经非常熟悉。人们通过出售商品获得不可兑现货币，然后在购买力的范围内用这些货币购买自己想要的东西。在不可兑现货币制度下，由于中央银行不履行债务，所以中央银行发行的基础货币数量对中央银行没有约束力。中央银行可以通过为政府融资、征收铸币税、操纵基础货币的变化来实施货币政策，以实现政府的目的。

（一）通过垄断基础货币的铸造为政府获取铸币税

铸币税是中央银行从发行货币中获得的净收入，等于发行货币的兑现价值与制造和维持货币流通的成本之差。如果新旧货币没有差别，基础货币的扩张意味着现有货币的价值将缩水，垄断货币发行权的政府将通过发行新货币来征税。很明显，铸币税不是真正的税。铸币税往往伴随着货币供应量的增加而增加。

"铸币税"英文是 seigniorage，这个词是从法语 seigneur（封建领主）演变而来。封建时期的欧洲，铸造货币（把金块变成金币）是封建君主和大领主的一种特权。君主或大领主在铸造货币之后，要向购买铸币者收取一笔费用，一是作为铸造货币的成本，二是作为君主或大领主铸币的净收入。这笔收入，是封建君主和领主利用他们的特权取得的，类似于国家通过权力征收的税收，铸币税由此得名，它的基本含义是铸造货币所得到的收益。随着货币制度的演变,铸币税的含义也发生了变化。在金属货币制度发展到一定时期以后,铸币税不再指前面所说的铸造货币的净收益,而是指未能按十足成色和重量铸造金属货币而得到的额外收入,即铸币面值和实际金银含量、铸币成本之间的差额。也就是说,$S = M - PQ - C$。其中,S 是铸币税,M 是所铸货币的面值,P 是造币厂对每单位金属支付的价格,Q 是所铸货币所含金属的重量,C 是铸造货币的成本。造币厂通常通过降低硬币重量、贵金属含量和贵金属价格来提高每批货币的铸币税。如果在一个完全竞争的市场中,竞争将使货币的面值等于其边际成本,此时铸币税 $S = 0$。然而,古代封建社会的政府一般都会垄断货币铸造,赚取铸币税。

在非现金货币制度下,基础货币的含金量为零,生产成本几乎为零。假设 $Q = 0$,$C = 0$,$M = S$,同时不考虑价格的变化,此时年度铸币税的变化就都转变为基础货币存量的变化。在现代金融体系下,中央银行控制基础货币的发行,它可以通过增加基础货币来增加铸币税。由于中央银行与政府的特殊关系,铸币税大多由政府获得。如果政府将铸币税投资于基础设施等公共领域,不仅可以促进经济发展,而且可以通过基础设施建设惠及公众,那么这部分铸币税是公众可以接受的。一般来说,政府有义务为公民提供各种便利,它通过制定一部非常复杂、完整的税法,对公民征收各种税种。因此,不应该存在额外的铸币税和隐性税,这种双重征税牺牲了公民的福利。如果这部分铸币税用于偿还债务或其他目的,将会对公民利益造成巨大损伤。

中央银行在向市场注入基础货币时具有一定的独立性,它可以使市场的货币供应量根据经济发展的需要灵活变动。中央银行作为国有银行,在政府出现预算赤字时,有责任为政府筹集资金和贷款。如果中央银行只是借助印纸币偿还政府债务,此时通过提高基础货币水平实现的铸币税有助于弥补政府赤字,但容易引发通货膨胀。因此,许多国家都在法律上限制中央银行向政府发放贷款。

(二) 基础货币是形成中央银行资产的主要来源

各国的中央银行组织形式不同,其资本结构也不尽相同。然而,中央银行的资产负债表显示,其资本来源一般由资本金、流通货币和各种存款构成。资本金由中央银行的实收资本(初始资本金)和经济活动中分配的利润、纳税后的盈余公积组成。一些国有化的中央银行的资本金还包括额外的融资。按照资本所有制的形式，中央银行可以分为国家所有制中央银行、公私混合所有制中央银行、私有制中央银行和无资本要求的中央银行。

中央银行的产生一般有两条途径：一是由资本实力雄厚、社会信誉卓著、与政府有特殊关系的大商业银行逐步地缓慢发展演变而成（1913年以前）。在演变过程中，政府根据客观需要，不断赋予这家大商业银行某些特权，从而使这家大银行逐步具备了中央银行的某些性质并最终发展成为中央银行，典型代表是瑞典银行和英格兰银行。二是由政府出面，通过法律规定直接组建一家银行作为一国的中央银行，典型代表是美国联邦储备系统。中央银行不是银行业发展的自然产物，而是外部力量强加或政府偏好的结果。由于中央银行有很多发展路线，初始资本的形式也比较复杂。

如果中央银行是由民营银行转型而成的，那么其民营银行原有的资本结构是影响现有资本结构的重要因素。民营银行的初始资本不应是纸币或自己发行的货币，而应是特定的外部货币，如黄金和白银，或前一家银行发行的货币。

初始资本也可以是一种被普遍接受的内部货币，因为银行在创建时没有发行自己的纸币或货币。中央银行拥有强大的权力和特殊的地位，一旦成立，它可以发行自己的新货币或原币。如果新货币得到广泛承认和分配，旧货币也必须兑换成新货币。因此，中央银行是否拥有初始资本并不重要。但是，为了保持币值的稳定，中央银行必须有一定的货币发行储备，比如黄金、外汇等。

由于中央银行可以发行自己的货币，其货币即负债被公众和商业银行广泛接受为资产和准备金，因此，中央银行发行的基础货币也相当于资本和资产。中央银行的收入和公积金也以本币形式存在。这样，中央银行发行的基础货币就成为中央银行资产的来源。其资产业务包括利用基础货币对商业银行进行再发行和再融资、购买金银、在公开市场买卖证券。通过在不同地区使用基础货币，促进不同资产公司的发展，中央银行可以调整资本结构。随着基础货币总量的增加，中央银行总资产也随之增加。

（三）中央银行通过控制基础货币投放量来调控经济

基础货币是银行体系扩大存款的基础，是货币政策中与最终政策目标关系密切的重要中介目标之一。在现代银行体系中,中央银行主要通过控制货币供应量来调节经济。中央银行在运用存款准备金率、公开市场操作、再贴现等货币政策措施时,是通过影响基础货币储备量来发挥作用的。中央银行上调存款准备金率后,商业银行在中央银行的存款准备金也随之增加。如果其他条件不变,商业银行可以使用的基础货币数量将相应减少,信贷数量将减少。这就通过乘数效应减少了货币供应量,通货紧缩,从而抑制投资增长和经济发展。当中央银行在公开市场上从商业银行或公众处购买证券时,它将把基础货币带到市场上。商业银行可动用的基础货币会变得更多,信贷规模也会增加。这将通过乘数效应来增加货币供应量,促进投资和经济发展。但是,过度发行货币也可能导致金融危机和通货膨胀。

外汇储备是一个国家综合实力的象征,它的任务是调整国际收支平衡、稳定货币和汇率、处理政治和经济紧急情况以及自然灾害。因此,我国货币供应的基本渠道不仅包括为商业银行再融资和购买国债,还包括购买外汇。中国的外汇储备由国家授权的中央银行取得和持有。

小　结

中央银行通过投资业务的变化来影响负债业务,进而影响基础货币。中央银行通过改变商业银行贷款人的权利范围来影响基础货币的数量。如果增加债权人对商业银行的权利,即再融资或再发行,商业银行的准备金就会增加,从而导致基础货币增加。中央银行可以通过改变贷款人的融资权来影响基础货币的金额。如果中央银行在向个人购汇时增加外汇储备,这将导致现金或存款增加,进而增加基础货币;反之,如果减少外汇储备,这将导致现金或存款减少,进而导致基础货币减少。

第二节　商业银行及货币创造过程

货币创造,又称货币扩张,是中央银行、商业银行和非银行机构(或非银行个人)通过信贷关系进行合作,扩大银行体系中流通的货币数量的一种金融行为。尽管中央银行可以直接控制基础货币,我们仍需理解它是如何影响货币创造的。

一、信贷创造

中央银行的资产负债表可以决定货币创造过程中的"输入变量"。为了简化分析,我们使用简化的中央银行资产负债表(见表3-1)来进行说明。表3-1中的资产仅为中央银行向国内商业银行提供的融资贷款,而负债则包括流通中现金(C)(包括纸币和硬币)以及国内商业银行持有的存款准备金(R)。因此,基础货币(B)可以定义为:

$$B = C + R \quad (3-1)$$

式(3-1)表明我们不再将外国资产视为创造基础货币的来源。该式能更好地描述汇率可变的欧洲和美国等大型经济体的货币创造过程。

表3-1 简化的中央银行资产负债表

资　产	负　债
向国内商业银行提供的融资贷款	流通中现金
	国内商业银行持有的存款准备金

我们对银行体系的综合资产负债表进行了简化(见表3-2)。当忽略外国部门时,我们不区分国家和私营部门,并假设其他资产和负债为零。就存款(D)而言,不同期限或利率的存款之间以及私营部门和公共部门的存款之间没有区别。另外,简化的资产负债表还忽略了银行系统的长期负债。此时,对非银行部门的贷款,也就是货币供应量(M)可以用式(3-2)来表示:

$$M = C + D \quad (3-2)$$

在式(3-2)中,货币供应量对应贷款总额,非银行部门对银行贷款的需求对应经济活动对现金和存款的需求。因此,每一笔银行信贷的交付都意味着货币以现金或存款的形式在市场上流通。从式(3-2)中我们可以清楚地看到,货币创造与信贷创造是相似的。

表3-2 简化的银行体系综合资产负债表

资　产	负　债
对非银行部门的贷款	流通中现金
	国内非银行部门的存款

二、货币乘数

货币乘数,又称货币扩张系数,即货币供给与基础货币的比率。商业银行在基础货币(高能货币)的基础上,可以通过功能性存款所衍生的货币量的多重信用扩张,创造多倍的货币。在现实生活中,银行提供的资金通过存贷款等活动,会产生数倍于其原始存款额的衍生存款。货币乘数的大小决定了货币供应的扩张能力。它的重要性体现在中央银行通过增加或减少基础货币来增加或减少货币供给数量。

(一)货币乘数推导一

在最简单的形式中,货币乘数是货币存量(M)与基础货币(B)之比:

$$货币乘数 = m = \frac{M}{B} \tag{3-3}$$

根据货币存量的定义,M 由现金(C)和存款(D)组成:

$$M = C + D \tag{3-4}$$

现金与存款的比值(C/D)被称为现金持有率 b,因此,可将该式(3-4)改为:

$$M = bD + D = D(b+1) \tag{3-5}$$

由于基础货币可以表示为流通中现金(C)和商业银行存款准备金(R)之和,同时,商业银行存款准备金与存款的比值(R/D)用存款准备金率 r 表示,可推导出:

$$B = bD + rD = D(b+r) \tag{3-6}$$

由此可以推导出货币乘数的公式:

$$\frac{M}{B} = m = \frac{1+b}{b+r} \tag{3-7}$$

如果存款准备金率小于1,那么货币乘数将大于1。

(二)货币乘数推导二

货币乘数的公式也经常使用现金流出率(b')进行推导。b' 是持有的现金在货币供应量中所占的比例,因此被称为现金流出率:

$$b' = \frac{C}{M} \tag{3-8}$$

结合式(3-6)和式(3-8)并整理得到:

$$B = b'M + rD \qquad (3-9)$$

由于 $D = M - C$，所以得到如下公式：

$$B = b'M + r(M - b'M) = M[b' + r(1 - b')] \qquad (3-10)$$

此外，我们还可以得到货币乘数公式：

$$\frac{M}{B} = \frac{1}{b' + r(1 - b')} \qquad (3-11)$$

从式（3-11）可以看出，货币乘数总是大于1，因为现金和存款准备金只是货币存量的一部分，即 b' 和 r 均小于1。

小　结

商业银行所创造的存款和存款衍生品在存款人之间不断转移，商业银行经过接收各级存款、发放贷款、结算、转户的一系列过程，最终导致银行体系存款总量增加。乘数是货币扩张的倍数。现实生活中，银行提供的资金经过存贷款等活动，会产生相当于其原始金额数倍的衍生性存款。货币乘数的大小决定了货币供给的扩张能力。货币乘数的大小主要取决于法定存款准备金率、盈余准备金率、现金比率以及定期存款与活期存款的比例关系。

第三节　货币供给理论

货币供给理论是研究货币供应量形成机制、运行机制和调节机制的理论。它所研究的问题主要包括货币规模、货币的供应方式、影响货币供应量的因素以及货币管理部门对货币供应量的控制等。西方学者对货币供应量的研究最早可以追溯到18世纪以劳（John Law）为先驱的信用创造理论，其主要代表人物为19世纪末的麦克鲁德（Henry Dunning Macleod）和20世纪初的熊彼特（Joseph Alois Schumpeter）和哈恩（Albert Hahn）等人。信用创造理论是货币供给理论的起源，其基本思想是信用创造货币。1810—1840年，英国经济史上爆发了著名的"掘金辩论战"和"货币辩论战"。许多经济学家在辩论中发表了对货币供应量的看法，这为货币供给理论的形成和发展创造了条件。菲利普斯（Chester Arthur Phillips）在1921年出版了《银行信用》一书，为现代货币供给理论提供了理论原型。在这本书中,菲利普斯最先使用了"原始存款"和"派生存款"这一对概念。

一、货币供给理论的内容

货币供给理论的主要内容包括货币层次的划分、货币创造过程和货币供应量的决定因素。

在现代市场经济中,货币流通的范围不断扩大,形式不断增加。现金和活期存款通常被认为是货币。定期存款和一些可以随时兑换成现金的信用工具(如政府债券、人寿保险单、信用卡)也被广泛认为具有货币的性质。各国中央银行在确定货币供给的统计口径时,以金融资产流动性的大小作为标准,并根据自身政策目的的特点和需要,划分货币层次,一般划分为 M1、M2、M3、M4。货币层次的划分有利于中央银行进行宏观经济运行监测和货币政策操作。

货币创造过程是指银行通过参与货币市场活动而创造货币的过程。它包括商业银行通过派生存款机制将货币投入市场进行流通和使用的过程,以及中央银行通过改变基础货币数量来影响货币供应量的过程。

货币供应量的决定因素包括中央银行对货币供应量的调整、中央银行对商业银行可运用资金量的调节、商业银行的融资能力、经济发展状况以及企业和居民的货币需求情况等。

二、货币供给的过程

由于货币供应量包括流通中的现金(也称"通货")与存款货币,货币供给的过程也可分解为通货供给和存款货币供给两个环节。

(一) 通货供给

通货供给通常包括三个步骤:第一,由一国货币当局下属的印刷部门(隶属于中央银行或财政部)印刷和铸造通货。第二,商业银行因其业务经营活动而需要通货进行支付时,应按照规定程序通知中央银行,由中央银行运出通货,并贷给相应的商业银行。第三,商业银行通过存款兑现的方式对客户进行支付,将通货注入流通环节,并供给到非银行部门手中。

通货供给有以下特点:①通货虽由中央银行供给,但中央银行并不直接把通货交付到非银行部门手中,而是以商业银行为中介,通过存款兑现的方式间接将通货送到非银行部门手中。②由于通货供给过程会受到商业银行的客户存款兑现情况的影响，因此，通货供给的数量完全取决于非银行部门持有通货的意愿。非银行部门有权随时兑现存款，商业银行有义务随时满足非银行部门的需求。如果非银行部门持有通货的意愿得不到满足，商业银行将因无法履行法定的还款义务而被迫停业或破产。

上述通货供给的过程是就通货扩张过程而言的，而通货收缩过程与通货扩张过程恰恰相反。

（二）存款货币供给

商业银行有多种存款负债类型，其中究竟哪些属于存款货币，哪些应该计入货币供应量之中，目前还没有统一的结论。不过，一般认为活期存款是存款货币的一部分。

在不可兑现的信用货币制度下，商业银行的活期存款与货币一样，可以充当完整的流通和支付手段，存款人可以通过签发支票来支付和清偿债务。因此，客户通常不会在收到商业银行的贷款和投资后立即兑现；相反，他们会将得到的款项作为活期存款存入与自己有业务往来的商业银行，以便可以随时签发支票。这样，商业银行在对客户进行贷款和投资时，就可以直接贷入客户的活期存款账户。因此，商业银行一旦获得相应的准备金，就可以通过账户的会计分录来同时增加资产（贷款和投资）和负债（活期存款）。

从整个商业银行体系来看，即使每家商业银行只能贷出一部分存款，全部商业银行也可以将贷款和投资额扩大到所收存款的数倍。也就是说，中央银行供应的基础货币流入商业银行，作为商业银行的活期存款，在扣除相应的存款准备金后在不同商业银行之间多次使用，最终将扩大到活期存款的数倍。

三、货币供给问题

货币供给问题历来受到各国中央银行和货币当局的高度重视，也是世界各国经济学家一直关注的重大课题。究其原因，是货币供应数量是否充足将直接影响各国的经济发展状况。货币供应过多容易引发通货膨胀，货币供应不足容易引起通货紧缩。不论是通货膨胀还是通货紧缩都不利于经济的可持续增长。在以经济持续增长、社会和谐稳定为社会发展目标的今天，探讨货币供给的适度增长问题更具现实意义。

长期以来，人们在讨论货币供给问题时往往很关注货币供给造成的经济后果。无论是凯恩斯学派的"自由裁量权"主张还是现代货币学派的"单一规则"主张，无论是货币供给"外生论"还是货币供给"内生论"，都十分重视货币供给的经济后果。弗里德曼、施瓦茨、卡甘、布伦纳、梅尔茨等著名的货币供给理论学家对影响货币供给经济后果的因素进行了研究。他们在货币供给的影响因素研究方面取得了很大的成功，为后来的货币供给研究提供了重要的依据和方向。乔顿（Jerry L. Jordan）发展了弗里德曼等人的研究成果，提出了著名的"乔顿模型"。在此模型中，乔顿分析了主要因素对货币供给的重要影响。"乔顿模型"自提出以来，就一直被认为是理解和研究货币供给数量的重要工具。随着货币与经济关系的日益复杂和对货币供给问题研究的不断深入，人们需要更多地了解各种因素对货币供给影响的过程。后凯恩斯学派的学者大力推崇货币"内生论"，认为货币供给是经济运行的因变量，货币当局不能任意改变。英国的"货币系统运行研究委员会"在《拉德克利夫报告》中，以及格利、肖和莫尔等人都对货币供给的内生性问题进行了研究。

关于货币供给是内生的还是外生的这个问题，目前已经有了一个明确的定论，即货币供给由经济条件内生决定。就货币供给的运转起点而言，货币当局或政府必须投入一定数量的货币，才能使基础货币发挥第一推动力的作用。在现有的信用货币体系下，一旦经济运行起来，大量的内生性货币需求必然导致大量的内生性货币供给。这种货币供给过程是如何发展的，是一个值得关注和研究的重大课题。特别是在我国经济体制发生重大变化的今天，这一课题的研究不仅具有重要的理论意义，而且还具有重要的现实意义。

四、中美应对2008年金融危机的做法及其比较

20世纪90年代末，计算机技术发展和互联网应用催生的高科技互联网公司的兴起，助推了美国股票市场泡沫的产生。仅1999年一年，就有超过250个与互联网有关的公司首次公开发行（IPO），这些公司的股价在首个交易日的平均上涨幅度为84%。时任美联储主席艾伦·格林斯潘意识到了问题的严重性，并于1999年开始通过一系列的加息措施来影响市场。然而，惩罚性的加息措施并没有实现格林斯潘所设计的泡沫破裂后经济

"软着陆"的愿望，美国经济持续下行。随后，格林斯潘又转向了另一个极端，自2001年1月3日起将联邦基金利率逐步下调，持续的降息措施将基准利率推到了美国45年来的最低水平，同时美联储宣布计划在不远的将来继续维持低利率政策。新措施实行后，美国经济逐渐恢复。2003年，纳斯达克指数增长50%，道琼斯指数增长25.3%。低利率的预期以及新任总统乔治·布什的减税政策似乎正在将人们带出泡沫破裂后的深渊。

然而，美联储的长期低利率政策却加剧了美国住房市场的繁荣，房地产建设规模逐步增长，房价也迅速上升。2000年，美国抵押贷款存量总额为5.2万亿美元，其中新发放贷款为1.6万亿美元；同年的美国新住宅建设增长率为1996年以来最快的一年。2002年的新房销售额创历史新高，30年期住房抵押贷款平均利率降到了6.07%。随着利率进一步下降和房价持续上升，抵押贷款再融资市场持续繁荣，仅2002年一年，二次抵押贷款的价值就增长了近20%。2004年和2005年，美国新房销售额分别创下了2000年以来的历史新高，其中，2005年的住房抵押贷款余额甚至达到了7万亿美元。美国房地产市场的泡沫与日俱增。

2007年4月，美国第二大次级抵押贷款公司新世纪金融公司因贷款违约数量巨大、融资机构停止对其提供融资而破产。伴随着丧失赎回权的抵押房产数量不断增长，银行逐渐收紧了次级贷款发放的标准。2007年，KB房地产公司收入下降了84%；同年，华盛顿互助银行因次级贷款损失，第一季度收入下降了20%，房地产泡沫的裂缝开始显现。随着抵押贷款风险不断增加，放款机构开始缩减放贷数量并提高利率。2007年上半年与2006年同期相比，止赎房产（因贷款人无力还款，贷款机构强行收回的房子）增加了58%，13%的次级抵押贷款房屋已经或接近止赎，次级抵押贷款市场危机开始蔓延。2008年1月，由于次级贷款带来的损失，华尔街的金融服务公司开始核减资产，全球范围内的抵押贷款违约规模约为500亿美元，而人们普遍预计还有更多的款项需要核销。评级机构下调了超过2500种担保债务凭证的信用等级，评级机构的降级直接影响了1.5万亿美元的抵押贷款证券。股票市场在2008年开年伊始便下跌，新年交易的前三天，道琼斯指数就下跌了3.5%；纳斯达克指数则在新年的首个交易日便下跌了3.8%。次贷危机戳穿了最后的泡沫，影响范围更大、破坏程度更深的金融危机开始了。

(一) 金融危机的影响

源于美国次贷市场的金融危机不断深化,并迅速在世界范围内蔓延,世界经济面临着20世纪30年代以来最为严峻的挑战。根据国际货币基金组织(IMF)2009年2月公布的数据,2008年世界实际GDP增长了3.4%,明显低于2007年的5.2%。

发达国家经济出现不同程度的衰退。美国作为这次金融危机的起源地,其经济在2008年经受了最为严峻的考验。五大投资银行(美林、贝尔斯登、摩根、雷曼兄弟、高盛)产生了巨额亏损甚至破产,股票指数不断下跌,企业融资环境持续恶化,实体经济发展遭受重创,经济发展前景一片灰暗。美国2008年的实际GDP增长率仅有1.1%,大约是2007年实际GDP增长率的一半,且创下了自2001年以来的最低增幅记录。其中,2008年第四季度实际GDP下降幅度甚至达到了6.2%,是自1982年以来的最大降幅,且是美国连续第二个季度下降。作为拉动美国经济增长的"三驾马车"——消费、出口和投资在2008年的表现也不尽如人意。其中,2008年第四季度的美国个人消费支出下降4.3%,进出口额分别下降16.0%和23.6%,住房投资减少了22.2%。不容乐观的经济形势也进一步恶化了美国国内的就业形势,失业率不断上升,失业人口大幅增加。2008年,美国减少了至少260万个工作岗位,是1945年以来的最高纪录;同年平均失业率达到了5.8%,失业人口达到了1100万人,是2003年以来的最高值。欧盟经济增速持续下滑,欧盟面临成立以来的最大考验。2008年,欧盟实际GDP增长率为1.0%,远低于2007年的2.6%。就业市场形势严峻,劳动力成本持续上升,失业率居高不下。2008年,欧盟平均失业率为7.0%,失业人口高达400万人。日本经济陷入深度衰退,出口急剧下降,投资大幅减少,企业收益大不如前,个人消费持续低迷。2008年,日本实际GDP出现9年以来的首次负增长;就业形势不容乐观,2008年的失业人口达到265万人,其中完全失业率高达4.0%。

新兴工业化国家和其他发展中国家的经济也迅速下滑。韩国的制造业和出口遭受重创,制造业增长率降到历史最低水平,出口急剧萎缩,1997年以来首次出现贸易赤字。东盟国家受金融危机的影响,经济增长放缓,通货膨胀加剧,股市大幅下跌。其中,越南、印度尼西亚、泰国、菲律宾、马来西亚等国的GDP增幅下降了1~3个百分点;2008年,越南的通货膨胀率竟高达30%，印度尼西亚、菲律宾、老挝、柬埔寨的通货膨胀率也均在10%以上；多个国家股市创单日历史最大跌幅，印度尼西亚一度被迫停市，2008年的越南股市总市值与2007年最高时相比缩水70%以上。受全球金融危机的影响，2008年中国实际GDP增长率较2007年减少了2.9个百分点，进出口额增长率分别减少了9.5个百分点和11.0个百分点。中国股票市场大幅缩水，2007年曾以全年上涨96.99%位居全球首位的中国上证指数在2008年遭遇最大跌幅，全年跳水65.39%，收于1820.81点，总市值蒸发超过20万亿元。

（二）中美应对2008年金融危机的财政政策对比

2008年金融危机期间，中国政府出台了应对危机的一揽子计划，主要内容为：加快建设保障性安居工程；加快农村基础设施建设；加快铁路、公路和机场等重大基础设施建设；加快医疗卫生、文化教育事业发展；加强生态环境建设；加快自主创新和结构调整；加快地震灾区灾后重建各项工作；提高城乡居民收入；在全国所有地区、所有行业全面实行增值税转型改革，鼓励企业技术改造；加大金融对经济增长的支持力度。

中国一揽子计划的特点在于：第一，大规模增加政府投资，实施总额为4万亿元人民币的两年投资计划，其中，中央政府拟新增1.18万亿元投资，实行结构性减税，扩大国内需求；第二，大范围实施调整振兴产业规划，提高国民经济整体竞争力；第三，大力推进自主创新，加强科技支撑，增强发展后劲；第四，大幅度提高社会保障水平，扩大城乡就业，促进社会事业发展。

为了应对2008年的金融危机，美国也实施了积极的财政政策，主要体现在以下三个方面。

第一，注资。2008年7月30日，时任美国总统布什签署了总额高达3000亿美元的房市援助法案。根据该法案，美国财政部将可向房利美、房地美（"两房"）这两家美国最大的非银行住房抵押贷款公司提供足够信贷，必要时可出资购买其股票，并设立了新的监管机构，将"两房"纳入住房金融管理局进行管理。这一法案还将向40万无力偿还房贷的美国购房者提供帮助，以避免他们因违约而流离失所。此外，有关方面还将向购房者提供总计150亿美元的住房退税。此法案一方面使得美国的住房信贷机构能够得到有效监管，另一方面也为因金融危机而破产的个人减轻了债务负担。

第二，购买不良资产。2008年年底，美国总统布什签署了《2008年紧急经济稳定法案》，推出有史以来最大规模的7000亿美元金融救援计划。主要内容有：一是授权美国财政部建立受损资产处置计划（TARP），在两年有效期内分步购买金融机构受损资产；二是允许财政部向金融机构受损资产提供保险；三是成立金融稳定监督委员会和独立委员会，监督法案的实施；四是对接受政府援助企业的高管薪酬实施限制；五是加强与国外金融监管部门以及中央银行的合作；六是将保护纳税人利益放在首位；七是增加对丧失抵押品赎回权的房贷申请人的援助。

第三，减税。为了刺激消费、促进经济增长，美国政府出台了一系列减税措施，减税总额约1700亿美元。根据法案规定，年收入超过3万美元但不必纳税的低收入者可额外获得300美元的退税；年收入在3万～7.5万美元的人可得到600美元的退税；年收入在7.5万～15万美元的人，则可得到1200美元的退税。

为了应对2008年的金融危机，中美两国采取的财政政策是相似的。积极的财政政策有利于实现经济增长，增强抵御风险的能力，弱化金融危机的负面影响。不过，中美两国在财政政策上仍存在一些差异。首先，中国支持国家投资，发挥政府主导作用；而美国财政政策则重点关注拯救金融业，财政政策过多地向金融行业倾斜，优先保障金融机构和金融秩序的稳定。其次，中国4万亿元的投资计划在短期内刺激了经济增长，同时也存在一定的长期影响。美国政府通过简单直接的手段援助国内大型金融机构，在短时间内限制了危机的蔓延，维护了国内金融秩序的稳定，但却依然没有改变美国的金融体系，没有找到经济危机爆发的根本原因。因此，从长期来看，美国的金融体系在未来还可能会孕育出新的经济泡沫。

（三）中美应对2008年金融危机的货币政策对比

在2008年的金融危机中，中国实施了适度宽松的货币政策，具体措施如下。

一是采取流动性支持政策。自2008年7月开始，中国人民银行就及时调减了公开市场的对冲力度，相继停发3年期中央银行票据，减少1年期和3个月期中央银行票据发行频率，引导中央银行票据发行利率适当下行，保证流动性供应。商业银行等贷款机构实施宽松的信贷政策，扩大信贷范围，提高信贷额度。此外，中国人民银行、财政部、社会保障部等采取各种措施提高商业银行等金融机构的小额放贷积极性，例如提高贷款额度，把符合条件的劳动密集型小企业的小额担保贷款最高额度由不超过100万元提高到不超过200万元；降低对个人新发放的小额担保贷款的利率上浮幅度。

二是下调利率。在2008年9月、10月、11月、12月，中央银行连续下调基准利率和存款准备金率，降低"两率"的目的是增加市场货币供应量，促进投资和消费。2008年10月27日开始实施首套住房贷款利率7折优惠，支持居民首次购买普通自住房和改善型普通住房。

为了应对2008年的金融危机，美国也实施了积极的货币政策。它包括以下三个方面。

一是降低利率。2008年前4个月，美联储先后4次下调联邦基金利率目标，调整幅度分别为75、50、75和25个基点，将该利率目标控制在2%的水平。

二是创新融资机制。美联储对合格存款类金融机构推出短期拍卖工具（term auction facility，TAF）。在TAF中，美联储通过拍卖提供为期28天的抵押贷款，每月两次，利率由竞标过程决定，每次的TAF有固定金额，抵押品与贴现窗口借款相同。2008年7月，作为28天期TAF的补充，美联储又推出84天期TAF，以更好地缓解3个月短期融资市场的资金紧张情况。2008年10月，美联储宣布将TAF的总规模扩大至3000亿美元。

三是紧急援助。2008年3月14日，美联储为了援助出现流动性危机的美国第五大投行——贝尔斯登，紧急批准了摩根银行与贝尔斯登的特殊交易，即纽约联邦储备银行通过摩根银行向贝尔斯登提供应急资金，以缓解其流动性短缺问题。同时，为进一步缓解金融市场短期向下的压力，美联储利用其紧急贷款权力，启用一级交易商信贷工具（PDCF），向符合条件的一级交易商开放传统上只向商业银行开放的贴现窗口，提供隔夜贷款。

中国和美国都采取了降低利率的货币政策，但降息幅度、持续时间不同。美国降息频繁，比较集中，并且降息的幅度非常大，基准利率屡创新低。2008年12月16日之后，美国基准利率大约维持在0～0.25%之间。同时，美联储宣布在不远的将来将长期维持该利率水平。中国于2008年下半年才开始降息，相对来说，降息次数少，降息幅度小，利率最低水平远高于美国。再者,中国的降息更多的是为了实体经济的发展;而美国的降息政策大多是为了拯救其金融产业,救助受困金融机构,维持金融体系稳定。美联储在释放更多流动性的同时,也导致了美元的大量外流,这些多余的美元以热钱的形式流入其他国家,抑制了其他国家货币的升值。

小　结

关于货币数量是内生的还是外生的讨论,一个明确的结论是货币当局或政府必须投入一定数量的货币,才能使基础货币发挥第一推动力的作用。在现有的信用体系下,最初由商业银行贷款衍生出的大量债权必然随着经济的运行转化为数量更多、范围更广的债权。而其中的货币供给过程是如何发展的?尤其是在我国经济体制面临转型的今天,这是一个值得关注和研究的重要问题。

◆案例分析◆

货币乘数之谜

从2004年年底到2008年年底,我国的货币乘数不断下降,从3.5倍下降到2.2倍。究其原因,是我国加入世界贸易组织后,贸易顺差的巨大增长导致每年产生了大量的货币。为了保证基础货币的供给,中央银行不再大幅提高存款准备金率,其间,M2从25万亿元增加到48万亿元,增幅近一倍。2008年年底,金融危机成为历史性的转折点。此后的10年间,存款准备金率保持在17%左右。然而,货币乘数从2008年底的2.2上升到2017年的4.7,其间,M2也从48万亿元上升到183万亿元。存款准备金率大体上保持不变,货币乘数却扩大了两倍以上,原因在于金融危机后不断放松的货币政策和财政政策导致了整个社会的债务刺激效应,各经济部门都在尽最大努力提高杠杆率,因为"如果你不增加杠杆,你就输在起跑线上"。中央银行创造基础货币的机制已经改变。资本外流导致中央银行基础货币被动收紧,中央银行必须通过常备借贷便利(Standing Lending Facility,SLF)、中期借贷便利(Medium-term Lending Facility,MLF)等方式向市场注入基础货币。由于SLF、MLF等基金都有到期日,中央银行为了保持流动性必须继续这样做,实际上这导致了基础货币的短期拨备,造成短期市场波动。另一个需要警惕的现象是存款准备金率与货币乘数增幅之间的差异,这表明货币供应量的控制机制发生变化,即货币供应量不再是由基础货币和存款准备金率来决定,而是可以通过影子银行业务来确定金融机构之间的货币创造。其货币创造链是:大型主权银行以较低的成本从中央银行获得货币,然后在银行间市场买入中小银行发行的同业存单,中小银行运用同业负债所得资金将其委外运作,券商、基金、信托等"大资管"为委外运作主体,以上层层套利,形成空转的影子银行体系。

〔资料来源:周逵:《货币乘数之谜:央行基础货币总量扩张不大,为何广义货币供应量 M2 逐年跳涨?》,见经管之家(https://bbs.pinggu.org/thread-5695876-1-1.html)。〕

◆思考讨论题◆

1. 什么是基础货币?
2. 在准备金制度下,商业银行体系是如何创造存款货币的?
3. 影响货币乘数的因素有哪些?
4. 基础货币的属性有哪些?
5. 简述商业银行的货币创造过程。
6. 说明货币供给的内容。
7. 简要说明中美应对 2008 年金融危机的异同。

第四章　发达国家的货币政策目标与工具

货币政策又称金融政策，是指中央银行为实现其特定的经济目标而采取的控制和调节货币供应量的政策措施。货币政策的实质是国家根据不同时期的经济发展状况，采取"紧""松""中"等不同层次的政策。

财政政策与货币政策在宏观调控中的作用同样重要，但二者存在一定的差异。具体来说，货币政策主要是由中央银行来实施，中央银行对货币供应量的影响明显。中央银行可通过对货币供应量的调节来影响利率以及贷款水平，从而实现供需平衡。而对于财政政策而言，政府支出以及税收是财政政策的两个重要工具。

关于货币政策的定义，可以从狭义和广义两个角度来看。从狭义的角度来看，货币政策主要是指中央银行为实现其特定的经济目标而采取的各种政策和措施，主要包括信贷政策、利率政策以及汇率政策；从广义的角度来看，货币政策主要是指政府、中央银行和其他主管部门为影响金融变量而采取的一切货币政策和措施。狭义货币政策和广义货币政策的主要区别是：前者主要通过贴现率、存款准备金率和公开市场的手段来实现在一个稳定的宏观经济体系中改变利率和货币供应量的目标；对于后者，货币政策的制定者往往会通过调整金融体系中的外生变量来改变相应的游戏规则，比如严格限制信贷规模和方向、开放和发展金融市场。

第一节　货币政策的目标

一、最终目标

（一）货币政策的最终目标

货币政策的目标并不是单一的，其主要由三部分组成，包括操作目标、中介目标和最终目标,这三个目标呈现出一种递进的关系。货币政策的最终目标通常是指稳定物价、充分就业、经济增长以及国际收支平衡这四个方面。

1. 稳定物价

稳定物价(或物价稳定)是中央银行实施货币政策的首要目标,稳定物价的实质是保证货币价值的稳定。稳定物价,即控制通胀,使物价总体水平在短期内不出现明显波动。根据各国的情况,常用的衡量物价稳定的指标有三个:一是 GDP 平减指数,其代表了由最终产品和服务构成的社会生产总值对应的价格水平,是最终产品和服务价格变化的反映指标;二是居民消费价格指数,其能够准确地反映居民消费价格水平的变化;三是中间价格指数,它可以准确地反映批发交易的价格变化。

2. 充分就业

充分就业实质上是让就业率保持在一个高而稳定的水平。在充分就业的情况下,所有有能力和意愿参与工作的人都可以在合理的条件下找到合适的工作。

充分就业是通过失业率来衡量的,失业率越高,则说明充分就业程度越低,二者呈现出一定的反向关系。失业率是指失业人数与劳动人口的比率。从理论上讲,失业就是对生产资料的浪费,当失业人数越多时,整个社会的损失就越高,对于整个社会的经济发展也就会越不利。因此,所有国家都在努力将失业率调整到最低水平,以实现充分就业目标。

失业的类型主要包括以下四种。

第一,社会总需求不足引起的失业。当整个社会的劳动供给大于需求时,社会中的劳动力就无法得到充分利用。这种失业主要是指经济危机、经济衰退或经济周期导致的劳动力需求不足,进而引起的失业。

第二,摩擦性失业。摩擦性失业是指因季节性或技术性原因而引起的失业,即在经济的调整过程中,由于资源配置比例失调等原因,一些人需要在不同的工作间转移,因这些人等待转业而产生的失业现象。

第三,季节性失业。对于某些行业来说,由于行业的特殊性,其工作时间具有很强的季节性,且不同季节工作所需的技术不能相互替代,我们把这种由于行业季节性调整引起的失业称为季节性失业。对于季节性失业,我们可通过一定的手段来降低相应的失业率,但并不能完全地规避。

第四,结构性失业。在充满活力的经济社会中,总会有一些人要换工作或换雇主，其中一些人也可能会转移到其他地区。在该种情况下，居民在找到另一份工作之前就会有短期失业。

除了需求不足引起的失业之外，其他失业情况是不可避免的。因此，对于充分就业的目标来说，并不是要完全消除失业，而是将失业率控制在一定水平上，这一水平也就是所谓的自然失业率。有关自然失业率的划定标准并不一致，大多数美国学者认为自然失业率应该是4%，而部分相对保守的经济学家则认为是2%～3%。

3. 经济增长

经济增长意味着GDP必须以足够高的速度持续增长。人均实际GDP的年增长率是世界各国衡量经济增长的主要指标。一般而言，在经济增长方面，政府会对计划期内的GDP增长率设定相应的指标，而该指标通常被认为是中央银行相应货币政策的重要目标之一。

当然，健康的经济增长涉及多方面的因素，最重要的是增加人力、财力、物力等各类经济资源的投入，实现各类经济资源的优化配置。中央银行作为经济社会中的货币部门，在资金的提供和分配中发挥着重要作用。虽然世界上大多数国家的中央银行将经济增长作为货币政策的目标之一，但是，由于货币政策目标所包含的几个方面在各个时期的地位不同，经济增长在各个历史时期的重要性也不尽相同。

以美国为例，在20世纪50年代，美国因其产出在第二次世界大战后严重下降，所以经济增长受到了高度重视。然而自20世纪70年代以来，尤其是里根在1981年上任总统后，美国的货币政策一直侧重于对抗通货膨胀。

第二次世界大战后，日本也设定了经济发展的目标，但却是建立在战后生产极度衰退的基础上的。事实上，日本的货币政策在经济增长和稳定物价目标的选择上，一直注重稳定物价。除此之外，德意志联邦共和国则吸取恶性通货膨胀的教训，其货币政策以牺牲部分经济增长来换取物价稳定。而韩国则是一个特例，其货币政策更注重经济增长。

4. 国际收支平衡

国际货币基金组织对于国际收支的定义是：国际收支是指一国在一定时期内（通常为一年）全部对外经济往来的系统的货币记录。具体来说，国际收支包括如下三个方面的内容：第一，一个经济体与世界其他地区之间的货物、服务和收益交易；第二，一个经济体的货币性黄金、特别提款权的所有权的变动和其他变动,以及这个经济体和其他经济体的债权和债务的变化;第三,无偿转移以及在会计上需要对上述不能相互抵消的交易和变化加以平衡的对应记录。

国际收支中的交易类型可以分为两种:自主性交易和调节性交易。自主性交易亦称"事前交易",是一种出于经济目的、政治考虑和道德动机(如贸易、援助、礼物、交换等)的自动经济交易。如果国际收支中自主性交易的支出和收入相等,就意味着该国的国际收支是平衡的;自主性交易的收入大于支出的,称为顺差;自主性交易的支出大于收入的,则称为逆差。一个国家的国际收支是否平衡,取决于自主性交易是否平衡。调节性交易亦称"事后交易",是"自主性交易"的对称,是指由自主性交易所引起的为弥补其差额而进行的国际经济交易。例如,为支付进口货款而减少在国外的银行存款,或向国外借进短期融通资金;又如,侨民汇款使本国在国外的短期资产(存款)增加,侨汇交易是自主性交易,在国外存款增加就是调节性交易。

各国政府会通过各种措施来纠正和维护国际收支平衡。一国国际收支的长期巨额顺差或逆差会从不同方面对其经济产生负面影响。长期巨额逆差将导致其外汇储备大幅下降,并使该国承担沉重的债务和利息负担;长期巨额顺差将导致国内资源的浪费,使一些货币失去活力,特别是在购汇和发行本币时,会引起或加剧国内通货膨胀。其中,逆差的损害更为严重。因此,各国通常会想办法减少甚至消除逆差。

至于是否将国际收支平衡确定为货币政策目标,一般取决于该国国际收支的实际状况。以美国为例,从1969年至1971年的三年间,其国际收支逆差达到400亿美元,黄金储备损失惨重。因此,当时的美国政府把国际收支平衡确定为货币政策的目标。目前,国际收支平衡已变成美国货币政策的第四大目标。

与美国的情况相似,在20世纪50年代,日本的对外贸易和国际收支一直处于逆差状态,严重影响了日本国内经济的发展。基于此,日本政府将国际收支平衡确定为日本中央银行的货币政策目标。1965年以前,日本中央银行着重解决国际收支逆差问题。此后,日本的国际收支呈现出总体顺差的趋势。当时,日本正努力稳定国内物价,而忽视了国际收支平衡,这导致了国际收支顺差的进一步扩大,进而使得日元在1971年12月升值。随后,日本中央银行寻求解决方案,以减少国际收支顺差。

英国的情况则不同，由于国内资源匮乏，对外经济占整个英国经济的比重较大，其国际收支状况对其国内经济发展有重大影响，国际收支不平衡将造成其国内经济周期和货币价值水平的波动。这也是"二战"后英国一直把国际收支平衡作为货币政策的主要目标的原因。

（二）货币政策的四个最终目标之间的关系

货币政策有四个最终目标，但这四个目标难以同时实现。在实践中，使用特定的货币政策工具来实现特定的货币政策目标通常会妨碍其他货币政策目标的实现。因此，除了研究货币政策目标的一致性外，我们还必须研究货币政策目标之间的矛盾。

1. 稳定物价与充分就业

事实表明，稳定物价和充分就业这两个目标往往存在冲突。如果要降低失业率、增加就业，就必须增加名义工资。如果名义工资涨幅过低，就不能实现充分就业的目标。如果名义工资涨幅过高，其上涨的速度将超过劳动生产率的增长速度，而这种成本驱动型通胀必然导致稳定物价和充分就业两大目标的冲突。20世纪70年代，西方国家的货币扩张政策不仅没有促进充分就业和经济增长，反而导致了滞胀。

稳定物价和充分就业之间的矛盾可以通过菲利普斯曲线来描述。1958年，英国经济学家菲利普斯（Phillips）通过对1861—1957年英国的失业率和名义工资变化率的关系研究，绘制了失业率与名义工资变化率之间的关系曲线，其通常被称为菲利普斯曲线。该曲线表明，失业率与工资增长率之间形成此消彼长的关系，即失业率较低时，工资增长率较高；相反，如果失业率较高，则工资增长率较低。由于货币工资的增长率与通货膨胀之间存在一定的关联，西方经济学家使用此曲线来描述失业率与通货膨胀率之间的关系。

菲利普斯曲线表明，失业率和物价涨幅之间存在一种此消彼长的替代关系。换言之，如果失业率增加，物价涨幅就会降低。相反，如果失业率降低，物价涨幅会提高。因此，考虑到失业率与物价涨幅之间的关系，决策者有以下三种选择：①失业率较高时，物价稳定；②市场实现充分就业时，通货膨胀率较高；③适度的失业率和适度的通货膨胀。

2. 稳定物价与经济增长

关于稳定物价与经济增长之间是否存在矛盾这一问题，理论界存在不同的看法。

第一种看法是：稳定物价能够支撑经济增长。在这种观点看来，只有稳定的物价才能维持长期的经济增长动力。一般来说，劳动力增加、资本增加以及技术进步等因素都能够促进生产的发展；另外，货币供应量增加也能够促进生产的发展。随着生产的发展，名义工资和实际工资也将随之增加。因此，只要物价稳定，整个经济体就能正常运转并保持长期增长势头，这体现了现代经济中的经典供给决定论。

第二种看法是：物价小幅上涨能够刺激经济增长。在这种观点看来，只有物价小幅上涨，才能保持经济的长期稳定和发展，因为凯恩斯学派的观点认为通货膨胀是一种经济诱因。具体来说，凯恩斯学派认为，在实现充分就业之前，货币数量的增加和社会总需求的增加，主要是促进生产发展和经济增长，此时的物价增长相对缓慢。凯恩斯学派还认为，资本主义经济只能在平衡就业方面发挥作用，因此，物价的小幅上涨将促进经济的整体发展。有的凯恩斯主义学者甚至认为：就业率的提高是物价上涨所导致的。在通货膨胀的背景下，工业车轮开始获得良好的润滑油，并使得私人投资活跃以及生产达到最优，这势必会导致就业率的提高。

第三种看法是：经济水平的增长会在一定程度上促使物价稳定。在这种观点看来，随着经济的增长，物价应该趋于下降或稳定。劳动生产率的提高以及新生产要素的引进会直接促进经济的增长。一方面，生产率的提高会导致产品增加；另一方面，生产率的提高会引起单位产品生产的成本降低。如此看来，稳定物价和经济增长这两个目标并不矛盾。此观点的提出可追溯到一百多年前马克思在分析金本位制度时的资本主义经济时代。

事实上，就现代社会而言，经济增长总是伴随着物价上涨的，而以上对物价上涨原因的分析以及近百年的经济发展史都能够解释这一点。有人通过分析世界多国的物价数据发现，在过去一百年的经济增长期间，除了经济危机和衰退之外的所有正常经济增长时期，一个国家的经济增长会引起该国物价水平的上涨，该特点在第二次世界大战后尤其明显。以中国为例，几十年的社会主义经济发展导致了物价水平的提高，这也在一定程度上印证了这一点。然而，有些资本主义国家在经济衰退时期也出现了物价上涨现象，如20世纪70年代，当资本主义经济进入滞胀期，部分国家依然经历了物价水平的上涨。

从西方国家执行的货币政策来看，由于它们的政府更多的是追求经济发展，因此，要把物价稳定和经济增长结合起来并不容易。举例来说，信贷扩张和投资增加会在一定程度上导致货币量增加和物价上涨。因此，要同时实现物价稳定和经济增长是困难的。

3．经济增长与国际收支平衡

开放经济条件下，在促进国民经济发展的过程中，一个国家通常面临两个问题：第一个问题是经济增长会导致进口增加。随着国内经济增长、国民收入增加和偿债能力提高，进口商品的需求在总体上将增加。当这个国家的出口贸易与进口贸易之间的差距较大时，贸易平衡就遭到破坏。第二个问题是借贷资本进入可能导致资产负债表赤字。为了促进经济增长，一国就必须增加投资、提高投资率，而在国内储蓄不足的情况下，就必须引进外资和国外先进技术。这种借贷资金流入必然导致国际收支中的资金失衡。尽管外国资本的流入可以在一定程度上抵消贸易逆差造成的国际收支失衡，但这并不一定能够确保经济增长与国际收支保持同步，原因如下。

首先，一个国家保持国际收支平衡的能力取决于技术发展水平、设备先进程度、管理方法等。因此，在一定条件下，一国引进且实际使用外资的数量是受限的，如果将所有外资用于贸易平衡上，那么外资在该国经济增长中的作用则会是有限的，而且它必然导致国际收支严重恶化，最终导致经济失衡。如果仅仅利用外资来促进经济增长，就不可能保持长期的经济增长，因为这忽视了国内资金的配置能力和外币的偿还能力。

其次，当国际收支不平衡或有其他因素导致经济衰退时，用于纠正这种不平衡或衰退的货币政策可以在平衡国际收支和促进经济增长之间做出合理的选择。如果出现国际收支逆差，则通常有必要减少国内总需求。随着总需求的下降消除了国际收支逆差，这同时也将导致经济衰退。另外，当国内经济低迷时，当局通常使用扩张性货币政策。货币数量的增加导致社会总需求的增加从而刺激经济增长，但通货膨胀程度的增加也可能导致国际收支不平衡。

4．充分就业与经济增长

一般来说，经济增长可以创造更多的就业机会，但在某些情况下两者之间也存在矛盾。例如，通过内部扩大再生产实现的高经济增长并不能提高就业率。另外，片面强调高就业率和劳动力向企业的刚性分配会导致过度劳动、低效率、低产量、放缓经济增速等问题。

二、货币政策的中介目标

中央银行用于执行货币政策的政策工具通常不能直接影响最终目标，而必须依靠中间环节的传递来作用于政策目标。因此，中央银行在货币政策工具和最终目标之间引入了两组金融变量，其中一组被称为操作目标，另一组被称为中介目标。操作目标直接受到中央银行货币政策工具的影响，并且与中介目标紧密相关。操作目标对货币政策工具更为敏感，有利于中央银行及时监测货币政策执行所产生的影响。中介目标与最终目标之间距离更近，作为最终目标的监管者，中央银行可以更紧密地监控中介目标，并通过中介目标的变化来预测最终目标的可能变化。

（一）货币政策中介目标必须具备的特点

一般来说，货币政策中介目标和操作目标的设定，是为了中央银行能够及时衡量和控制货币政策的执行程度，使货币政策朝着预期的方向发展，最终是为了确保一国货币政策最终目标的实现。货币政策中介目标必须具备以下三个特点。

第一是可测性。可测性是指中央银行能够迅速了解中介目标的变化状况，并通过获得的数据评估货币政策的有效性。如果没有中介目标，中央银行就很难直接在短期内捕捉和评估物价涨幅、经济增速等最终目标的变动。

第二是可控性。可控性主要是指中央银行能够通过运用不同的货币政策工具来有效地控制中介目标，且能在短时间（如1～3个月）内控制中介目标变量的变化和发展。

第三是相关性。相关性是指中央银行选择的中介目标必须与货币政策的最终目标紧密相连。与此同时，中央银行运用货币政策工具对中介目标进行调控，可以促进货币政策最终目标的实现。

（二）货币政策中介目标的金融指标

1. 长期利率

长期利率是西方货币政策的传统中介目标。长期利率之所以可以作为中央银行货币政策的中介目标，主要有以下几个原因：首先，长期利率的高低不仅可以反映货币信贷供给状况，而且可以反映货币供求关系的相对变化。提高长期利率被认为是紧缩的货币政策，而降低长期利率则被认为是宽松的货币政策。其次，中央银行可以在能力范围内调整长期利率，或利用政治手段来提高或降低长期利率。最后，长期利率的信息容易获得。

2. 货币供应量

以弗里德曼为代表的现代货币数量理论家认为，货币供应量或汇率是主要的中介目标，其主要原因如下：第一，货币供应量的变化会直接影响经济活动。第二，中央银行可以直接控制货币供应量。第三，货币供应量与货币政策有直接的联系。具体来说，货币供应量增加表明货币政策宽松；反之，货币供应量减少则代表紧缩的货币政策。第四，作为中介目标变量，货币供应量不容易混淆政治和非政治手段对经济的影响，并且具有准确性的优点。

3. 贷款量

作为中介目标，贷款量具有以下优点：首先，它与最终目标紧密相关。现金和流通中的货币都是由贷款产生的，中央银行可通过控制贷款金额来控制货币金额。其次，贷款量作为中介目标，其准确率很高。作为一个政策变量，信贷规模与贷款需求正相关。最后，贷款量的数据是可测量的且容易获得。

三、货币政策的操作目标

各国中央银行通常使用的操作目标是：短期利率、商业银行存款准备金、基础货币等。

1. 短期利率

短期利率是能够反映市场资金供求情况并可以灵活调整的市场利率。短期利率是影响货币供应量和银行贷款总额的重要指标。因此，这也是中央银行用来调整货币供应量从而实现货币政策目标的重要政策工具。

过去，美联储主要采用国债利率和银行间同业拆借利率作为操作目标。英格兰银行将隔夜拆借利率、三个月银行同业拆借利率和三个月国债利率作为短期利率的操作目标，而将五年期借款利率、十年期借款利率和二十年期借款利率等长期利率作为货币政策的中介目标。

2. 商业银行存款准备金

中央银行将商业银行存款准备金作为货币政策操作目标的主要原因是，无论中央银行使用何种政策工具，首先都会改变商业银行的存款准备金，这将影响货币政策的中介目标和最终目标。改变存款准备金率是货币政策传导的重要途径，因为商业银行的存款准备金越少，银行的贷款和投资能力越强，衍生存款和货币数量就越多。因此，银行准备金减少被认为是采用了宽松的货币政策，而准备金增加意味着紧缩的货币政策。

3. 基础货币

基础货币是中央银行经常使用的操作目标。基础货币的范围包括商业银行在中央银行的存款、银行信贷、中央银行贷款以及公众持有的现金，这些流通中的货币总额被称为基本支付总额。流通中的货币与存款准备金之间的转换不会改变基础货币的总额。

中央银行有时使用调整后的基础货币指数或扩大的基础货币来决定法定储备量。仅仅通过基础货币总量的改变来解释和衡量货币政策是不够的，因为我们还必须考虑基础货币的内在构成。

第一，在法定存款准备金率下降、法定存款准备金减少、超额存款准备金增加的情况下，若基本支付总额不变，则货币政策更加宽松。

第二，如果存款由高存款准备金率的储户转至低存款准备金率的储户，即使中央银行不降低存款准备金率，平均存款准备金率也会有一定程度的下降，此时就要调整基础货币。

大多数学者认为基础货币是理想的操作目标，因为基础货币是中央银行的负债，中央银行持有具有较高流动性的现金和存款准备金，且可以直接控制基础货币。基础货币比银行储备更具优势，因为它考虑了流通中的货币存量，而银行储备忽略了这一重要因素。

小 结

货币政策目标之间的关系很复杂。一些政策目标在一定程度上是一致的，例如充分就业和经济增长；一些是相对独立的，例如充分就业和国际收支平衡；其他大多数目标之间则表现为关系冲突。举例来说，如果失业人数过多，无法实现充分就业的目标，则必须执行扩大信贷和增加货币供应量的货币政策，以刺激投资和消费需求并扩大生产规模来增加就业。与此同时，由于消费需求的大幅增加，商品价格也将有一定程度的上涨。相反，如果货币政策要实现价格稳定，就业就会减少。因此，中央银行必须根据特定的经济条件，在稳定物价和充分就业之间寻求适当的组合。

第二节 货币政策工具

货币政策工具是中央银行为实现其政策目标,对金融机构的基础货币、银行储备、货币供应量、利率、汇率和信贷活动进行调控而采取的各种经济和行政手段。基本措施有七项:控制货币发行、规范商业银行贷款、开展公开市场业务、改变存款准备金率、重新调整利率、直接信贷控制和间接信贷管理。

中央银行可用的货币政策工具并不是唯一的,而是多种多样的,且不同的货币政策工具都有其自身的优缺点。因此,选择和组合不同的货币政策工具是中央银行实现政策目标和调控宏观经济的主要方式。一般来说,货币政策工具分为一般性工具、选择性工具和补充性工具。

一、一般性货币政策工具

1. 法定存款准备金率

法定存款准备金率是指商业银行按照法律规定存放在中央银行的存款与其吸收存款的比率。法定存款准备金率的政策效果体现在对商业银行的信用扩张和对货币乘数的调节上。由于商业银行的信用扩张能力与中央银行投放的基础货币存在乘数关系,而货币乘数与法定存款准备金率成反比,因此,如果中央银行采取紧缩性货币政策,可通过提高法定存款准备金率来限制商业银行的信用扩张能力,从而降低货币乘数,最终产生收缩货币供应量和信贷量的效果。反之,亦然。

2. 再贴现

再贴现是指商业银行持客户贴现所获得的商业票据向中央银行请求贴现,从而获得融资支持的一种方式。从广义上讲,再贴现不仅指中央银行的再贴现业务,还包括中央银行为商业银行提供的其他信贷业务。

再贴现政策的基本内容是中央银行根据政策需求调整再贴现率,包括中央银行控制的其他基准利率(如其对商业银行的贷款利率等)。当中央银行提高再贴现率时,商业银行借钱的成本增加,使得基础货币减少;反之,亦然。与法定存款准备金率工具相比,再贴现工具的弹性更大,作用力度相对更缓和一些。但是,再贴现政策的主动权掌握在商业银行手中,因为请求中央银行贴现票据以获得信贷支持只是商业银行筹集资金的途径之一，商业银行还有其他的融资方法，例如出售证券、发行存单等，所以，中央银行的再贴现政策能否达到预期效果还取决于商业银行是否主动配合。

3. 公开市场业务

公开市场业务指的是中央银行在债券市场上公开买卖债券等业务活动。中央银行在公开市场上开展证券交易活动旨在调节基础货币，从而影响货币供应量和市场利率。公开市场业务是一种相对灵活的金融调控工具。

二、选择性货币政策工具

传统的三大货币政策工具（即三种一般性货币政策工具）都是通过调节货币供应量来进一步影响宏观经济的。除了这些主要的货币政策工具外，还可以选择对某些特定领域的信贷进行监管和调控的政策工具，包括消费者信贷控制、证券市场信贷控制、优惠利率和进口保证金预付款等。

消费者信贷控制指的是中央银行控制不动产以外的各种耐用消费品的销售融资。主要内容包括规定分期付款购买耐用消费品的最低首付比率、最大还款期限和耐用消费品的类型等。

证券市场信贷控制指的是中央银行对与证券交易有关的各种贷款进行限制，旨在限制过度投机。例如，可以规定一定比例的证券保证金，并根据证券市场情况随时进行调整。

三、补充性货币政策工具

补充性货币政策工具包括直接信贷控制和间接信贷管理。直接信贷控制是指中央银行通过行政命令或其他方式，直接对金融机构（特别是商业银行）的信贷活动从质量和数量两个方面进行控制。控制手段包括限制最高利率、配额和流动比率以及直接干预等。其中，设置存贷款的最高和最低利率是最常用的直接信贷控制工具，例如，1980年以前美国的"Q条例"。

间接信贷管理是指中央银行通过道义劝告和窗口指导等方式间接地影响商业银行的信贷创造过程。道义劝告主要是指中央银行经常利用其声誉和地位与商业银行和其他金融机构进行沟通，或约谈金融机构负责人，劝告他们遵守政府政策并主动采取贯彻政府政策的相应措施。窗口指导主要是指中央银行对商业银行提出信贷增减的建议。具体来说，中央银行根据产业行情、价格趋势和金融市场动向等经济运行中出现的新情况和新问题，建议商业银行增加或减少信贷。如果商业银行不接受，中央银行将采取必要措施，比如降低贷款额度，甚至采取暂停发放贷款等制裁措施。尽管窗口指导没有法律约束力，但其影响往往更大。间接信贷管理的好处是更灵活，但如果要有效发挥作用，中央银行必须在金融体系中拥有较高的地位，并拥有足够的法律权力和资源来控制信贷。

小　结

从以上分析可以看出，每一种货币政策工具都有其自身的优点和缺点。法定存款准备金率政策的实施具有一定的宣告效应，即它体现了中央银行货币政策的走向。其优势在于中央银行对货币供应量的控制力强、影响力大，中央银行处于主动地位。但是，法定存款准备金率政策作用力猛烈，造成的经济震荡较大，且对各类银行的影响不一致。中央银行可以通过再贴现业务来履行"最后贷款人"的职责，管理现金流，以达到调整产业结构的目的。但是，在再贴现政策的实施过程中，中央银行处于被动地位；且再贴现政策只能影响利率，不能改变利率结构，缺乏灵活性。就公开市场业务而言，其优点在于可以微调货币供应量，中央银行掌握主动权，具有很强的灵活性，既可以调整利率水平，也可以影响利率结构。但是，公开市场业务的开展需要有一个发达的金融市场，而且商业银行的资产结构有时不一定符合公开市场业务的要求。因此，在使用货币政策工具进行宏观调控时，应合理地选择或组合不同类型的货币政策工具，而不是使用单一的货币政策工具。

第三节　现实中的货币政策目标与工具

一、美国货币政策目标的发展历程

美联储作为美国的中央银行，自成立以来，其制定的货币政策经历了货币政策工具不断变化以及技术演变的过程。美国的货币政策主要经历了七个重要阶段，其目标也从以前的单一目标逐渐发展为多重目标。当前，美国货币政策的目标是实现充分就业、保持物价稳定和创造一个相对稳定的金融环境。具体来说，美国货币政策的实施经历了以下七个阶段。

1. 以贴现率为政策工具

在美联储成立之初，《联邦储备法》规定，其目标为"提供富有弹性的通货、提供商业票据再贴现业务、建立有效的银行监管以及其他目标"。由此可以看出，早期的美联储货币政策主要是通过调整贴现率来实现的。在贴现过程中，美联储对抵押品有着严格的限制，要求商业银行必须提供真实有效的商业票据，从而避免由货币超发引起的通货膨胀。简而言之，美联储成立之初的货币政策工具和目标是非常单一的，《联邦储备法》并没有赋予美联储调整存款准备金的权力。公开市场操作虽然存在，但重要性并不高。第一次世界大战期间，美国政府筹集了大量资金。战后，美国货币供应量急剧上升，通货膨胀率不断上升，从战前的2%上升到20.7%。但是，当时美国采取的单一货币政策工具并不能有效抑制当时的通胀趋势。

2. 调整存款准备金以及重视公开市场操作

第一次世界大战结束后，美联储的独立性逐渐得到增强，除单一地通过调整贴现率来实施货币政策外，也开始重视公开市场业务对货币市场的影响。在1929—1933年期间，美联储优柔寡断的货币政策使得当时美国没有很好地解决大萧条问题。大萧条结束后，美国对美联储进行了几次改革，如赋予美联储改变法定存款准备金的权力、对商业银行的存款利率实行上限管理、建立联邦存款保险公司等。

3. 以联邦基金利率为中介目标

人口的增长和经济的发展使得美联储开始关注如何保障就业，凯恩斯主义的兴起使得美联储开始用货币政策来解决失业问题。但是，美国随着经济的增长，通货膨胀也在日益加剧，美联储开始积极地调整货币政策并提高联邦基金利率，还通过调整法定存款准备金率来控制货币供应量。随着欧洲和日本潜在生产力的不断提高，以及美国高端制造业优势的消失，美国的潜在生产力开始下降，美国GDP的增长率持续下跌。20世纪五六十年代，美国GDP的平均增长率为4.2%，但1971年美国的GDP增长率下降为3.3%。总供给的收缩使得通胀率和失业率不再呈现反向关系，而是表现为螺旋式上升状。对此，美联储试图引入货币供应量作为中介目标，但在实际操作中仍然以调节市场利率为主要手段。因此，美联储当时实施的货币政策效果最终微乎其微，通胀有增无减。

4. 以货币供应量为中介目标

凯恩斯主义在滞涨时期的失效使得货币主义开始盛行。保罗·沃克尔在 1979 年被时任美国总统吉米·卡特任命为美联储主席之后，宣布将不再以联邦基金利率为操作目标，美联储开始以货币供应量为中介目标来进行货币政策操作。当时，美国货币供应量的主要指标是 M1。美国通过减少货币供应量，使得通货膨胀率逐渐降低。此后，随着金融的创新和货币形式的变化，通过调控 M1 来实现美联储调控宏观经济目标的难度越来越大。于是，多层次的货币供应量体系开始建立，调控目标也逐渐从 M1 转向 M2。

5. 平衡通胀和经济增长

1987 年 8 月，艾伦·格林斯潘被里根总统任命为美联储主席。他认为，随着美国金融创新和投资多元化的发展，M2 与经济增长和通货膨胀的直接相关性正在减弱。于是在 20 世纪 90 年代初，美联储放弃了以货币供应量为中介目标的货币政策，而将货币政策的中介目标调整为联邦基金利率。与 20 世纪 70 年代的中介目标不同的是，格林斯潘提出了"中性"货币政策，其目的是维持"中性"利率以避免过度刺激或抑制经济发展，同时确保在经济发展的同时能够保持低通胀的状态。

6. 伯南克时代：采用非常规货币政策，利率走廊形成

2006 年 2 月 1 日至 2014 年 2 月 1 日，本·伯南克担任美联储主席一职。2008 年金融危机爆发后，美联储将降低失业率和维护金融体系稳定作为货币政策最主要的目标，并且通过实施一系列非常规货币政策成功地阻止了金融危机的进一步恶化。非常规货币政策主要由两个部分组成：一是前瞻性指引，二是大规模资产购买计划。前瞻性指引的目的是让公众相信美联储将长期维持较低的联邦基金利率水平。大规模资产购买计划是美联储面对过大的经济下行压力而提供的额外资金支持，主要通过大规模购买美国国债、联邦债券和住房抵押贷款证券（MBS）向市场注入流动性。

7. 货币政策常规化

2014 年 2 月 3 日至 2018 年 2 月 5 日，珍妮特·耶伦担任美联储主席一职。与两位美联储前主席一样，耶伦也非常重视美联储货币政策实施的公开性和透明度。与此同时，她更担心失业率上升带来的经济后果，但也相信美联储刺激就业和经济增长的能力。因此，当时的货币政策目标是实现就业最大化、稳定物价和维持金融体系稳定。

二、中美货币政策目标比较

货币政策目标包括货币政策的最终目标和中介目标。其中，货币政策的最终目标是指货币政策所要达到的宏观调控目标，而货币政策的中介目标是指为实现最终目标而选择的可调节变量。

不同时期中国货币政策的最终目标，因相应时期中国经济发展情况的变化而变化。1983年9月，国务院正式决定中国人民银行专门行使国家中央银行职能。自中国人民银行行使中央银行职能以来，中国货币政策的最终目标从"发展经济、稳定货币，提高社会经济效益"，转向"保持货币的稳定，并以此促进经济增长"，再进一步明确为"保持货币币值的稳定，并以此促进经济增长"。1986年1月，国务院发布《中华人民共和国银行管理暂行条例》，明确了金融机构的责任为"发展经济、稳定货币，提高社会经济效益"；为与之相适应，这一时期的中国人民银行将货币政策的最终目标调整为"稳定货币、发展经济"的双重目标。随后，1993年出台的《国务院关于金融体制改革的决定》明确规定，中国货币政策改革的目标是"保持货币的稳定，并以此促进经济增长"。在此基础上，1995年发布的《中华人民共和国中国人民银行法》将货币政策的最终目标调整为"保持货币币值的稳定，并以此促进经济增长"。尽管《中华人民共和国中国人民银行法》规定了中央银行的政策取向，但在实践中，中国货币政策追求的最终目标不断多元化。2016年，时任中国人民银行行长周小川受邀参加在华盛顿举办的国际货币基金组织中央银行政策研讨会。周小川行长指出，中国转轨时期的经济发展特点决定了中国中央银行货币政策最终目标的"多元化"，并将我国中央银行的货币政策最终目标表述为"4+2模式"，其中"4"包括维护价格稳定、促进经济增长、促进就业、保持国际收支大体平衡；"2"包括推动改革开放和金融市场发展。

中国货币政策的中介目标经历了四个阶段的变化。第一个阶段是1984—1993年，中国货币政策的中介目标是人民币信贷总量和现金发行量。在1984年中国人民银行刚开始行使中央银行职能时，中国采取了外国中央银行通用的存款准备金制度来管控信贷资金结构；1992年确立经济体制改革目标之后，中国人民银行开始实施间接管控，把信贷总量和现金发行量作为中介目标。第二个阶段是1994—1997年，中国货币政策的中介目标是货币供应量。在此阶段，中国人民银行引入了公开市场操作，并将货币供应量的"红线"公之于众，在此基础上监测并调节基础货币。第三个阶段是1998—2013年，中国货币政策的中介目标不仅包括货币供应量，还将人民币信贷规模纳入其中并进行日常监测。第四个阶段是指2014年以后，此阶段处于中国的经济新常态时期，中国货币政策的中介目标开始逐渐由数量型向价格型过渡。

在美国，行使中央银行职能的部门是美联储。美联储成立于1913年12月23日，成立之初的美联储根据《联邦储备法》的规定，将其目标限定为"提供富有弹性的通货、提供商业票据再贴现业务、建立有效的银行监管以及其他目标"。可见，美联储在初期的货币政策目标是很单一的，且《联邦储备法》也没有赋予美联储调整银行存款准备金的权力。"一战"时期，美国政府的大量融资导致战后美国货币供应量大幅上升，通货膨胀压力不断加大，而当时单一的货币政策目标并没能有效地控制货币增长和通货膨胀。因此，直到20世纪50年代以前，美国货币政策的最终目标主要是稳定物价，促进经济均衡增长。20世纪50—70年代是美国经济发展的黄金时期，股市积极向好，失业率维持在低水平，物价水平缓慢爬升，这一时期的货币政策最终目标主要是稳定物价水平。进入20世纪70年代，美国遭遇石油危机，国内失业率开始大幅上升。1977年颁布的《联邦储备系统改革法》将美国货币政策的最终目标调整为"有效地促进充分就业，维持物价稳定，保持长期利率的适度增长"，以法律形式确定了货币政策的多重目标体系。20世纪90年代以后，美国国会通过立法取消了多重货币政策目标中的实现充分就业和保持长期利率适度增长，而将控制通货膨胀作为货币政策的唯一最终目标。2008年金融危机爆发后，美联储重新将减少失业纳入了货币政策的最终目标，并新加入了维护金融系统稳定的最终目标。珍妮特·耶伦就任美联储主席之后，虽然对持续的失业增长可能带来的经济后果表示担忧，但她更相信美联储的就业刺激计划。因此，美联储将货币政策的最终目标修改为实现就业最大化、保持物价稳定和金融体系稳定。

美联储货币政策中介目标的调整过程分为五个阶段。第一个阶段为1914—1941年，美联储相继选择货币供应量、利率等多种指标作为中介目标。第二个阶段为1942—1951年，这一时期的美国因为在"二战"时期发行了大量的债券，因此不得不实行低利率政策，美联储在这一特殊时期也不得不以利率作为主要的中介目标。第三个阶段为1951—1969年，这一时期的美联储公开市场委员会成员为了与40年代的严格钉住利率政策完全脱离，他们选择了将信贷数量作为货币政策的中介目标之一。第四个阶段为1970—1992年，这一时期的美国出现了严重的经济停滞和通货膨胀并存的局面，即"滞胀"。而凯恩斯理论无法解释和解决"滞胀"问题，故以弗里德曼为代表的货币主义学派兴起，因而美联储开始将货币供应量作为这一时期货币政策的主要中介目标。第五个阶段为1993年至今，美联储始终坚持以利率作为中介目标。

三、中美货币政策工具

中美两国中央银行实施的货币政策工具存在一定的差异。中国人民银行的货币政策工具主要是存款准备金率，而美联储的货币政策工具主要是公开市场业务。

中国中央银行将存款准备金率作为主要的货币政策工具是因为：一方面，存款准备金率调整的效果非常直接，它会影响基础货币，进而影响货币量（M2）；二是存款准备金率的调整可能会影响货币乘数，进而调整商业银行的资信状况。虽然美联储从2008年开始实施了多轮的量化宽松，但中国通过存款准备金率的调整控制了基础货币与GDP的比率。存款准备金率的调整虽然效果是直接的，但对于美国这样的经济发展水平较高、市场反应迅速的国家来说，存款准备金率的些微变动都将导致市场过快甚至过度的反应，进而导致经济的剧烈动荡，其负面影响较大。因此，美联储很少使用和调整与存款准备金率相关的货币政策工具。美联储的存款准备金率体系是累积的，而征收存款准备金的基础是贷款需求。总体而言，美国的存款准备金率低于中国。

公开市场业务是美联储最偏爱也是最重要的货币政策工具之一。在美联储成立的早期，公开市场业务虽然存在，但是美联储依然通过调节贴现率的方式来实现货币政策目标。因此，公开市场业务在美联储成立之初并不是一种重要的货币政策工具。然而，在"一战"结束后，随着战争债券的累积以及中央银行独立性的增强，公开市场业务的效果开始受到美联储的重视。首先，美联储通过公开市场业务能够准确有力地控制利率和基础货币；其次，公开市场业务隐蔽性较强，且可以多次进行；最后，最重要的是，公开市场业务的影响面较窄，操作引发的副作用极小。因此，与中国偏爱调整法定存款准备金率相比，美联储更偏向于公开市场业务。

一般来说，中美两国中央银行在货币政策目标上存在诸多差异，因此，中美两国货币政策工具的运用也存在差异。目前，中国的货币政策实行数量和价格并重的策略，且更多地依赖数量政策工具，而美联储则更侧重于使用价格政策工具。从发展的角度看，随着利率市场化水平的不断提高，中国的货币政策中介目标逐渐与利率接轨，中国的货币政策工具会逐渐地转向价格工具。

小　结

货币政策工具是中央银行实现货币政策目标的重要工具。实施不同的货币政策工具既有利也有弊。通常情况下，中央银行会根据具体经济情况，选择一种或多种其认为较适当的货币政策工具。比如，在统一运用再贴现政策的过程中，中央银行处于被动地位，因为再贴现政策只能影响利率水平，而无法改变利率结构，所以，再贴现政策缺乏灵活性。但是，存款准备金政策的作用又过于强大且缺乏灵活性，而且同样的存款准备金政策对不同地区银行的影响也不同。因此，在运用货币政策工具时，要因地制宜，根据自身经济发展情况，选择最合适的货币政策工具。

◆案例分析◆

中国人民银行上调人民币存款准备金率

2007年2月25日，中国人民银行决定上调金融机构人民币存款准备金率0.5个百分点。央行表示，自2006年以来，央行充分利用各种货币政策工具，大力回收银行体系过剩的流动性，且取得了一定成效。央行认为，2007年的国际收支顺差矛盾依然突出，信贷扩张压力巨大，因此，有必要根据流动性的动态变化重新上调存款准备金率，以巩固宏观调控的效果。

央行表示，将继续实施稳健的货币政策，加强银行体系流动性管理，引导货币信贷合理增长，促进国民经济健康快速发展。就这些信息而言，A股市场的压力并不大。首先，存款准备金率的调整远低于市场原先预期的加息压力。一旦市场预期加息，不仅会影响A股估值水平的调整，甚至会有部分资金放弃股市，回归银行。存款准备金率的上调在一定程度上表明，短期内不会出现如市场初始预期的加息，市场压力相对有限。其次，提高存款准备金率有利于加强流动性管理，抑制货币贷款总量过快增长。也就是说，存款准备金率的调整只是冻结了商业银行的流动性。业内人士分析认为，此次上调存款准备金率 0.5 个百分点相当于冻结 1500 亿元。这 1500 亿元中的绝大多数不是来自股市，而是来自商业银行。另外，目前很多商业银行都在积累盈余公积，这样冻结资金对 A 股市场不会马上产生很大的影响。

［资料来源：《央行决定 25 日起上调存款准备金率 0.5 个百分点》，见温州网（http://news.66wz.com/system/2007/02/17/100260377.shtml）；秦洪：《上调存款准备金率没有实质性影响》，见新浪财经（http://finance.sina.com.cn/stock/t/20070217/03191225117.shtml）。］

◆思考讨论题◆

1. 货币政策包括哪些目标？
2. 什么是再贴现率政策？
3. 什么是公开市场业务？
4. 什么是法定存款准备金率？
5. 简述货币政策的最终目标与中介目标。
6. 货币政策工具有哪些？请探讨它们各自的优缺点。
7. 在通胀紧缩的背景下，如何使用货币政策解决这一问题？
8. 比较中美货币政策差异。

第五章 货币政策传导渠道

货币政策传导渠道是指中央银行运用一定的货币政策工具影响经济变量,进而实现其货币政策目标的传导途径。货币传导渠道是否完善和畅通,会直接影响货币政策的实施效果和经济的发展。

第一节 传统的利率传导渠道

利率传导渠道理论是最早的货币政策传导理论。早期的经济学家如休谟、费雪和威克塞尔(Knut Wicksell)等并没有提及该理论,比如在休谟的利率转移理论、费雪的过渡阶段理论和威克塞尔的累积过程理论中,均未提及利率传导的相关内容。随着凯恩斯《就业、利息和货币通论》的出版以及相应 IS-LM 模型的创立,关于利率传导渠道的研究开始逐渐被学术界所关注。利率传导渠道的基本思路主要表现为:货币供应量 M 上升→实际利率水平 i 下降→投资 I 上升→总产出 Y 上升。

一、利率传导渠道的运行

在宏观经济调控中,利率调控占有非常重要的位置,利率在货币和生产之间架起了一道"桥梁"。凯恩斯主义着重强调利率的作用。从货币政策传导的视角来看,由英国现代著名的经济学家希克斯(John Richard Hicks)和美国凯恩斯学派的创始人汉森(Alvin Hansen)在凯恩斯宏观经济理论基础上概括出的 IS-LM 模型(这个模型并不是凯恩斯提出来的)是整个货币政策传导理论的综合体现,该模型已被经济学界广泛使用和改进。IS-LM 模型把利率看作是货币政策传导的主要渠道。通过利率传导渠道,简化的货币政策传导路径如下:第一,在流动性低于市场需求的情况下,增加货币供应量将导致市场利率的下降;第二,在边际投资倾向不变的情况下，低利率会刺激投资的增加，在投资乘数的推动下，增加的投资会导致总产量增加。除了投资驱动以外，凯恩斯主义经济学家重点强调了利率变化对消费支出的影响，而这种影响在住房和耐用品支出方面的作用更为明显。显然，凯恩斯认为货币市场的变化将影响利率，而利率变化会影响信贷成本，并直接影响生产者的投资和消费活动，进而影响总体需求和收入。

值得注意的是，凯恩斯的货币政策传导渠道理论所提及的利率是指实际利率，而非名义利率，即该理论强调的是实际利率在整个支出中的重要作用。这同时也为宏观经济调控提供了非常重要的启示：通常我们所说的名义利率即使为零，其在整个宏观经济调控中的作用依然是有效的，因为整个理论推导过程中关注的是实际利率，所以名义利率是否为零并不重要。即使名义利率为零，政府也可以通过调整货币供应量来达到相应的政策目标，例如，可通过以下链条来进行调控：增加货币供应量→预期价格水平和预期通胀上升→实际利率下降→投资和生产总值上升。

二、利率传导渠道的阻碍因素

在经济繁荣时期，利率传导渠道的作用明显；而当整个经济处于萧条时期时，利率传导渠道的效率就会很低。对此，凯恩斯主义的解释是：货币供应量增长与名义国民收入增长之间的作用链和传导渠道可能受到阻碍。原因有二：一方面是投资的利率弹性低，另一方面是由于"流动性陷阱"的存在。就前者来说，当利率与资本的边际投资倾向之比小于1时，企业的投资意愿增加，进而会增加相应的投资；反之，当整个经济处于衰退时期时，企业对未来盈利的预期非常悲观，在此情况下，即使利率下调，也无法使其增加投资。就"流动性陷阱"来说，政府试图通过增加货币供应量来促使利率下降，然而，利率的下降会受到一定的限制（即利率下限），如果超过这一限制，将落入凯恩斯所说的"流动性陷阱"。此时，货币需求的利率弹性将是无穷大的，即使增加再多的货币供应量都无法增加投资，通过调整货币供应量来影响整个经济的做法将失效，即所谓的货币政策无效。基于上述两个原因，凯恩斯主义认为，当经济处于萧条时期时，政府如果试图通过增加货币供应量来刺激投资，其效率会变得很低。

利率传导渠道的不确定性影响了宏观调控目标的实现，后来的学者对凯恩斯的利率传导渠道理论提出了质疑。其中，以弗里德曼为代表的货币主义学派认为，凯恩斯提出的利率传导渠道是不可靠的。弗里德曼对此提出了如下三个方面的质疑。

首先，随着货币政策的实施，其对初始利率与最终利率的影响存在一定的差异。除了上述的"流动性陷阱"之外，还存在收入效应、物价水平效应和预期通胀效应等不同的影响。货币供应量的增加最初可能导致利率下降，但是在多个效应的共同作用下，利率水平的变化可能是不确定的。

其次，利率传导渠道受到诸多因素的影响，包括经营者的预期以及由此产生的名义利率与实际利率的差异、资本边际效率的变化等。

最后，利率传导渠道中的信息存在误差，具体包括家庭和企业获得的关于利率的信息并不充分、利率政策对利率期限结构的影响难以确定，以及政府难以区分影响利率波动的原因。

在利率传导渠道分析中，仅仅考虑利率信息是远远不够的。利率传导渠道中的利率反映的只是狭义范围内所说的金融投资利率，而在宏观经济调控中，我们还必须关注金融产品数量及其收益率的变化。因此，在宏观经济调控中仅选择利率作为货币政策的传导渠道是不够的。

小　结

凯恩斯的货币政策传导渠道理论认为，利率是整个传导机制的核心，货币政策的作用首先是改变货币市场的均衡。然而，该理论无法解决后来美国出现的滞胀问题，进而使得许多学者对其进行质疑。在此背景下，货币主义学派提出了新的货币政策传导渠道理论以解释美国滞胀的原因和解决措施，即为何美国经济在大萧条时期没有落入"流动性陷阱"，而使用相应的扩张性货币政策在一定程度上解决了当时的滞胀问题。这在一定程度上批判了凯恩斯的利率传导渠道理论。

第二节　信贷传导渠道

货币政策的信贷传导渠道理论认为，货币供应量的变化通过影响银行信贷余额和信贷供给，从而影响实际经济水平。银行系统承担组织借贷的任务，在货币政策的传导过程中起着重要作用。威廉姆森（Oliver Williamson）的信贷安排理论被认为是最早的货币政策信贷传导渠道理论。

在这一理论的基础上,他进一步提出了银行信贷渠道和资产负债表渠道理论。信贷安排理论指出,在货币政策的传导过程中,即使保持利率不变,货币供应量也会通过信贷渠道影响国民经济。信贷传导渠道可以表示为:货币供应量 M 增加→信贷供给 L 增加→投资 I 增加→总产出 Y 增加。

一、货币政策信贷传导渠道理论分析

研究发现,信贷市场资源的配置效率会受到信息不对称和市场摩擦的影响,从而导致外部融资的资本成本与内部融资的机会成本之间的差距越来越大。斯蒂格利茨(Stiglitz)和维斯(Weiss)(1981)认为,由于借款人的信用状况无法被银行准确甄别,所以,名义利率不能成为调节信贷市场的有效工具。在一般情形下,银行收益(π_B)是债券利息支付率(d)、贷款利率(i_L)、存款利率(i_D)、贷款余额(L)和银行日常开支(c)的函数,因此,银行的收益可以用函数表示为:

$$\pi_B = [(1-d)(1+i_L) - (1+i_D)]L - c \qquad (5-1)$$

上述银行收益函数存在两个问题:一方面,信誉良好的借款人因为不准备支付较高的利率而退出信贷市场,这增加了银行信贷资产组合的风险,并导致其做出不利的选择;另一方面,随着借款增加,提高利率增加了借款人违约的可能性,从而导致道德风险。如果由于信贷组合风险提高,贷款利率上升,则该银行的预期收益率不会如期稳定增长,原因如下:首先,$\partial d/\partial i_L > 0$,这将导致银行的预期收益大幅下降。虽然信贷市场没有明显的评级行为,但是信贷的变化仍会对实体经济产生巨大的影响。因此,利率便成为银行执行货币政策的工具,使得信贷达到供求平衡的状态。此外,银行可以通过对借款人实行信贷配给来构建信贷市场的流动性约束,进而影响实体经济。

在传统的货币数量论中,货币和债券这两种资产可以实现相互替换,因此,企业或经纪人必须在这两种资产之间做选择,并接受银行贷款或其他形式的信贷作为债券的完全替代。伯南克和布林德(1988)提出了一个资产选择模型,该模型最先提出了货币政策的信贷渠道。伯南克和布林德提出的资产选择模型是传统 IS-LM 模型的扩展。在有信贷传导渠道的模型中,资产形式可以分为货币、债券和贷款,我们可以从货币市场和债券市场中清晰地识别出信贷市场并分析信贷渠道在货币政策传导中的作用。

我们将银行部门引入 IS-LM 模型中,并定义银行持有的资产为:债券

（B）、贷款（L）和超额准备金（G），则银行资产负债公式可表示为：
$$B + L + G = (1 - \sigma)D \quad (5-2)$$
其中，σ 和 D 分别表示法定存款准备金率和居民存款。与此同时，银行所提供的贷款额是其所持有存款额、贷款利率及债券利率的函数。因此，银行的贷款供给函数可以表示为：
$$L_s = L(i_B, i_L)(1 - \sigma)D \quad (5-3)$$
其中，i_B 和 i_L 分别表示债券利率和贷款利率。受经济状况的影响，投资者在进行项目筹资时通常是在银行贷款和发行债券之间进行选择，所以，贷款需求函数可表示为：
$$L_D = L(i_B, i_L, Y) \quad (5-4)$$
其中，Y 为筹资所带来的经济收入。使贷款需求和贷款供给相等的均衡公式则表示为：
$$L(i_B, i_L)(1 - \sigma)D = L(i_B, i_L, Y) \quad (5-5)$$
在 IS-LM 模型中，描述商品市场的 IS 曲线可以表示为：
$$Y = Y(i_B, i_L) \quad (5-6)$$
在货币供给市场中（用 LM 曲线描述），银行存款准备金总额只与货币乘数 m 相关，即 $M_s = mR$。类似的，在货币需求市场中，货币需求可表示为 $M_d = M_d(i_B, Y)$。在货币供需均衡的情况下，可以得到：$mR = M_d(i_B, Y)$。最后，将货币市场均衡、信贷市场均衡以及 IS 方程联立起来，我们就可以得到"CC 关系式"（commodity and credit）：
$$Y = Y(i_B, i_L(i_B, Y, R)) \quad (5-7)$$
式（5-7）既反映了产品市场的均衡情况，同时也反映了信贷市场的均衡情况。货币政策信贷传导渠道表明：一方面，在实施紧缩的货币政策时，提高利率使 LM 曲线向左移动，从而导致产出下降；另一方面，银行贷款下降使 CC 曲线向左移动，从而导致产出进一步下降。

二、货币政策信贷传导渠道失灵的原因

企业不仅是经济发展的主体，同时也是货币政策传导的微观基础。中央银行通过实施货币政策来影响经济，是否能达到预期目标，不仅取决于实施主体（中央银行、金融机构以及其他金融部门）的措施，还取决于实施对象（企业）的行为。目前，我国有些企业的公司制度尚未完全建立，因此，这些企业还存在着应对风险的能力有限、经济效率较低、资金使用

效率较低、资金使用效果较差等问题。企业存在的这些问题都会影响金融部门的运作效率，同时还会在一定程度上减缓支持经济增长的货币政策的信贷传导。

三、完善货币政策信贷传导渠道的措施

基于企业现存的问题，为完善货币政策信贷传导渠道，我们应从以下三个方面开展改革，具体措施如下。

一是加快商业银行包括国有商业银行的内部制度改革，建立现代金融体制。我们要逐步完善商业银行的内部法人治理结构，加强商业银行的成本约束并完善利润评价机制。

二是推进企业改革，完善货币政策传导的微观基础。企业是完成整个货币政策传导的基础，货币政策的有效性取决于微观企业对政策的反应程度。长期以来，导致我国货币政策传导效率较低的主要原因是存在预算软约束和企业管理效率较低等。因此，要判断货币政策的有效性，就要考虑到预算软约束的程度和企业的管理水平。

三是建立中小企业信用担保体系。长期以来，由于受到有效抵押物等硬性条件的约束，中小企业融资难、融资贵成了国家重点关注的问题。建立中小企业信用担保体系，为中小企业融资提供担保平台，是深化银行与企业之间关系以及拓宽中小企业间接融资渠道的关键。很多情况下，由于信息不对称以及中小企业的运营能力薄弱，银行不愿向中小企业提供贷款。因此，建立和完善中小企业信用担保体系，一方面，可以为银行提供有信贷需求的中小企业的真实信用水平；另一方面，也可以为中小企业提供信用保障。鉴于我国的特殊情况，可以考虑建立多层次的信用担保体系以支持中小企业融资。多层次的信用担保体系由省、市、县（区）三级机构组成，担保业务主要基于市和县（区），而再担保业务则主要取决于省和市。符合国家产业政策、具有发展前景、有利于技术进步和创新的中小企业银行信贷都可以纳入担保范围。建立担保机制时，必须保证担保资金的充足性和稳定性。担保资金的来源可以有多种，例如公共资金、基金成员付款以及法人采购等。

小　结

传统的信贷传导渠道研究往往着眼于分析利率变化对借款人和存款人

的影响，而忽略了利率变化对金融中介的影响，即忽略了金融中介机构在资金转移中的动态作用。如果利率灵活性较低，人们往往会质疑货币政策的有效性，并寻求赤字来刺激经济增长。

第三节　资产价格传导渠道

资产价格传导渠道理论认为，货币政策通过影响各种金融资产的价格，特别是股票的价格来调控实体经济，进而实现货币政策的最终目标。托宾（James Tobin）的 Q 理论和莫迪利安尼（Franco Modigliani）的财富效应论是资产价格传导渠道理论的重要基础，这两个理论提出了货币政策的非货币资产价格传导途径。资产价格传导渠道理论强调资产相对价格与实体经济之间的关系，其基本途径可以表述为：货币供应量 M 的增加会导致实际利率 i 下降，实际利率 i 的下降会引起资产价格 P（股票价格）上涨，而资产价格 P 的上涨又会引起投资 I 增加，进而引起总产出 Y 增加。

一、托宾的 Q 理论

托宾是美国新古典综合学派的主要代表人物之一。他认为，货币政策将通过影响股票价格进而作用于实际经济变量，从而实现货币政策的最终目标。Q 理论具有严格的假设条件：①每个经济主体都会根据一定的经济原理自主而迅速地改变其资产结构；②金融市场完备，可以为投资者提供丰富的金融资产；③金融资产之间是完全可替代的。

在以上假设条件下，托宾设定 Q =公司市值/重置成本。若 $Q>1$，则说明公司的市值高于重置成本。在此情形下，公司通过发行少量的股票即可筹得较多的资本，并购买相对便宜的新投资品，于是公司的投资支出会增加。若 $Q<1$，则与之相反。在托宾的 Q 理论指导下，货币当局采取宽松货币政策的传导过程便可以简单表示如下：

$$M\uparrow \to i\downarrow \to Pe（金融资产价格）\uparrow \to Q\uparrow \to I\uparrow \to Y\uparrow$$

托宾认为，货币政策的松紧会影响公司股票的价格，进而影响公司的市场价值，最终导致公司的投资和生产发生变化，从而实现货币政策的最终目标。同时，我们还应该看到，货币政策变化并不是导致股价变动的唯一因素，还有其他因素的变动也会影响股票价格，进而影响 Q 值的大小。此外，在 Q 理论中，严格的假设条件也必将成为理论指导现实的一个障碍。例如，资本市场完备是 Q 理论发挥作用的必要条件，然而资本市场往往是不完备的。

二、莫迪利安尼的财富效应论

作为新古典综合学派的又一位代表人物，莫迪利安尼的财富效应论与托宾的 Q 理论有着异曲同工之妙。如果说托宾的 Q 理论是从公司的市场价值考虑，那么莫迪利安尼的财富效应论则是从经济主体的财富增减变化出发。根据莫迪利安尼的理论，消费支出取决于经济主体的财富多少，而经济主体的财富又可以分为人力资本、真实资本和金融财富。同时，人们认为，经济主体拥有的金融财富最主要的形式是普通股票。中央银行的货币政策通过影响股票价格，引起经济主体的金融财富增加或减少，从而增加或减少他们的消费意愿，进而导致国民收入发生变化。若以扩张性货币政策为例，则其传导过程如下：

$$M\uparrow \to i\downarrow \to Pe\uparrow \to FW（金融财富）\uparrow \to C（消费）\uparrow \to Y\uparrow$$

三、汇率传导渠道理论

汇率传导渠道理论认为，外汇也是一种资产，而汇率就是这种资产的价格。如果中央银行的货币政策引起汇率的变动，则会影响一国的净出口，从而影响国内的产出水平。例如，如果实行宽松的货币政策，随着货币供应量的增加，短期名义利率下降。存在价格黏性的情况下，短期名义利率下降意味着短期实际利率将下降，本国货币贬值。本币贬值使得国内产品比国外产品便宜，导致净出口增加，进而增加总产出。

小　结

资产价格在货币政策的传导渠道中起着重要作用。现有研究表明，资产价格短期内在货币政策传导渠道中起的作用较小，但长期来看，资产价格的影响很大。资产价格在货币政策传导渠道中的有效性还取决于许多因素，包括资产流动性、投资者心理预期、居民资本结构和制度条件等微观因素，以及市场结构、股票市场发展状况、社会福利分布情况、区域经济结构等宏观因素。

第五章 货币政策传导渠道

◆案例分析◆

日本货币政策传导渠道

20世纪90年代初,日本经济泡沫破裂,经济陷入低迷,通缩压力持续上升。日本政府先后采取降低利率、量化宽松、期望管理等货币政策。①从1991年7月开始,日本逐步降息。从1991年到2001年,日本的再贴现率由6%降低到0.1%。②日本在2001年实施量化宽松政策,将货币政策的操作目标从银行间无担保隔夜拆借率和再贴现率转变为存款准备金率,并从金融机构购买了大量有担保证券,例如长期政府债券和股票。③实施期望管理,日本央行于2001年3月承诺持续向金融市场提供流动性,直至核心CPI(Consumer Price Index,消费者物价指数)稳定在零以上。

在日本经济泡沫破灭后,除了利率渠道之外的其他货币政策传导渠道均不畅通。利率渠道通畅,引导中长期利率下行。自1999年2月正式实施零利率政策后,10年期政府债券利率由2.4%进一步降低到0.4%。

在日本经济泡沫破灭后,供需双方都缺乏信贷意愿,导致信贷渠道传导不畅。一方面,在"中央银行没有义务向所有陷入困境的金融机构提供援助"的观念下,金融机构不能及时得到援助,银行放贷能力和意愿均不足;另一方面,企业和居民厌恶债务风险,缺乏贷款意愿。因此,早期降低再贴现率对信贷传导的影响较小,M2的增长率一直处于2%~3%的较低水平。直到开始实施量化宽松政策,日本央行开始加大对商业银行的监管力度,这直接改善了银行的信贷能力并增加了银行的信贷增速,而此时距离经济泡沫破灭已经有10年。

同时,汇率传导的短期效果并不明显。1985年《广场协议》出台后,日元汇率长期保持上升趋势。实行宽松的货币政策后,在短期内并未刺激产品出口,出口不振。自1995年贴现率接近零以来,日元的升值速度有所缓和,出口再次上升。

另外,当时的日本央行对承诺践行度低,失去公众信任,预期管理失效。例如,日本央行于1999年实施零利率政策后,宣布将维持零利率直到通货紧缩状况得到改善为止。但是一年半后,日本央行因为担心该政策所带来的负面影响而取消了零利率政策,这严重损害了公众对其的信心。

(资料来源:方思元、梁珣、任泽平:《宽货币到宽信用的国际经验》,载《中国金融》2019年第8期。)

◆思考讨论题◆

1. 简述利率传导机制。
2. 简述汇率传导机制。
3. 简述信贷传导机制。
4. 简述资产价格传导机制。
5. 简述货币政策与财政政策的协调配合。
6. 简述利率传导渠道效应和信贷传导渠道效应。
7. 导致利率传导渠道不畅的因素有哪些?
8. 简述托宾 Q 理论。

第六章 货币政策的制度与效果

第一节 货币政策中的锚

自 1973 年布雷顿森林体系崩溃以来，世界各国制定了各种货币政策框架。这些国家在货币政策制定的不同阶段都设置了一些明确的"锚"。这些"锚"的设置与国家货币政策的实施效果密切相关。所谓"锚"，就是指货币政策"钉住"的指标。

一、货币政策的名义锚

货币政策的名义锚是指货币政策瞄准的名义经济变量。货币当局（实施货币政策的机构，如中央银行）通过货币政策工具将其控制在目标范围内，最终实现物价稳定的目标。通常的名义锚包括汇率、货币供应量和通货膨胀率。此外，大多数国家货币政策的名义锚并不是一成不变的，而是根据实际情况在实施过程中不断完善的。

（一）汇率目标制

20 世纪 70 年代的石油危机导致了全球范围内的通货膨胀。当时，许多国家都把抑制通货膨胀作为当务之急，于是采取了汇率目标制以避免输入性通货膨胀的发生。汇率目标制的本质是规定本币与主要储备货币之间汇率波动的幅度，也就是说，将汇率波动限制在一定范围内，使该国的通货膨胀水平接近锚定国水平。汇率目标制主要分为：①单边可调钉住汇率制度，其中包括爬行钉住、固定钉住等；②双边或多边汇率制，主要是指欧洲货币体系；③货币局制度，即将本地货币与锚定货币的汇率严格固定，发行货币必须有 100% 的外汇资产储备，如中国香港地区。

汇率目标制有以下三个优点：①可以在短时间内将价格控制在一定范

围内；②操作简便清晰，便于公众理解；③可以有效控制货币政策实施中的短期机会主义行为。

汇率目标制存在的问题：①汇率目标制使得货币政策丧失独立性；②目标国一旦出现经济波动，将会蔓延至本国；③本国更加容易遭受"热钱"等投机攻击，进而引致金融危机。

从实施的效果来看，汇率目标制在20世纪70年代有效地缓解了当时各国日益严重的恶性通货膨胀。

（二）货币供应量目标制

布雷顿森林体系崩溃之后，对美国、英国等发达经济体来说，由于其金融市场发达，汇率目标制并不合适，因为它们难以找到可以锚定的货币。为了缓解滞胀问题，它们接连使用货币供应量作为货币政策的名义锚。

货币供应量目标制是指提前宣布货币供应量增长目标，然后围绕这个目标实施货币政策。这一制度与汇率目标制的区别在于它更加关注内部经济目标，能够保持货币政策的独立性。其理论基础是弗里德曼的"单一规则"货币政策理论。

20世纪70年代，大多数工业化国家纷纷实行货币供应量目标制。然而，该政策在各国的实施效果却不尽相同，美国、英国等国家因政策实施效果不理想而相继废弃了该制度。事实上，出现这种结果的原因在于上述国家并未严格遵照规定实行货币供应量目标制。德国和瑞士是严格执行这一目标体系的国家，他们坚持这一体系20多年，在当时有效地抑制了通货膨胀。然而1990年以后，工业化国家还是普遍放弃了货币供应量目标制。究其原因在于以下三点。

第一，全球金融自由化使得货币供应量难以控制。首先，中央银行只能控制基础货币，无法控制货币乘数。其次，一些金融衍生工具的创造加大了货币供应量的统计难度。

第二，货币供应量目标制无法控制货币需求和货币流通速度。全球金融自由化导致了金融创新产品的蓬勃发展，资产的流动性与可替代性进一步加强，导致了频繁变动的货币需求。

第三，货币供应量与货币政策的最终目标相关性不强。大多数经济体之所以采用货币供应量目标，是因为它们相信货币供应量与货币政策的最终目标（如价格和收入）之间存在稳定的和可预测的关系。然而，货币供应量与货币政策的最终目标之间的关系越来越不稳定，使得货币供应量作为名义锚的作用失效。

（三）通货膨胀目标制

通货膨胀目标制是指中央银行提前宣布一个通货膨胀目标范围，然后在这个范围内做出后续的制度安排。这一制度可以分为"严格"通货膨胀目标制（注重价格稳定）和"灵活"通货膨胀目标制（兼顾价格稳定和产出稳定）。相对于汇率目标制，通货膨胀目标制更关注国内经济目标。

从具体操作上看，通货膨胀目标制主要包括通货膨胀目标、通货膨胀报告、通货膨胀预测模型、一揽子经济目标监测等内容。货币当局通过一定的预测方法对目标期的通货膨胀率进行预测，并得到目标期通货膨胀率的预测值，然后根据预测结果和目标通货膨胀率之间的差距来决定货币政策的调整和操作，使得实际通货膨胀率接近目标通货膨胀率。

从各国的实施经验来看，大多数国家都能在通货膨胀目标制的基础上有效地控制通货膨胀预期，从而保证稳定的产出，增加中央银行的可信度。不过，各国的实施情况并不完全一致，很少有国家具备所有实施前提，因此，各国在具体的操作过程中，经常根据实际情况来完善制度安排。通货膨胀目标制成功的关键取决于中央银行稳定物价的决心与实施的时机。

第一，从长期来看，各国需要同时保持物价稳定与金融稳定，但二者实现的方式不同。部分国家因其本身制度安排具有一定的稳定性和透明度，可以对金融机构进行有效监督，最终通过实施通货膨胀目标制，同时实现了物价稳定与金融稳定。不过，这些国家仍然存在发生金融危机的潜在风险。

第二，通货膨胀目标制是对称的。通过实施通货膨胀目标制，各国可以在短时间内改善通货膨胀或通货紧缩状况，但从长期来看，仍不能彻底解决通货膨胀和通货紧缩问题。发达的信贷市场使得通货紧缩和通货膨胀与实体经济的需求供给、货币结构、资本流通速度和货币供给有关。因此，在采用通货膨胀目标制时，必须以保证经济增长为前提。

二、发达国家货币政策锚比较

(一) 美国货币政策锚的选择

大萧条后,美国的货币政策中介目标经历了"利率—货币供应量—利率"的调整,其发展历程总体上可以划分为以下三个阶段。

20世纪50—60年代,凯恩斯主义风靡一时,在经济学领域独领风骚。凯恩斯主义提出了有效需求理论,指出在短期内可以通过利率的变化来影响投资,进而带动需求,在社会总供给不变的情况下推动经济发展。所以,此时货币政策的主要手段是"利率规则"。当时的美国不仅经济增长缓慢,而且失业率高,为了稳定就业和刺激经济增长,美国不得不采取降低利率的手段。然而,效果不尽如人意。降低利率不仅没能改善现有的困境,反而导致了更严重的通货膨胀,使经济陷入衰退,失业率急剧飙升。

20世纪70—80年代,以弗里德曼为代表的货币主义学派崛起,他们的核心观点认为,货币供应量才是产出的决定因素,只通过利率调节无法解决根本问题;对增加产出的理性应对是将货币供应量的增长限制在一个合理的水平。至此,货币供应量重新进入大家的视野。随着金融衍生工具的蓬勃发展,投资渠道变得复杂多样,美联储也从最初的监控货币供应量M1的增长率调整为监控货币供应量M2的增长率。然而,由于货币供应量受到内生因素的影响,即使监控货币供应量M2的增长率也难以实现对国家经济发展的准确调控。

20世纪90年代初,美联储重新引入利率作为中介目标。当时的利率规则并不是对"泰勒规则"的简单复制,而是在此基础上重新设计一个更加系统的货币政策执行流程。中央银行首先利用"泰勒规则"来建立一个解决问题的预先承诺机制,但在实施的过程中,中央银行可能会根据不同的经济条件采取不同的措施。1990年,美联储开始按照"泰勒规则"实施货币政策。在此期间,联邦基准利率围绕目标利率波动。虽然从1995年到2007年有较大的波动,但没有偏离基本目标。

2008年的次贷危机发生时,"泰勒规则"在美国的实行已经相对成熟,此时美国国内的利率水平波动并不大。美联储随后对联邦基准利率的多次微调则通过释放经济信号来稳定人们的预期,有效地匹配了经济增长和稳定物价的最终目标。

(二) 日本货币政策锚的选择

第二次世界大战之后，日本开始实施宽松的货币政策以促进国内经济增长，同时政府可以管制利率。因此，中央银行将金融机构信贷的增长视为衡量货币政策有效性的一项重要指标，而这一指标直到1973年石油危机时才发生变化。1973年，由于石油资源的短缺，日本不得不将货币供应量定为新的货币政策锚，这极大地冲击了日本依赖进口石油的生产生活方式，引发了极其严重的通货膨胀。基于这个困境，日本不得不放弃把货币供应量定为货币政策锚，转而采取了提高再贴现率、存款准备金率以及加强窗口指导的灵活的货币政策工具。此后，日本物价逐渐稳定，经济增长与商品供应之间的稳定关系得到巩固。20世纪80年代，日本进入了经济发展的黄金时代。然而，在20世纪80年代末，发达国家对日本的贸易压力导致其进口飙升，日元也不断升值，货币当局不得不再次将货币政策锚改为货币供应量，不间断降息以刺激经济，这也为后来的日本泡沫经济埋下了伏笔。

1997年亚洲金融危机时期，日本为了刺激投资并提高经济产出，不断降低贴现率，但是效果并不显著，日本利率陷入了"流动性陷阱"。进入21世纪，由于日本之前遵循的利率规则对国内经济的调节效果一般，于是日本又走回将基础货币作为货币政策锚的老路，其主要操作方法就是调整货币供应量。亚洲金融危机的爆发，将日本政策推向了另一个极端，日本政府通过不断降低利率来刺激经济。2000年，日本利率降为零，然而经济增长却没有达到预期水平，GDP的增长率仍在0.1%左右浮动；2001年，日本开始放弃利率政策，逐步实施以货币供应量作为中介目标的货币政策；2003—2008年，日本基础货币增长率逐年下降，紧缩的货币政策的实施遏制了飙升的物价，经济增长的波动幅度也逐渐减小；2008年经济危机之后，日本采取扩张的货币政策来刺激经济发展，基础货币增长率与货币供应量连年攀升，经济逐渐恢复。

(三) 德国货币政策锚的选择

出于提振国力的目的，德国在"二战"后选择将自由流动准备金作为货币政策锚。随着战后欧洲金融市场的恢复，商业银行及企业拥有的贷款渠道和种类不断增多，范围不断扩大，德国中央银行单靠自由流动准备金来准确预测货币供应量已非易事，且一旦预测产生偏差将带来严重的经济后果。20世纪70年代石油危机的爆发，推动德国货币政策规则转变为基础货币供应量规则。然而，过度关注基础货币供应量又使得德国极易采取紧缩性货币政策，严重影响经济的健康稳步发展。

1988年，德国为了弥补这一缺陷，实施了新的货币政策规则，即将货币政策的中介目标定为M3，同时兼顾利率和汇率的变化。此后，德国物价稳定，经济稳步增长。在德国货币政策公开透明的环境下，M3作为一种新的货币政策中介目标，能够有效地帮助实现货币政策的最终目标。从表面上看，"二战"后德国将货币供应量作为货币政策锚，但实际上，德国中央银行通常采用短期利率作为调节工具。

为了防止经济过热，德国从2000年开始减少货币供应量，这导致了经济增长的放缓。从2003年到2005年，德国不断加大货币供应量以拉动内需，不断增加货币供应量的政策行为取得了较好的经济效果。德国中央银行也因此成为世界范围内坚持贯彻以货币供应量为货币政策锚并取得经济持续稳定发展的典范。

三、中国货币政策锚的选择

根据国际货币基金组织下发的分类，中国货币政策锚经历了从最初的双重目标制到汇率目标制，再到货币供应量目标制的三个阶段。从1999年到2004年，由于国内金融市场还不成熟，中国实施了汇率和货币供应量协调的双重目标制。通过严格的外汇管制和对结汇、售汇的强制执行，人民币兑美元汇率保持了较长时期的稳定，加之其他一系列措施的实施，双重目标制能够平稳运行。2008年，世界陷入金融危机，中国经济受到强大冲击。从2007年到2010年，中国开始试行汇率目标制，并暂停公布M1目标增长率。随着世界经济复苏，中国汇率波动再次放开，汇率波动幅度进一步扩大，原本庞大的外汇储备开始下降，中央银行开始在货币政策上变得主动，从2011年开始实行货币供应量目标制。

（一）双重目标制

1999—2004年期间是中国货币政策锚经历的第一个阶段，该阶段的主要特征是双重目标制。双重目标制指汇率目标制与货币供应量目标制同时运行。1994年，由于中国的贷款规模难以适应实际情况，国务院指出"货币政策的中介目标和操作目标是货币供应量、信贷总量、同业拆借利率和银行备付金率"。至此，货币供应量可以确认为政策实施过程中的一个目标变量。

1994年，中国进行了外汇制度改革，开始实施"以市场供求为基础的、单一的、有管理的浮动汇率制度"。但是，由于在实际操作中仍旧采用了钉住美元的汇率制度，国际货币基金组织据此将中国列为单方面钉住美元的汇率制度。其实，中国在此阶段钉住美元，并不是为了反通胀，而是由于国内经济金融市场还不完善。

（二）汇率目标制

2005—2010年期间是中国货币政策锚经历的第二个阶段，该阶段的主要特征是汇率目标制。此阶段可以通过"7.21汇改"分为两个时间段：第一阶段是2005年7月汇改至2008年7月的全球金融危机，第二阶段是2008年8月至2010年。2005年"7.21汇改"使中国货币政策由钉住美元改变为钉住一篮子货币，从而使得人民币兑美元汇率逐步从2005年的8.11上升到2008年的6.82，升值19%。国际货币基金组织依据汇率走势、外汇储备情况与干预操作，将中国汇率政策界定为爬行钉住美元的汇率制。汇率是该阶段中国主要的货币政策锚。

（三）货币供应量目标制

2011—2017年期间是中国货币政策锚经历的第三个阶段，该阶段的主要特征是货币供应量目标制。近年来，人民币汇率对美元的灵活性已经从单向波动变为双向波动。国际货币基金组织界定中国货币政策锚不再是汇率。加上2015年实施"8.11汇改"，人民币汇率越来越依赖于市场定价。

近年来，中央银行逐步减少了外汇储备规模，并提高了货币政策的主动性。货币供应量已成为中国当前的货币政策锚。2015年，中央银行完全取消了存款名义利率的上限，通过公开市场操作增加了中央银行对金融机构的净债权，并重新控制了基础货币规模，标志着中国利率完成了市场化过程。

小　结

货币政策锚的选择应基于三个因素：可测性、可控性和相关性。例如，当一个国家的经济发展相对落后而金融市场不健全时，在这样相对封闭的经济中，可测量和可控制的货币供应量通常被中央银行用作主要的货币政策锚。中央银行需要结合当前的经济环境和金融发展水平来选择不同的货币政策锚。一般来说，一个国家不会从头到尾都选择单一的货币政策锚，还会考虑其他方面，例如汇率、利率等。不同的国家即使使用相同的货币政策锚，鉴于各自的经济状况和社会环境的差异，货币政策的实施效果也会有所不同。因此，货币政策必须适应各国实际条件，并且匹配该国的经济背景。

第二节 货币政策的相机抉择

西方经济学界对货币政策的操作有着不同的主张，其中较有代表性的主张是凯恩斯学派的"相机抉择"论。根据凯恩斯学派的理论，市场经济在不稳定的情况下运行，长期增速与短期增速出现背离，往往会导致经济波动。如果经济的短期增速低于长期增速，社会有效供给就会低于社会有效需求，从而产生通货膨胀；反之，如果社会有效供给高于社会有效需求，则会发生经济萧条与失业。因此，凯恩斯学派主张根据不同的经济情况采取相应的财政政策和货币政策，这种政策主张被称为"相机抉择"。

一、"相机抉择"实施原则

"相机抉择"作为凯恩斯学派提倡的宏观经济政策，原则是：当社会总需求不足以产生充分就业时，政府应当实施扩张性货币政策，因为这样可以刺激社会总需求，尤其是投资需求，以期减少失业；当社会总需求高于充分就业时对应的社会总产出（即潜在产出）时，政府将实施紧缩性货币政策来抑制总需求，从而消除通货膨胀。长期以来，"相机抉择"一直是西方政府做出经济决策的主要参考。然而，在20世纪60年代西方国家出现了"滞胀"，凯恩斯学派的主张无法解决这一问题，其主张的经济理论的有效性受到质疑，包括"相机抉择"政策也遭到广泛诟病。其中，以弗里德曼为代表的货币主义学派对凯恩斯学派主张的经济理论的质疑最为大家熟知，他们认为，只有货币供给按给定速度增长的单一规则才是有效的。

二、"相机抉择"的产生

凯恩斯学派出现之前,当时西方的经济理论都遵循萨伊定律(Say's Law)。该定律指出,供给可以自发创造需求,因此,市场机制自身就能使经济均衡发展,社会上只有摩擦失业和自愿失业,没有非自愿失业。后来,凯恩斯提出,仅依靠市场机制并不能完全保证经济的均衡发展,在市场经济运行当中,有效需求不足的问题会频发,进而引致失业问题与产业危机。为了避免这些问题,国家必须出手进行干预。凯恩斯提出的方略是进行需求管理,也就是经由财政政策或者货币政策或二者并行来调整社会需求,最终使经济持续发展。

具体而言,当社会总需求低于社会总供给,也就是社会总需求达不到实现充分就业的产量时,政府应实施扩张性财政政策,增加财政支出、减少财政收入、扩大财政赤字以消除失业;亦可实施扩张性货币政策,或同时实施这两种政策,以刺激社会总需求,使需求与供给均衡,消除失业。若社会总需求高于社会总供给,也就是社会总需求超过实现充分就业的产量以至于发生通货膨胀时,政府应实施紧缩性财政政策,压缩财政支出、增加财政收入、减少财政赤字;亦可实施紧缩性货币政策,或同时实施这两种政策,以抑制社会总需求,使需求与供给均衡,消除通货膨胀。

然而,货币政策在实施过程中可能面临"流动性陷阱",即当利率无限接近零时,人们将无限期地储蓄而不进行投资和消费。在这种情况下,即使增加货币供应量也无法扩大有效需求,因为这都会被下降的货币流通速度抵消。

长期以来,凯恩斯学派的政策主张一直统治着西方经济学界,西方国家的货币当局经常采用可自由支配的货币政策,即"相机抉择"。凯恩斯学派认为,"相机抉择"是正确且有效的,优于单一规则的货币政策。

三、"相机抉择"的挑战

20世纪60年代末,西方国家陷入了失业与通货膨胀并存的"滞胀"困境。凯恩斯学派对这一困境无法提出有力的解决办法,一时间引起其他学派的强烈批评。他们指出:"相机抉择"这个政策的主观随意性过大,由于货币政策存在时滞长的问题,这个政策可能会引起顺周期问题并扰乱经济健康发展。

一些学者甚至认为,"滞胀"的出现恰恰是由于实行了"相机抉择"货币政策。但是,许多国家仍在按照"相机抉择"的原则执行货币政策,只有少数国家实施了稳定货币增长率以遏制通货膨胀的政策。

小 结

在经济萧条期间,货币当局应采取宽松的货币政策以刺激有效需求、增加就业机会、促进经济增长;反之,当经济增长过快而发生通货膨胀时,则应采用紧缩性货币政策来抑制有效需求,限制投资和消费的增长。各国可以据此调整货币数量以影响经济运行,抵消非货币因素引起的周期性经济波动,并实现国民经济的稳定增长。凯恩斯学派倡导"相机抉择"的货币政策,即根据不同时期的市场情况和经济形势灵活选择"逆周期"的货币政策,并进行需求管理以缓解经济波动。

第三节 货币政策的承诺规则

"相机抉择"具有根据每个时期的经济状况来制定最优政策的特点,这使得"相机抉择"成为"二战"后各国中央银行实施货币政策的主要方略。但是,由于没有预先承诺机制,货币当局可能会改变过去决定实施的货币政策,而新的货币政策可能会损害公众的利益,这使得货币政策将在很大程度上失去效力和公信力。自 20 世纪 70 年代以来,面对"滞胀"的现实困境以及受理性预期革命的影响,主要国家的货币政策逐渐转变为基于规则的预先承诺机制。虽然这样的政策手段缺乏灵活性,但是,预先承诺机制有效地提高了货币政策的透明度,从而为评估货币政策效果提供了参考,并显著提高了货币政策的有效性。

货币政策的承诺规则主要划分为两种:完全承诺的最优货币政策规则(completely commitment optimal rules)和简单规则(simple rules)。完全承诺的最优货币政策规则指的是中央银行根据预定的承诺执行货币政策,并且在每个时期都遵守原始承诺而没有临时变化。完全承诺的最优货币政策规则的形式非常复杂并且通常依赖于不可观察变量,所以在应用中面临多重困难。因此,在实践中,我们通常会使用仅取决于当期可观察变量的简单规则来代替完全承诺的最优货币政策规则。通常来说,简单规则并不能最优化目标函数，但其能够使计算出来的结果接近原始目标值。因此，简单规则在理论上是符合要求的，在实际操作中也是可行的，"泰勒规则"就是一个典型的简单规则。

一、泰勒规则

"泰勒规则"（Taylor Rule）是1993年由斯坦福大学的泰勒（John Taylor）提出来的，是早期最常被使用的货币政策简单规则之一，也是一种根据美国货币政策的实际经验来确定的短期利率调整规则。泰勒指出，为保持实际短期利率稳定和中性政策立场，当产出缺口为正和通胀缺口超过目标值时，应提高名义利率；反之，当产出缺口为负和通胀缺口低于目标值时，应降低名义利率。

自20世纪80年代以来，美联储一直按照货币主义学派主张的"单一规则"来实施货币政策，而宏观调控经济的主要手段是确定货币供应量。20世纪90年代，美国通过了"预算平衡法案"，这是美国宏观经济监管领域最重要的事件之一。基于新的财政框架，美国联邦政府不能通过减税、增支等手段来促进经济发展，因此，在实施宏观调控过程中，财政政策的作用在一定程度上被削弱，货币政策成为该阶段美国政府调节经济的主要政策。但是，面对崭新的局面，1993年，美联储放弃已经执行了十多年的货币政策规则，即改变以往使用货币供应量来调节经济的方式，而采用以调整实际利率作为调节经济的主要手段。其主要的理论依据即"泰勒规则"，具体内容如下文所述。

假定 N 是通货膨胀率，N^* 是目标通货膨胀率，i 是名义利率，i^* 是目标名义利率。从中期来看，i 与 N 是联系在一起的，如果给定真实利率，那么在中期，名义利率和通货膨胀率是一一对应的。另外，假定 U 是失业率，U^* 是自然失业率。泰勒认为，中央银行应该遵循以下规则：

$$i = i^* + a(N - N^*) - b(U - U^*)$$

其中，a 和 b 均为正，且 $a > 1$。

（1）若通货膨胀率等于目标通货膨胀率（$N = N^*$），失业率等于自然失业率（$U = U^*$），则中央银行应该将名义利率 i 设为它的目标值 i^*，这样才能将经济保持稳定。

（2）若通货膨胀率高于目标值（$N > N^*$），则中央银行应该使名义利率高于 i^*。

系数 a 越高,中央银行越会提升利率来减弱通货膨胀率上升的影响。利率提升后,通货膨胀率下降,从而使得经济逐渐降温。

若通货膨胀加剧,中央银行只能通过提高真实利率来减少消费,$a>1$ 意味着中央银行应使得名义利率上升的幅度超过通货膨胀幅度。

(3) 如果失业率高于自然失业率($U>U^*$),中央银行应该降低名义利率,名义利率下降将导致失业率下降。

泰勒指出,中央银行不必严格执行该规则。如果一国经济受外部冲击严重,则无须遵循此公式来制定货币政策。另外,泰勒强调,该规则实际上提供了一种操作货币政策的方式:选择通胀目标时,不仅要考虑当前的通胀状况,还应考虑如何解决失业问题。

二、最优承诺规则

我们还要考虑中央银行承诺实施"政策规则"的情形。在承诺规则下,中央银行承诺在任何可能时点和状态下(包括当前与未来),根据预期的通胀水平和产出缺口水平调整货币政策中介变量(如利率、货币供应量等)。而最优承诺规则指的是在当前经济环境下使资源配置达到最优效率的政策规则。

最优"相机抉择"要求中央银行在通货膨胀率为正(负)时,将产出维持低于(高于)有效产出水平;与之不同的是,最优承诺规则下的政策要求中央银行根据价格水平偏离目标值的程度来设定利率的方向和大小。在最优承诺规则的框架中,在经济所受冲击结束后,若一国经济仍存在产出缺口和通货膨胀率与目标水平的偏差,则表明该冲击存在内生性和持久性。既然在冲击消失后,零通胀和零产出缺口是可能的,那么为什么中央银行维持负的产出缺口和通胀水平是最优选择呢?因为在发生冲击时,中央银行通过承诺规则维持了产出缺口和通货膨胀之间的平衡。因此,中央银行不仅可以缩小当前的产出缺口,而且还有望缩小未来的产出缺口以抵消外部冲击对通胀的影响。

小 结

货币政策承诺规则分为完全承诺的最优货币政策规则和简单规则。前者指中央银行根据预定的承诺执行货币政策,并在每个时期都遵守原始承诺而没有临时变化。完全承诺的最优货币政策规则由于其形式复杂且依赖于不可观察的变量而难以被应用。因此,即使简单规则不能使目标函数达到最优值,但只要简单规则可以使目标函数足够接近最优目标函数值(完全承诺的最优货币政策规则下的目标函数值)时,那么简单规则也是可行的。"泰勒规则"是简单规则的代表。

第四节　货币政策的效果

货币政策的效果是指货币政策(如增加或减少货币供应量)实施后,社会总需求、国民收入和就业相对于没有实施货币政策时的改善幅度。货币政策有效性的评判标准有三个:第一,货币供应量和宏观经济变量之间是否存在稳定的相关关系;第二,货币当局是否可以通过货币政策对货币供应量进行有效调节;第三,货币供应量是否按照货币当局的意图有效地影响了实体经济。能否实现第三个标准与决策者和执行者的能力密不可分,也与微观主体的反应灵敏度以及金融市场是否健全息息相关。因此,货币政策的执行不是决定货币政策有效性的唯一因素,经济环境也会对其产生重大影响。

一、货币政策效果的衡量

货币政策效果可以通过两方面来衡量:第一,量化效应,用于衡量货币政策效果的规模;第二,时间效应,用于衡量货币政策的响应速度。换言之,货币政策效果是指该政策在多大程度上解决了经济和金融问题,以及达到目标效果所需的时间。

通常而言,分析货币政策的量化效应重点在于衡量实施货币政策的最终效果与预期目标存在的差距。

二、影响货币政策效果的干扰因素

货币政策的实施效果受到诸多干扰因素的影响,其中最主要的有时滞因素、理性预期因素和政治因素。

(一) 时滞因素

时滞指的是从制定并执行一项政策到它对经济活动产生影响所需的时

间。时滞因素可以分为内部时滞和外部时滞。内部时滞指的是从经济和金融状况变化要求中央银行采取政策行动开始，截至中央银行实际行动结束这一时间段。我们可以将内部时滞进一步分为两个部分：①认知时滞，指的是从市场需要中央银行实施货币政策的时点到中央银行发现需要采取行动这一段时间。②行政时滞，指的是从中央银行认为应该采取行动到实际行动这一段时间。

外部时滞指的是从中央银行实行货币政策之日起，到该货币政策对经济活动的全面影响结束之日这一时间段。我们可以将外部时滞进一步分为两个部分：①转向时滞，指的是在中央银行实行货币政策之后，将通过中介指标来调整货币供应量或利率水平。面临崭新的社会经济情形，各个经济部门不可避免地要改变其投资和支出决策行为，而转向时滞就是指改变投资和支出决策之前的时间。②生产时滞，指的是各个经济单位改变其经济行为后，将对整个社会的生产、就业和收入产生影响，而这些影响主要由生产过程决定，而生产过程又需要一定的时间。通常，外部时滞取决于客观的经济和金融状况，而不受中央银行的控制。自20世纪60年代以来，西方经济学家采用了不同的计量经济学模型来估测外部时滞，但是，他们的估测尚未达成共识。根据大多数研究，货币政策需要六个月至两年的时间才能达到目标效果。

（二）理性预期因素

理性预期，是指人们掌握了一切可以利用的信息之后所做出的预期。之所以称之为理性预期，是因为它是参照历史上提供的有关知识，经过人们周密考虑之后才做出的一种预期。理性预期理论有别于凯恩斯和弗里德曼的预期理论。凯恩斯预期理论中的预期是以人们的心理无理性为前提的盲目性预期，而这种盲目性预期成为导致经济不稳定甚至产生周期波动的因素。弗里德曼预期理论中的预期是一种人们被动地调整自己的期望以适应客观经济形势变化的适应性期望。当人们做出适应性预期时，主要是基于自己的记忆或经验来预测未来，因为没有足够的信息，所以他们随时可能对自己的预测进行修正。而理性预期是指人们事先就有足够的信息，经过仔细的思考和判断后，他们主动做出明智的选择。

（三）政治因素

政治因素对货币政策的效果有巨大的影响，它甚至可能会导致中央银行不能做出正确的决策,甚至导致货币政策部分无效。任何货币政策都会给不同的阶层、群体、部门或地域带来不同的利益,而为了最大化各自的收益、最小化各自的损失,上述主体常常存在一定动力去压迫中央银行执行有利于他们的货币政策。

官僚机构可能以自身利益为重而无视公众利益,这将导致一定的政治经济周期并进一步影响货币政策的效果。许多西方国家由于每隔几年就更换一次政府,而低失业率和高生产率将能够为执政党带来更多选票。因此,政府在大选前倾向于采取扩张性的货币政策以减少失业和增加产出并刺激经济。

但是,货币政策的实施应该是连续的、长期的,政权频繁变动产生的压力可能导致短期的货币政策的出现。另外,在考虑自身利益之后,特殊利益集团可能会给货币当局施压以改变货币政策方向。例如,银行家们总是希望利率居高不下以便从中得益,因而可能会迫使中央银行实行紧缩性的货币政策;而受利率上升影响较大的住房建筑业则可能会联合起来,迫使中央银行执行过于扩张的货币政策以延缓名义利率的上升。

小 结

货币政策的效果可以从数量和时间两个方面来衡量,这两个方面分别分析了货币政策影响经济的规模以及达成目标所需的时间。影响货币政策效果的干扰因素包括时滞因素、理性预期因素和政治因素。其中,时滞因素包括内部时滞和外部时滞两个部分;理性预期因素指的是人们掌握了一切可以利用的信息之后所做出的预期;而政治因素可能使中央银行执行的货币政策与应该采取的正确政策背道而驰,甚至迫使货币政策出现部分失效的情况。因此,评价货币政策的效果要综合分析环境因素而非仅仅分析政策本身。

◆**案例分析**◆

"二战"后美国货币政策的变迁

"二战"期间,为筹集战争经费,美联储长期将利率保持在较低水平。与此同时,美联储在通货膨胀率上升时采用反通货膨胀的货币政策,限制信贷扩张;而当经济出现危机时,以扩张性货币政策放松信贷,刺激经济。而货币政策的时滞性,导致美国当时的通货膨胀率时高时低,交替进行。总的趋势是在通货膨胀率较高的年份经济开始衰退,而低通货膨胀率则使经济增长速度回升。1951年,美联储与美国财政部达成协议并获得利率决定权,并承诺不让利率急剧上升。

随着滞涨的出现和货币学派的兴起,美联储逐步放弃了传统凯恩斯主义,并于1970年年初引入货币供应量作为货币政策的中介目标。然而,美联储的决策程序并没有发生任何变化,所以在这一时期,它仍然以逆经济风向的"相机抉择"为主导思想。尽管出于国会的压力,美联储在1975年公布了其货币供应量目标,但在实践中,货币供应量并非其决策优先考虑的目标,它更多的仍是考虑就业和货币市场利率的稳定。因此,其在20世纪70年代的货币政策实际上仍然是顺周期的,这加剧了经济的波动。直到1979年沃克尔成为美联储主席后,美联储才正式强调将不再以联邦基金利率作为操作目标。

20世纪80年代中期,美联储开始放弃货币供应量目标,逐步将政策重点转向货币市场利率,并于1994年正式确立以联邦基金利率为目标的货币政策框架。在具体的操作方面,美联储主要是以公开市场操作来实现其政策目标。具体而言,美联储作为同业拆借市场的最大的参与者,在政策操作中以其政策利率作为操作目标,使联邦基金利率与联邦基金目标利率相一致。

从美国货币政策演变来看,随着金融市场容量的扩大、市场主体的扩充以及市场均衡的相对稳定,货币政策工具的选择出现了从侧重数量型货币政策工具向侧重价格型货币政策工具的转变,由以数量调控为主逐渐转向以价格调控为主。以存款准备金政策为例,即使是在20世纪80年代之前,与贴现率相比,美联储调整存款准备金要求的次数也相对较少,而且为了减轻商业银行的负担,还实行了允许商业银行以库存现金作为准备金等方面的改革。如今很多国家都取消了存款准备金要求,虽然美国还没有最终放弃法定存款准备金制度,但基本上不再把它当作一项政策工具来使用。

(资料来源:刘丹、李宏瑾:《"二战"后发达国家货币政策变迁及对我国的启示》,载《金融与经济》2011年第6期。)

◆思考讨论题◆

1. 简述美国货币政策锚的演变过程。

2. 简述日本货币政策锚的演变过程。

3. 简述德国货币政策锚的演变过程。

4. 简述中国货币政策锚的演变过程。

5. 根据发达国家货币政策锚的演变过程，谈一谈中国货币政策锚应如何选择。

6. 论述凯恩斯学派的"相机抉择"论和弗里德曼的"单一规则"论的主要观点。

7. 举例说明货币政策的"相机抉择"是如何实现的。

8. 简述货币政策的"泰勒规则"。

9. 货币政策效果的评估应注意哪些问题？

10. 影响货币政策效果的干扰因素有哪些？

第七章　数字货币与货币政策

传统货币政策指的是中央银行通过调控货币供应量与利率等手段影响社会总需求，使之与社会总供给相适应，达到稳定物价、增加就业、平衡国际收支、促进经济增长与实现金融稳定等目标。虽然数字货币对央行货币政策调控的影响尚处于探索阶段，但从数字货币近来的发展情况看，其势必会对货币政策实施、货币体系构成与金融稳定产生多方面、多层次、多样化的影响。本章从数字货币的产生与发展、数字货币对基础货币理论的挑战及数字货币对货币政策的影响三方面展开分析，总结了各国法定数字货币的研究进展，探讨了数字货币可能的发展方向及其对中央银行货币政策有效性的影响。

第一节　从实体货币到数字货币

一、货币的历史演化与纸币的缺陷

货币是人类历史发展长河中的伟大发明，具备价值尺度、流通手段、支付手段和贮藏手段等许多重要职能。一旦缺少货币，现行的复杂金融网络与经济社会必将无法运转。因此，货币的创造与发行十分重要，关系到国计民生。

历史的车轮滚滚向前，货币的形态也随之不断演化，从最早以物换物——"各以其所有易所无"的实物货币逐渐发展到能够分割的金属货币，接着代用货币与信用货币使得货币形式进一步发生改变，到了近期，电子货币以及数字货币也应运而生。以前，实体货币是货币存在的唯一形式，而计算机技术的革新与发展为货币提供了虚拟化的可能。此外，货币本身固有的价值依托也随着社会发展不断变革，由最早依托于实物的价值转变成了如今依托于信用的价值,再到依托于对当今社会科技与网络的信任所具备的价值。

中国最早对货币的记载可以追溯到《盐铁论·错币》,其中"夏后以玄贝,周人以紫石"具体而生动地展现了一般等价物如何被当作货币进行使用的情形。货币发展到今天,纸币本位制以其不易仿造、便于辨伪、易于携带等特点成为最常见的货币制度。

再后来,人们觉得相较于使用纸币进行日常消费,信用卡消费等形式更为便捷。因为信用卡依赖国际信用卡组织等集中支付体系,所以,如果中国银联、VISA[①] 等国际信用卡组织出现偶然的支付系统故障,人们手中的信用卡将不能使用。现行的纸币抑或信用卡,背后都需要银行及清算机构完成生产、清算、管理,这些工作都意味着成本的支出。因此,在享受着易于管理的好处的同时,中心化的架构也面临着成本的增加与金融安全的风险。各种货币安全事件如假币制造、信用卡盗刷、电信诈骗等层出不穷。因此,如果一种货币既能避免中心化的弊端,又能保有传统货币便携易用的优点,其必将有助于提升社会经济体系的运行效率。

二、数字货币的产生

数字货币是在技术进步推动之下货币自身发展演进的结果。货币随着简单交换而产生,其形态也随着交易形式的发展而变化,目前货币的形态主要朝着社会化以及虚拟化的目标推进。进入电子化时代后,货币变成一串数字符号。这类货币的产生使得金融及货币交易都通过电子信息交换完成,货币自此向无纸化转变。与此同时,互联网技术的繁荣也催生了各种类型的网络产品,这些网络产品允许通过数字货币来进行网络交易。然而,上述交易的环境离不开网络,其交易的本质是一系列数据文件的交换,交易的特征也呈现进一步的虚拟化。后来,随着区块链技术、云计算存储的出现,世界范围内的支付途径出现了重大变革,这对货币展现形态产生了重大影响,进一步推动了货币的数字化进程。近年来,全球都将目光转向数字货币的研究与创新,但是,数字货币固有的去中心化属性无疑会在未来对现有的货币体系产生强有力的冲击,而这也引发了关于数字货

---

① VISA 又译为维萨,是一个信用卡品牌,由位于美国加利福尼亚州旧金山市的 Visa 国际组织负责经营和管理。

币体系能否完全替代现有纸币体系的争论。

（一）数字货币的产生

世界上第一种数字化货币由戴维·乔姆（David Chaum）发明并发行。20世纪70年代，戴维·乔姆在美国加州大学获得博士学位，集数学家、密码学家和计算机学家的身份于一身的他是最早提出可将加密技术应用在数字货币上的人。他在快速发展的互联网中看到了商机，于1989年创立了自己的数字现金公司（DigiCash），将自己对数字货币的想法真正地商业化。然而，由于其货币数字化的方案必须有一个所有参与者都信任的中心化服务器来集中处理才能实施，因此，其货币数字化的方案未能被大规模接受。

（二）数字加密货币产生的技术基础——区块链

当前的数字加密货币基本上都采用了与比特币相同或相似的工作原理，其底层技术和基础架构就是区块链（blockchain），其核心思想延续了"无法被追踪的匿名特征"以及"政府的作用被排斥在外"两个主要内容。区块链通常被称为分布式记账系统，其本质为一个巨大的数据库，并且有固有的去中心化属性。区块链本质上是不同的数据块利用密码学相连的链条，每个数据块包含自创建以来的每次交易的有效确认信息。

加密交易发生时，"矿工"首先通过解密来验证交易，同时建立新区块用以存储新加密交易。随着交易次数的增长，账本上的交易记录也会不断增加。新交易的产生会使得原有区块按时间顺序以线性形式在末端补充新区块，从而形成区块链。因此，当区块链不断延长时，各个节点所存储的信息可以实现自动更新。

在数字货币的交易过程中，人们会采用分布式时间戳与公钥密码原理两项技术来确保同一货币不会被使用多次以及保护交易者的隐私。其中，私钥用于保障个人账户当中的转移支付，而公钥承担着提供货币接收地址的功能。为了更好地理解二者在保护隐私方面的功能，我们可以把公钥看作接收邮件的电子邮箱地址，它是公开的、可传递的；私钥则是个人电子邮箱的密码，有了密码才能访问该邮箱并处理信息。接收者的公钥地址和交易信息（包括本次和上次的交易数额及费用等）都是通过互联网来传递的，发送者通过私钥来对进行的交易签名，并经由支付网络传递交易信息。接下来就需要确认交易信息的有效性，其中包括这条交易信息的发送者是否对被交易的货币拥有所有权、这条交易信息是否由特定发送者发出,以及此次交易的货币是否被重复使用等。

与传统金融体系中由中央结算机构来确认每笔交易的有效性不同,数字货币(如比特币)网络中有且仅有一个全局有效性的交易链,通过分布式存储来链接支付网络中的每一个节点。为了保障交易安全且有效,支付节点产生的新交易模块都需要进行复杂运算,同时生成工作证明(proof-of-work)。这种计算是一种随机碰撞试验,碰撞概率很低,因此需要消耗支付节点大量的计算资源。为了刺激计算效率的提升,一定的奖励会被给予先完成工作证明的节点,此过程就是我们日常谈到的"挖矿"。"挖矿"的过程一方面记录了新数字货币的产生,另一方面保证了支付网络的高效运行。

三、数字货币的定义与种类

(一)数字货币的定义

传统意义上的法定货币是人们日常生活中默认的货币,其职能包括价值尺度、流通手段、贮藏手段、支付手段和世界货币等职能。随着互联网的普及,大众对货币的认知边界变得宽泛,许多人开始认为"货币就是法律规定或世俗约定能够用于支付的手段",前者被称为法定货币,后者被称为私人货币,进而衍生出虚拟货币以及数字货币等不同的货币形式。目前并没有形成统一的数字货币定义,然而综合考虑大多数关于数字货币的介绍,我们可将其总结为:数字货币是以互联网为媒介,基于信息技术,采用数字化形态存在于网络或电子设备中,经由网络系统上的数据传输来完成流通的,具备货币基本职能的一般等价物。

数字货币作为新型的货币形态,是社会经济发展到互联网时代的产物,它不但可以满足用户的便利性与安全性需求,也为未来的货币存在形式提供了一个发展方向。与数字化货币相关联的还有一个概念,即货币数字化。货币数字化是指资金支付与转移由传统渠道向基于电子或数字设备转化的过程。货币数字化不是货币创造过程,其不会影响货币总量,只为使用者创造更加方便、快速的使用途径。例如,银行卡本身不具有价值,仅仅代表一个卡片归属,然而用户一旦绑定信用账户或储蓄账户,便可以使用信用卡或储蓄卡来实现货币转移。因此,绑定信用账户或储蓄账户的银行卡属于货币数字化的一种手段,此过程由商业银行运作,避免了手续烦琐的实物货币交割过程。为了进行区分,我们还要提及两个与数字货币相联系的概念——虚拟货币与电子货币。虚拟货币一般指的是无实体的货币,包括数字加密货币[如比特币(BTC)、以太坊(ETH)等]和非加密商业货币(如Q币、会员卡积分等);电子货币是法定货币,用于记账且与银行账户相关联,如信用卡支付或移动支付。

(二) 数字货币的种类

现有的数字货币按技术原理可以分为加密货币与非加密货币两种类型。

1. 加密货币

作为新型的数字货币,有人把加密货币称为算法货币。它是一组基于由全球计算机所组建的网络共同运算的方程式开源代码,经由计算机显卡、中央处理器(CPU)的大量计算产生。加密货币依靠密码学的密码设计来保证货币流通安全,经过密码设计,加密的货币仅能被真实拥有者支付或转移。最初,数字加密货币并不通过法定货币机构进行发行,各国中央银行同样也不会对其进行管控。因此,大量的数字加密货币流通必然会对现行以中央银行为核心的货币体系形成冲击与挑战。现行的大量流通的数字加密货币有比特币、以太坊等。与非加密货币相比,由于加密货币的方程式开源代码必须通过CPU运算获得,因此,比特币或以太坊的总量是有限的,开采得越多,剩余的就越少。从理论上来说,该特性可保证其永不贬值。由于上述运算方程的过程类似于现实世界中的挖金矿,因此,大家把上述数字加密货币的创造过程比喻为"挖矿"。加密货币实际上的存在形式就是一串代码,拥有对应序列号的人才拥有这一加密货币的使用权。

2. 非加密货币

非加密货币不需要通过CPU运算程序解答方程式来获得,一般由公司或私人发行,常见的非加密货币为网络社区中使用的虚拟货币。现行的常见非加密货币有Q币、航空里程积分、苏宁云钻、京东京豆等,由于其发行数量不受限制,因此并无收藏价值。再者,非加密货币如航空公司的积分或者经济论坛的积分,一般只能通过用户购买或者浏览行为获得,具有使用范围窄、使用频率高的特点。非加密货币如Q币、酒店集团的积分等，它们能够使用法定货币兑换，但并不能直接兑换回法定货币。但是，这类货币不仅能够购买指定公司的产品，还能在二级市场上交易，一定程度上实现了间接向法定货币兑换的情况。

除了根据是否加密来进行分类，早在2012年，欧洲中央银行根据是否能够与法定货币自由兑换将虚拟货币分成了三类。①二者之间不能自由兑换，例如单机游戏中的游戏金币，只能在该局域网中赚取与使用；②能够以一定比例用法定货币来兑换，但是不能再兑换回法定货币，可以在特定场景中购买商品和服务，兑换不限于虚拟商品，比如京东钢镚等；③二者之间可以自由兑换，如比特币、以太坊，并可购买商品与服务，同样不限于虚拟世界。

由于非加密货币的货币属性相对较弱，当前关于数字货币的关注点主要在加密货币上。本章也主要以数字加密货币作为数字货币的论述对象。

四、数字货币的特点

（一）货币形态的虚拟性

数字货币有一个固有特征就是虚拟性。虽然在虚拟网络社区中，数字货币可以有多种外形，如元宝状，但这只是外在表现形式。实际上，数字货币是存储于计算机系统中的一段二进制数据，一般以磁信号、光信号等形式存储，这与法定货币形式完全不同。

（二）应用的局限性

数字货币应用的局限性体现在空间和时间两个方面。从空间上来看，数字货币存在于互联网系统或平台；而且，目前的非加密数字货币也仅仅流通于各自的网络平台及游戏之中，它们离开了特定的虚拟社区便不再具有任何价值。从时间上来看，每个企业、每款游戏都不可能永远存续，都有自己的经营周期，当企业走向破产或者游戏热度下降时，部分数字货币就会退出市场或者由新的虚拟货币替代。受监管等因素的约束，目前数字加密货币使用的空间范围也有很大的局限性。有关研究发现，大部分比特币自产生以来就立即被转入了特定账户之中，此后便无任何交易记录，从此退出了流通。2012年5月的调查数据显示，比特币的分布高度集中，但比特币交易的活跃度很低，97%的账户持有的比特币在10个以下，90%以上的账户交易次数少于10次。

（三）交易价格的不稳定性

实际生活中，中央银行依据经济发展情况和国家宏观货币政策制定货币发行计划，从而确保市场稳定、经济发展。然而，数字加密货币由于自身的去中心化特征，其发行和币值并不稳定。以比特币为例，在诞生之始几乎一文不值，例如，在 2011 年年初，一枚比特币的标价为 0.3 美元；但是，在 2013 年 11 月就达到了一枚 1300 美元的高价；而后迅速下跌，出现巨幅震荡，2016 年 4 月，一枚比特币的价格基本在 450 美元左右；而到了 2021 年 1 月，一枚比特币的价格达到了 33000 美元。比特币的价格经常处于剧烈波动中。

比特币的价格波动剧烈的原因主要来自两个方面：一是"挖矿"能力与货币供给无关，使得需要提升货币供给时，没办法像普通货币政策实施那样通过提高"挖矿"能力得以实现；二是比特币的"挖矿"能力本身就不稳定，在比特币升值过程中，大家发现"挖矿"能获得利益时就积极"挖矿"，而当比特币处于贬值周期时，由于缺乏"挖矿"的激励，比特币支付网络无法有效处理信息。此外，一些重大突发事件或者媒体舆论也会造成比特币的价格发生剧烈波动。

（四）计量单位的特殊性

实际上，法定货币分为主要货币和辅助货币，每个单位之间存在固定的换算关系。以人民币为例，人民币的单位是元，主辅币单位换算遵循十进制。但是，数字货币是以电磁信号、光信号等形式存储在计算机中的二进制数字信息，因此，无须区分主要货币和辅助货币，不同的数字货币都有其不同的计量单位，并且是高度可分离的，可以进行小型和微型交易。例如，比特币的交易单位最小可以达到 0.00000001 BTC。

除了以上特点外，数字加密货币还具有其他特点。①与纸币相比，它节省了打印、数据审查、防伪、押运和保管库的成本；②它是完全去中心化的，无发行机构，因此，人们无法操纵它的发行数量；③其依托互联网全球流通；④数字加密货币的账户是隐藏的，只有不规则字符，无法反映账户所有者的特征，一人能够开立多个账户；⑤没有监管机构，交易成本很低，且不存在税收。

五、数字货币的本质

一个符号或物品要想成为货币首先必须取得人们的共识，这包括货币技术共识、货币规则共识和货币安全共识三个方面,而这正对应着数字货币中的机器共识、治理共识和市场共识。

第一,虽然数字货币实现了机器共识,但这并不等同于其完全实现了货币技术共识。机器共识是算法规则的产物,是分布式计算领域的问题,其目标是保证分布式账本在不同网络节点上备份文本的一致性,主要包括交易在数据结构、语法规范性、输入输出和数字签名等方面符合预先定义的标准及相关运算规则等。然而,一旦脱离了算法规则的应用环境,分布式账本中的一串字符将毫无用处。再者,如果每个人的算法规则应用环境存在差异,将导致数字货币在社会应用中存在人与人之间的异质性。综上所述,人们对数字货币的技术尚未达到完全的共识。

第二,数字货币的治理共识不同于货币规则共识。治理共识是指在群体决策中,群体成员发展并同意某一个对群体最有利的决策。然而,数字货币中的非加密数字货币主要来源于某些公司,因而一般的货币规则对其影响很小。随着这些公司在市场上垄断势力的增强,其可通过强制性规则迫使消费者只能通过其发行的数字货币购买其产品或服务。这实际上增加了消费者的隐性消费成本,同时也降低了交易效率。综上所述,对于数字货币的治理,人们尚未达成共识。

第三,数字货币距离实现市场共识仍有较大差距。市场共识是在机器共识和治理共识的基础上由市场机制产生的,数字货币要想充当国际结算工具还要实现市场共识。首先,市场机制的核心是交易和竞争,数字货币与现有并获得官方认可的国际结算货币存在竞争,然而后者已经获得了市场使用的共识。因此,数字货币的非市场共识性将导致其价值的易波动性。其次,市场机制需要法律来维护。数字货币缺少相关的法律保障来推动其规范化。一种符号成为货币很难单纯依赖个人、企业的认识或商讨来实现共识,伴有利益保障的强制性的法律和规则有助于提高市场共识的时效。

小　结

本节从数字货币的起源讲起,对数字货币的定义、分类、特点、本质进行了介绍。数字货币产生的技术基础是区块链,从技术原理上来分为非加密货币和加密货币两种,其具有形态的虚拟性、应用的局限性、交易价格的不稳定性、计量单位的特殊性等特点。

第二节　数字货币对基础货币理论的挑战

比特币作为一种数字货币，其价格和交易特点均不同于传统的货币。第一，比特币的价格不稳定。一枚比特币的价格从2011年初的0.3美元，短时间升到30美元左右；2017年价格开始迅速攀升，曾接近20000美元，随后又迅速下跌；2021年1月又上升到33000美元，价格持续震荡。第二，比特币实现了点对点价值转移，交易过程可以不依赖特定中介机构，电子形态的传统货币价值转移则需要依赖中心化的金融机构，例如，中央银行和商业银行。数字货币领域已经出现了新型中介机构来提供交易所、钱包和支付工具等服务，这些服务与传统金融机构提供的服务存在明显差别。第三，两者面临的法律与监管制度不同，传统货币受到现有法律和制度的严格监管，但是，数字货币的监管与法律制度尚处于探索阶段。

一、数字货币是否具有货币的基本职能

货币的四个基本职能为支付手段、价值尺度、贮藏手段和流通手段。过往的很多文献都对比特币是否具备支付手段、贮藏手段、流通手段这三个职能进行了研究。耶麦克（Yermack，2013）认为比特币在履行货币职能方面受到了较大挑战。比特币的价格过高阻碍了其作为支付手段的职能。例如，对于零售商品的支付，比特币的应用需要计算小数点后许多位，这给商品定价带来了极大的不便。作为会计单位的另一个障碍是其市场的有效性。事实上，同一时间在不同的交易所内，比特币的价格差异可达7%，价格的不确定性导致其难以发挥支付手段的货币职能。对于贮藏手段职能来说，比特币的高波动性、与其他主要货币或黄金的非相关性，均使得针对比特币的风险管理难以进行。对于流通手段职能来说，由于比特币并未被普遍使用，所以这个职能也难以发挥。根据数据统计和专家评估，每天约有70000次比特币交易发生，其中80%是投机活动，即每天仅有约15000次的商品和服务购买是用比特币来支付的，这个交易规模在全球市场来看是微不足道的。除了难以满足上述三大货币职能之外，比特币还存在三个缺陷：一是不能存入银行获取利息以及享受存款保险机制的安全保障；二是无法进行信用交易，消费者要使用比特币进行商品购买必须

首先持有比特币，而现在社会上更多的是信用卡或"花呗"之类的信用交易；三是比特币并未被期货、期权等金融市场工具及产品所使用。

关于比特币等早期数字货币是否是货币的议题在近年来争议不断，但无法否认的是，在一些特定的领域，比特币确实曾被作为货币的替代品来使用。例如，Silk Road网站以枪支与毒品交易臭名昭著，这些交易每月产生约120万美元的交易额度，且只接受比特币支付。该网站于2013年5月被美国联邦调查局（FBI）关闭并缴获了其中的比特币。

二、货币的价值分析

（一）贵金属的货币价值分析

马克思说："货币天然是金银，金银天然不是货币。"从其使用价值的角度来看，黄金与日常物品并没有什么不同。列宁在《论黄金在目前和在社会主义完全胜利后的作用》一文中指出：人类实现了共产主义后，黄金就失去了意义，只能用来修建一些公共厕所。但是，在人类社会出现剩余价值和交换行为之后，由于黄金独特的物理特性，人类赋予其货币属性。作为商品货币的代表，黄金既可以作为工业原料，又可以被制成饰品，具有除货币外的内在价值。

黄金的非货币价值使其供需具有内在调节机制：第一，黄金的供应必须将边际采矿成本纳入考虑范围；第二，当黄金被用作货币时的价值上升时，人们的开采技术会提升；第三，当一国与黄金挂钩的货币价值上升时，其他国家的黄金将流入该国，从而增加该国的黄金供应。因此，一个商品同时具有货币与非货币价值时，其自发机制会实现供求平衡，从而稳定货币价值。

黄金的非货币化意味着废除了黄金的货币功能，并且黄金不再用作价值量度。在美元危机和布雷顿森林体系崩溃的影响下，黄金的货币功能不复存在。布雷顿森林体系崩溃后，黄金价格由市场供求关系决定。它的需求来自四个方面：工业用途、黄金饰品、中央银行购买和投资，其中工业用途和黄金饰品对黄金价格的影响较弱。

（二）中央银行发行的基础货币的价值分析

中央银行发行的货币，以中央银行持有的资产（如政府债券、黄金和外汇储备、再贴现票据等）来保证其价值。中央银行有资产作为保证才能发行货币，并非随意发行，发行过多则会造成通胀，发行过少则会造成通缩。

（三）商业银行持有的存款货币的价值分析

商业银行的主要业务是经营存、放款，办理转账结算。商业银行的资金来自活期存款、储蓄存款、定期存款以及自己发行的股票、债券等。商业银行的资金不仅可以用于短期贷款、中期贷款和长期贷款，还可以用于处理信托贷款、租赁业务和有价值的证券投资等。商业银行可以使用存贷款机制创建货币，但是其能力受到中央银行的限制，原因是存款准备金率的很大一部分属于法定存款准备金率，中央银行可以更改法定存款准备金率。

中央银行提供的基础货币与商业银行提供的存款货币之间的关系实际上是一种源流关系。中央银行控制商业银行的存款货币的来源。作为直接货币供应商，商业银行创建存款货币。存款和贷款活动以及可以提供的货币量均基于基础货币。这个体系的安全性一方面体现在中央银行作为最后贷款人以及存款保险机制上，另一方面也反映在对商业银行的严格财务监督中。

（四）数字货币的价值分析

数字货币分为有发行主体和无特定发行主体两类。主权数字货币是具有发行主体的数字货币，它与中央银行发行的纸币比较类似，由中央银行发行与管理，是中央银行的负债。比特币是没有特定发行主体的数字货币，它的发行与交易具有去中心化的特征，不依赖特定的机构或个人，是数字化的资产。

使用比特币进行交易时，若支付一些交易费用则可加速该笔交易的确认时间，这笔费用是作为奖励发放给"矿工"的。因此，想要获得更高优先级的确认，就需要支付更高的交易费用。

对比特币价格剧烈波动的研究主要集中于利用供求理论展开的分析。比特币的总量是一定的，而外部对其的需求波动较大，比特币等非主权数字货币的需求目前主要来源于一些非法交易、投机需求、逃避外汇管制等。对比黄金，二者的价格会引起不同的供求关系变动（见图7-1），二者具有类似的需求曲线，却拥有差异巨大的供给曲线。此外，有两个问题影响了比特币价格的稳定性：一是比特币极易受到突发事件的影响，例如有的国家禁止商业银行交易比特币后，比特币价格下跌；二是"挖矿"能力并不影响货币供给。

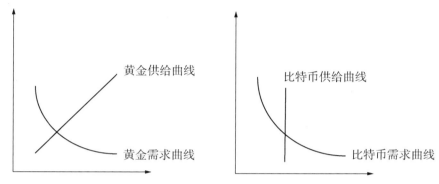

图 7-1 黄金供求关系与比特币供求关系比较

小　结

本节针对数字货币对实体货币的挑战这一问题，从数字货币是否具有货币的基本职能——支付手段、贮藏手段、流通手段进行分析。由于具有价格过高、波动率过大、应用不广泛等特点，数字货币较难完全发挥货币的基本职能。纵使近年来争议不断，但无法否认的是，在一些特定的领域，比特币确实曾被作为货币的替代品来使用。

第三节　数字货币对货币政策的影响

一、主权数字货币对货币政策的影响

（一）主权数字货币对市场的影响

主权数字货币可以分为账户型数字货币和价值型数字货币。前者类似普通商业银行账户，由中央银行为其开立，支付过程通过简单加减账户余额即可完成；后者需要类似电子钱包的工具用于存放数字货币与自己的私钥，其支付过程为支付者用私钥对需要支出的数字货币进行签名并确认收款方信息，此过程无需中央银行和中央清算机构的参与，并可以以匿名的方式进行。

对于银行间市场来说，若主权数字货币和商业银行准备金有不同的利息，商业银行可能会出于获取收益的目的而非本身偏好，将一种资产转换成另一种资产。对于面向大众的市场来说，主权数字货币会与现行的纸币、硬币等形成竞争，对现有的货币运行机制提出挑战。主权数字货币保持了现金的属性，又满足了匿名与便捷的需求，将成为现金的最好替代。

主权数字货币与商业银行存款货币间的竞争能否避免尚无定论，但可以考虑限制个人持有主权数字货币的数量、限制数字货币提供利息、限制数字货币购买指定金融产品，这样人们可能还是会把大部分的钱存在银行，但是，主权数字货币对银行账户的冲击仍旧无法避免。若这种竞争无可避免，将会发生什么？主权数字货币的信用等级高于商业银行账户，因此，资金的存放变得更安全，并且不需要存款保险。然而，存款流失对商业银行的冲击不容小觑，因为其可能损坏商业银行的资产负债表，进而冲击其初始授信能力。

（二）主权数字货币的发行需慎重

大家普遍认为主权数字货币会影响未来的货币政策，从而在发行主权数字货币时，我们需要考虑以下问题。首先，要考虑中央银行发行的主权数字货币是否能完全代替现有的实体货币；数字货币是作为真实的银行账户存在，还是只是以电子现金作为存在形式。如果中央银行发行的主权数字货币结合了现金和银行账户的功能，它将对经济产生更大的影响。其次，在中央银行发行主权数字货币时，有必要考虑其是否会影响银行融资以及信贷供应。

由中央银行发行主权数字货币不仅要考虑安全性和技术性的问题，还要考虑到其可能对金融市场与经济社会产生的影响，在进行设计的时候应充分考虑现有货币供给机制、货币传导渠道、货币政策规则等。

二、非主权数字货币对货币政策的影响

若用比特币完全替代现有的法定货币，其发行不依赖货币当局，只设定发行总量，这种可预期的货币供给纵使满足货币的稀缺性，但仍会存在两个问题。

第一，控制比特币发行总量会导致通货紧缩，以比特币标价的商品和服务价格会下降，以美元标价的比特币价值会上升。这会导致两个恶性循

环：一是在比特币价值上升的过程中，持币者倾向于将比特币贮存以待继续升值，进一步加剧通货紧缩；二是在通货紧缩的情况下，比特币的跨期交易难以维系，比特币价值上升会导致债务人的实际债务随时间递增，从而压制基于比特币的金融产品和交易的出现，因此，币值稳定对于任何货币来说都是至关重要的。虽然比特币设置了总发行量，避免了通货膨胀的问题，但是，通货紧缩带来的负面影响同样不容小觑。

第二，支付系统能否稳定运行仍然存疑。控制比特币的总发行量使得"挖矿"收益不断下降，但"挖矿"所需的算力却越来越大，从而出现"矿池"模式，该模式的出现使得比特币的支付体系会出现一定程度的垄断，从而偏离比特币分布式发行的初衷。从长期来看，当"挖矿"奖励少到没有新的比特币产生时，整个比特币支付网络将难以为继。

除了上述两个问题，非主权数字货币目前使用率较低、对货币政策影响很小是现实情况。中央银行主要是通过垄断基础货币的发行并作为最后贷款人来控制货币供应，如果非主权数字货币达到一定规模，那么中央银行的公开市场操作（例如影响短期利率的基础货币的发行或回收）将失效。同时，当非主权数字货币削弱了中央银行对货币的垄断时，会造成中央银行的铸币税损失。

接下来，我们再来考虑非主权数字货币对金融体系的影响途径。欧洲中央银行指出，若出现以下情况，货币体系乃至整个金融系统的总体情况可能会改变：第一，全球银行系统中相互关联的大型金融部门开始提供与非主权数字货币相关的服务；第二，非主权数字货币用户显著增加、交易量明显上升。此时，若发生与非主权数字货币相关的重大突发事件，可能会导致非主权数字货币支付网络中某些节点的付款中断，甚至可能会通过金融中介机构向传统支付体系传递冲击。

三、数字化金融产品对货币政策的影响

数字化发展使得主权数字货币替代纸币成为可能，同样的技术如果应用到一般金融产品领域会出现什么结果？区块链技术的发展使得货币发行主体多元化，非银行金融机构和企业都可以参与信用创造；同时，不同种类的金融产品将与传统货币一起竞争。在金融产品货币化的情况下，货币需求变得更不稳定与难以预测，这就使得传统货币政策的有效性受到挑战。因此，数字化金融产品将对传统货币政策产生深远的影响。

(一) 数字化金融产品的需求

数字化金融产品使传统货币需求理论面临严重挑战：第一，传统货币经济学中，持有货币存在机会成本，但持有数字化金融产品不存在机会成本。第二，传统货币需求理论认为，交易货币需求是国民收入水平的函数，然而数字化金融产品削弱了这种函数关系。货币化金融产品不仅可以作为支付工具，还可以作为投资品，但是数字化金融产品的交易可能只涉及资产买卖，我们很难确定这些资产交易与国民收入水平是否存在长期稳定的关系。第三，信用产品的产生降低了人们持有货币进行交易的需求。

(二) 数字化金融产品的供给

传统货币经济学的一个重要假设是货币外生性，数字化金融产品的出现使得中央银行没有办法外生地控制货币供给。一个原因是，数字化金融产品使得非银行金融机构和企业能够参与货币供给，从而弱化了中央银行在货币创造方面的约束力。另一个原因是，收入增长会刺激非银行金融机构主动提供更多的货币化产品，而数字化金融产品的供给会与人们的收入、风险偏好和经济前景紧密相连，这使得中央银行难以外生地调控数字化金融产品的数量，最终导致货币供给具有内生性和不可控性。

(三) 数字化金融产品对传统货币政策的影响

中央银行通过三大政策工具（法定存款准备金率、公开市场业务、再贴现）来管控基础货币量并影响市场利率，使得商业银行调整自身资产负债业务以适应中央银行与市场的调控预期，进一步地影响实体经济活动。因为数字化金融产品的交易并不依赖于传统金融机构，所以这会削弱银行对实体经济活动的影响。同时，由于银行具有信贷功能，如果用从银行贷出的钱来购买数字化金融产品，会降低银行体系的杠杆经营能力，从而降低货币政策的有效性。

另外，我们还要考虑数字化金融产品的普及是否会导致货币需求的变化。无数字货币时期，中央银行通过货币政策可以引导利率走向，从而影响实体经济。一种观点认为，信息化程度提高后，私人清算机构挑战中央清算机构的地位、资产证券化规避存款准备金要求等现象都降低了金融机构对基础货币的需求。中央银行对基础货币的控制将失去垄断地位，传统货币政策的有效性将受到挑战。另一种观点认为，考虑到匿名性问题，人们对现金的需求不会消失，即使需求有所减少，中央银行仍然可以通过公开市场操作来控制短期名义利率。但是，不论两方如何争论，数字化金融产品的发展必将使得中央银行货币政策产生重大变革。

四、世界各国数字货币的研究进展

（一）法国法定数字货币研究进展

2020年3月27日，法兰西银行（法国央行）针对中央银行数字货币（Central Bank Digital Currencies，CBDC）实验方案发出征集令，旨在欧盟内部征集CBDC候选方案并进行实验，以探索CBDC的应用潜力。法兰西银行强调，该实验仍然是在欧元体系中进行的，是否发行CBDC取决于欧元系统。法兰西银行没有对CBDC的技术路线做任何具体要求。

（二）韩国法定数字货币研究进展

2020年4月6日，韩国的中央银行宣布将于2021年对法定数字货币进行试点测试。根据规划，韩国中央银行将于2020年年底前完成CBDC方案设计、技术资质评审、业务流程分析和咨询等工作，并于2021年进行小范围试点测试。

（三）英国法定数字货币研究进展

2020年3月12日，英格兰银行发布了题为 Central Bank Digital Currency：Opportunities，Challenges and Design 的CBDC讨论报告，这是其继2016年推出法定加密货币RSCoin后又一重要研究成果。该次讨论报告中值得关注的内容包括以下三点。

第一，区块链技术不一定被应用于数字货币，即CBDC并不一定使用分布式账本（DLT）技术。第二，数字货币的发行将采用单层发行架构。与瑞典、中国采用的双层架构不同，在英国CBDC平台模型下，所有交易都将通过应用程序接口（Application Programming Interface，API）直接记录在中央银行的核心账本上，支付服务运营商仅能利用中央银行提供的接口来开发应用并提供支付服务。第三，允许私营部门加入运营，数字货币将直接面向零售支付。中央银行的应用程序接口向私营部门开放且支持智能合约。英国的CBDC将重点关注国内零售支付。

（四）日本法定数字货币研究进展

2020年3月10日，日本银行（日本央行）副行长雨宫正义在2020年东京"未来支付论坛"上表达了他对发行中央银行数字货币的看法。他认为,"三个不变"和"三个变化"需要引起重视。"三个不变"是指货币的基本结构仍基于令牌或账户、两层货币体系保持不变,以及中央银行的基本作用仍然是维持货币和金融稳定。"三个变化"是指无现金支付在零售支付中的比例稳定增长、支付服务提供商持续多样化,以及货币与数据之间的紧密联系。

(五) 中国法定数字货币研究进展

中国人民银行早在 2014 年就对数字货币开展了研究,时任央行行长周小川建议开展合法的数字货币研究。根据国家战略部署与央行的总体工作安排,2017 年,央行建立了数字货币研究所作为直属机构,并使其负责数字货币研发与标准制定以及金融技术探索等工作。

2020 年 7 月以来,央行数字货币研究所先后与滴滴、B 站、美团、京东数科等互联网企业达成合作协议,共同促进数字人民币的移动应用功能创新及线上、线下场景的应用落地。在充分调动现有资源的原则下,数字人民币线下受理依托收单机构,线上则强化与场景机构合作,因此,数字人民币场景和规模的重要性得到提升。

2020 年 10 月 12 日,中国人民银行数字货币研究所与传统四大行①在深圳测试了总额为 1000 万元的"数字人民币红包"项目。截至 2020 年年底,中国人民银行的 DCEP②已于深圳、苏州、北京等地进行内部场景封闭测试。

全球法定数字货币研究进展见表 7-1。

表 7-1 全球法定数字货币研究进展

国家或组织	日　期	进　展
IMF	2020/1/17	IMF 将 2020 年的重要任务之一定为开展数字货币研究
	2020/2/8	IMF 建议东加勒比货币联盟(Eastern Caribbean Currency Union,ECCU)使用相同的数字货币

---

① 指中国工商银行、中国农业银行、中国银行、中国建设银行。
② 中国央行的 DCEP(Digital Currency and Electronic Payment)指的是"数字货币和电子支付工具",官方将其定义为具有价值特征的数字支付工具。

续表 7-1

国家或组织	日 期	进 展
BIS	2020/1/21	BIS（国际清算银行）与加拿大央行、英国央行、日本央行、欧洲央行、瑞典央行和瑞士央行共同成立中央银行小组，开展 CBDC 应用研究
中国	2020/1/10	中国人民银行官方微信公众号指出，数字货币研究所已经将法定数字货币的顶层设计、标准制定、功能研发、联调测试等工作基本落实
中国	2020/4/3	中国人民银行表示，将"加强顶层设计，坚定不移推进法定数字货币研发工作"
中国	2020/10/12	开始在深圳进行 DCEP 测试
美国	2020/2/11	美联储主席指出，美联储已开展了数字货币研究，但并未决定未来是否发行数字美元
欧洲央行	2019/12/17	欧洲央行发布了一个名为 EUROchain 的全新概念验证（Proof-of-Concept，POC）项目
欧洲央行	2020/10/2	欧洲央行称 2021 年将启动数字欧元研究计划，并提出了四个数字欧元应满足的要求
法国	2020/3/27	法国央行针对 CBDC 发布了应用方案征集令
英国	2020/3/12	英国央行发布题为 Central Bank Digital Currency：Opportunities，Challenges and Design 的讨论报告
日本	2020/3/10	日本央行在 2020 年东京"未来支付论坛"上指出，央行数字货币需要关注"三个不变"和"三个变化"
日本	2020/10/9	日本央行发布了关于 CBDC 的研究报告，界定了各种应用场景下 CBDC 的特点及使用范围
韩国	2020/4/6	韩国央行宣布数字货币的试点测试将于 2021 年进行

（六）全球数字加密货币监管政策正在加速制定

截至 2021 年，许多国家的数字加密货币的法律地位已被确立，全球数字加密货币监管政策也在加速制定。德国、韩国、法国和其他国家或地区的相关监管机构或法律机构进一步阐明了数字加密货币的法律地位。

1. 德国将数字加密货币归类为金融工具

2020年3月2日,德国联邦金融监管局(BaFin)发布指导方针,将数字加密货币归类为创新金融工具。BaFin指出,虚拟货币是"任何中央银行或公共机构未发行或保证的价值的数字表示,不一定与法律规定的货币挂钩,且没有法定货币所拥有的法律地位。但是,它被自然人或法人当作交换媒介,通常能够进行电子传输、存储和交易"。

2. 印度正式撤销数字加密货币禁令

2020年3月4日,印度的最高法院正式撤销了此前中央银行对数字加密货币颁布的禁令。此前,印度中央银行一度禁止国内银行或任何金融机构给任何与数字加密货币存在关联的企业提供相关服务。

3. 韩国将数字加密货币合法化

2020年3月5日,韩国国民议会通过了《关于特定金融交易信息的报告和使用法(特别金融法)》的修正案,该修正案将于2021年3月正式实施。法案内容通过了构建加密货币交易许可系统、支持银行实名注册加密货币交易账户等决定。这项特别金融法修正案的通过标志着韩国正式将虚拟资产合法化。

4. 法国指出比特币是一种可替代的无形资产

据法国《回声报》报道,2020年2月底,法国楠泰尔①商业法庭指出比特币是一种可替代的无形资产,它类似于法定货币。该决定使得比特币从本质上成为合法货币。

5. 国际证监会组织指出全球性稳定币可能受证券法约束

2020年3月20日,国际证监会组织(IOSCO)发布了一份稳定币报告。该报告认为,稳定币可能在证券监管职权范围之内,即稳定币可能需要受到证券法的约束,而具体的管辖权和监管权取决于项目的具体情况。该报告同时表示,国际证监会组织将成立稳定币工作组(Stable Coin Working Group),与各国证券管理机构一同讨论如何在全球范围内监管稳定币。

6. 中国人民银行提示一些虚拟货币的交易平台存在风险

2020年3月22日,中国人民银行在其官方微信公众号发布文章指出,

---

① 楠泰尔(Nanterre)距离巴黎市中心11.1千米,是法国巴黎市西郊工业区,也是上塞纳省的省会城市。

市场上存在许多鱼龙混杂的虚拟货币交易平台,部分平台存在风险。其中,文章重点提到了部分平台通过价格操纵、洗钱等违法违规方式骗取参与者资金的行为,并指出"比特币是避险资产"这一命题是伪命题。

小 结

本节主要探讨了数字货币对货币政策的影响。首先,分别对主权数字货币与非主权数字货币对货币政策的影响进行了分析,中央银行需要密切关注数字货币可能带来的挑战。其次,从数字化金融产品的应用角度分析其可能对货币政策产生的冲击,指出数字化金融产品的普及可能会在一定程度上降低货币政策的有效性。毋庸置疑的是,数字化金融产品的发展必将使得中央银行的货币政策产生重大变革。最后,概述了全球各国中央银行及相关组织研究法定数字货币的进展。

◆案例分析◆

法定数字货币对货币政策的影响

1. 货币政策时滞有所收窄

从技术细节来看,DCEP或能有效减少货币政策时滞。在纸币发行周期中,纸币的生产、运输需耗费一定的成本和时间,而DCEP的一大优势是成本低,资金的流动几乎无时差。根据中国人民银行数字货币研究所的专利研究"基于贷款利率发行条件触发的数字货币管理方法和系统",商业银行的银行库接收未生效状态的DCEP,并在满足一定的条件时,将其模式调整为生效。因此,现金的数字化将减少其发行和流通的时间,未来大额提现可能无须预约,这无疑在一定程度上会提升金融基础设施体系运行的效率,减少货币政策从落地到起效的时滞。

2. 货币政策传导更为有效

虽然当前央行还没有披露更多的技术和细节,但从以上专利可看出,央行作为数字货币发行方,可通过预设贷款利率条件来引导商业银行的贷款定价行为,疏通政策利率向市场利率的传导。当然,如何在数字货币提现的过程中识别其是否涉及银行或私人部门间的贷款行为,仍然需要技术的进一步完善。此外,数字货币的可追溯性也使得央行基于大数据追踪资金流向成为可能。因此,央行可通过影响信用扩张过程中的成本和监督资金流向来提升政策效果。现代社会的资金交易行为和方式错综复杂,这也对央行的大数据分析能力提出了更高的要求。不过,即使 DCEP 可以完全替代纸币,央行也仅能追踪到资金的流向,但对商业银行信贷投放的主体、利率和时间则难以进行事前控制和约束,只能通过商业银行报送的数据进行事后监督。

3. 基础设施变革使得创新货币政策工具成为可能

我国 2020 年的政府工作报告提出,央行可以推出直达实体经济的货币政策工具来帮助经济主体渡过难关。在数字货币形态下,央行可通过控制 DCEP 生效状态来引导资金流向,而 DCEP 登记中心的权属信息也能够帮助资金直达实体经济,防止资金空转。因此,从技术上来看,DCEP 使得直达实体经济的货币政策工具成为可能。例如,对于再贷款、再贴现等可通过释放基础货币改变货币供应量的货币政策工具,中央银行可通过电子化数据来追踪和回溯,从而对商业银行进行监督,提升货币政策的效果。

4. 数字货币形态下,负利率政策成为可能

理论上,当 DCEP 替代所有流通中的纸币时,在存款、债券等债权关系凭证收益率为负的情况下,钱包服务商对数字货币收取一定费用,这使得负利率政策成为可能,有助于将购买力转化为消费、投资或资产。而当纸币处于流通状态时,利率政策下限为零,如果继续降低利率,会使用户将存款转为现金。数字货币使得负利率成为可能,而在 DCEP 和纸币同时进行流通时,负利率的政策效果仍会受到影响。借鉴欧洲和日本的经验可知,即使负利率政策能够顺利推行,也无法有效改变总需求不足的状况。

从当前披露的细节来看,DCEP 是仅充当支付工具还是同时也作为计息资产仍不明确。如果银行等金融机构对数字货币设定利率并支付利息,那么当 DCEP 能够用于银行间的借贷支付时,DCEP 利息率将取代央行的超额准备金率,成为货币市场利率走廊的下限。而当 DCEP 用于私人部门的零售交易转账时,DCEP 利息率将构成银行存款利率的下限。从政策含义的角度来看,DCEP 利率可替代存款基准利率成为央行调控银行存款和信贷利率的工具。当然,考虑到实际落地时,数字货币付息可能会导致存款大规模向数字货币转移、中央银行演变为狭义银行等问题,以及人为设定钱包转换限额或费用并不符合 DCEP 作为数字化现金的定位等情况,数字货币作为计息资产的概率较低。

DCEP 发行仅用于替代流通中的现金,暂不会改变货币供应量。而在

稳健的货币政策前提下，DCEP不会直接影响商业银行创造货币的能力和意愿，双层运营体系不会改变流通中货币之间的债权债务关系，所以，DCEP发行不会带来货币超发的问题。而货币的流通速度并不由货币形态决定，而是由以货币为媒介的交易活动频率等外生因素决定。因此，综合来看，DCEP发行不会对通胀产生较大的影响。

［资料来源：东兴证券研究所：《数字货币系列专题报告之一：DCEP的变与不变》，见东方财富网（http://data.eastmoney.com/report/zw_macresearch.jshtml?encodeUrl＝VvajodkLSL2vE7p0IYvc9I1S/a/RC27Qu56lkk1Mcv0%3D）。］

◆思考讨论题◆

1. 请简述货币形式的历史演变过程。
2. 如何理解货币职能与货币形式之间的关系？
3. 请简述数字货币与传统货币的区别。
4. 请简述数字货币与虚拟货币的区别。
5. 如何理解数字货币的金融特征？
6. 数字货币存在哪些风险？
7. 数字货币是否会重构全球货币体系？
8. 数字货币是否会颠覆现在的货币政策管理模式？
9. 法定数字货币与比特币、Libra（Facebook推出的虚拟加密货币）相比，本质上有什么不同？
10. 举例说明曾在推动数字货币的进程中失败了的国家，我们从中可以得到什么启示？
11. 数字货币要想成为真正的货币，面临的挑战有哪些？

第八章　开放经济条件下的货币政策

随着世界经济一体化水平的不断提高，跨国交流逐渐成为人们生活中的重要组成部分。由于各国（或地区）使用的货币不同，所以，如果要实现正常的国际交流活动和国际经营活动，就先要实现货币的兑换，即把一种货币换成另一种货币。外汇指的是以外国货币表示的可用于国际结算的支付工具。不同货币之间的兑换比率即汇率，各式各样的汇率制度影响着汇率的决定。国际收支、经济增长、利率和通货膨胀率等都影响着汇率，而汇率变化对国际经济发展和一国的国内经济发展也会产生重要影响。20世纪70年代布雷顿森林体系瓦解之后，国际主要货币间兑换的汇率一举迈入浮动汇率时代。汇率的波动促进了与外汇相关的产品和外汇交易的不断创新，国际外汇市场得以快速发展，外汇交易开始变革，在传统即期外汇交易与远期外汇交易的基础上，一系列外汇衍生产品如外汇掉期、货币期货、货币期权等已成为国际外汇市场上活跃的金融产品。

第一节　汇率与外汇市场

一、汇率

（一）汇率的定义

在国内市场购买商品时，买入者用本国货币付款，卖出者也愿意接受本国货币。然而，在国际交易中，买入者持有的并不一定是卖出者所在国通用货币。因此，交易当中的出口商通常希望进口商将该国货币兑换成出口国货币进行支付，这种兑换比率即汇率（exchange rate）。汇率又称汇价、外汇牌价或外汇行市。鉴于不同国家通常使用不同的货币，两国间交换商品或劳务时，通常将以本币表示的价格基于当时的汇率换算成以外国货币表示的价格，以促进国际交换有序进行。

(二) 汇率的标价

一般商品市场当中，商品的标价很好理解，如1千克的橙子价格为5美元。但是，外汇市场的标价方式比一般商品市场要复杂。本国货币（简称"本币"）与外国货币（简称"外币"）能够互相表示，从而使得外汇汇率本身就具备双向表示的属性，据此可将标价法分为直接标价法与间接标价法两类。

直接标价法（direct quotation），指的是以本币表示的外币数量，即1单位外币能兑换多少单位本币。例如，2020年12月31日中国公布的外汇挂牌价是100美元=652.49元人民币，这就是直接标价法下人民币兑美元汇率。换言之，汇率上升代表同等金额的外币能够折算成更多的本币，从而本币兑外币贬值；反之，汇率下降代表同等金额的外币只能折算成更少的本币，从而本币兑外币升值。对比上面的例子，如果一个月后100美元=642.89元人民币，则说明人民币升值了。

间接标价法（indirect quotation），指的是以外币表示的本币数量，即1单位本币能兑换多少单位外币。例如，2020年8月5日欧洲外汇市场英镑兑美元的汇率为1英镑=1.30327美元，对于英镑来说，1英镑=1.30327美元就是间接标价法英镑兑美元汇率，计算方式是本币的数额固定不变，外币的数额会根据两国货币之间的相对价值变化而变化。换言之，汇率上升说明同等金额的本币可以兑换更多外币，本币相对于外币升值；汇率下降则恰好相反，说明同等金额的本币能兑换到较少的外币，本币相对于外币贬值。例如，汇率从1英镑=1.30327美元变化到1英镑=1.30317美元，说明英镑兑美元的汇率下降，英镑相比美元贬值。如今，全球范围内，主要是美国、英国和欧盟在使用间接标价法。由于英国在资本主义国家中发展最早，伦敦是国际金融中心，英镑久居国际贸易结算的重要位置，因此，伦敦外汇市场一直以来都使用间接标价法进行计价。

(三) 汇率的种类

1. 根据汇率设定方法的不同分类

从设定汇率的方法来看，汇率可以分为基础汇率和交叉汇率。

基础汇率（basic exchange rate）指的是设定本币与该国对外经贸交易使用最多的货币之间的汇率，并以此作为基准。由于与本币相关的外币很多，选择一种主要货币作为设定本国汇率的标准，其他货币与本币之间的汇率就可以通过交叉汇率计算得到。目前，许多国家都选取本币对美元的汇率作为基础汇率。

交叉汇率（cross exchange rate）是指本币与非主要货币之间的汇率，以基础汇率和主要货币与非主要货币之间的汇率为基础进行计算。若基础汇率是本国货币对美元的汇率，则以本国货币与美元以外的其他货币的汇率为交叉汇率。例如，假设 100 美元 = 650.00 元人民币，1 美元 = 103.7610 日元，则根据三者汇率关系得出 100000 日元 = 6264.40 元人民币，计算过程如下：

$$100 \text{ 美元} = 650.00 \text{ 元} = 10376.10 \text{ 日元}$$
$$100000 \text{ 日元} = 650.00/10376.10 \times 100000 = 6264.40 \text{ 元}$$

由于许多国家选定的基础汇率都是本币兑美元的汇率，因此，能够经由美元汇率来计算非美元货币之间的汇率。

2. 从银行买卖外汇的角度分类

从银行外汇交易的角度，可将汇率分为买入汇率（buying rate）和卖出汇率（selling rate）。买入汇率也称为汇率买入价，指的是银行从外面买入外汇的汇率。卖出汇率也被称为汇率卖出价，指的是银行对外出售外汇的汇率。银行报价当中，卖出汇率一般略高于买入汇率，银行经营外汇业务赚取的收益就是两者之间的价差（spread）。除上述两者之外，还有一个概念是中间汇率（middle rate），代表的是买入汇率与卖出汇率的平均值，它的计算公式是：

$$\text{中间汇率} = （\text{买入汇率} + \text{卖出汇率}）/2$$

简单起见，媒体报道的都是中间汇率，用于反映外汇行情。

3. 根据外汇交易的交割时间长短分类

根据外汇交易的交割时间，可将汇率分为即期汇率和远期汇率。在外汇交易中，交割指的是双方履行合同义务，买方以本国货币支付，卖方以外币支付。通常而言，不同交货时间对应不同的汇率。

即期汇率（spot rate），又称现汇汇率，指的是外汇买卖双方在签订合同后的两个工作日内就完成外汇交割使用的汇率，用于外汇现货市场的报价。即期汇率与协议签订时交易双方所持货币供求情况相关。除非有特别指明的远期汇率，外汇市场上的报价汇率一般是指即期汇率。

远期汇率（forward rate），又称期汇汇率，指的是外汇买卖双方约定在未来某一特定日期进行交割时所使用的汇率,用于外汇期货市场的报价,远期汇率是在即期汇率的基础上由外汇买卖双方确定的。远期汇率的价格与即期汇率并不一定相等。我们可以将二者的差额分为三种情况:第一种是"升水"(premium),即远期汇率高于即期汇率时的价差;第二种是"贴水"(discount),是指远期汇率低于即期汇率时的价差;第三种是"平价"(parity),它是指远期汇率等于即期汇率。

4. 根据外汇管理制度的不同分类

按照外汇管理制度的不同,可以将汇率划分为固定汇率与浮动汇率。

固定汇率(fixed rate),指的是处于布雷顿森林体系和金本位制下,由外汇管理当局直接确定并公布的本币兑外币的汇率。此外,若本币与其他货币之间的汇率波动不明显,可视为基本固定汇率。在金本位制下,确定货币之间固定汇率的是各国铸币中含金量之间的比例,汇率波动受制于两国之间运输黄金的费用。后来,在"二战"后期至20世纪70年代期间,国际货币体系采用了美元同黄金挂钩的制度,而IMF其他成员的货币与美元之间保持固定汇率。在这个时期,汇率的波动被严格控制在给定汇率的几个百分点之内。目前,固定汇率一般被汇率管制较为严格的国家采用,包括许多发展中国家。

浮动汇率(floating rate),指的是完全由外汇市场的供求决定的汇率。此时,货币管理当局既不硬性规定本币与外币之间的汇率,也不限制汇率波动的上限和下限。处于浮动汇率制的国家,当外汇供给超过需求时,当前的外币贬值,而本国货币升值,从而导致汇率下降;反之,汇率会上升。采用浮动汇率制的国家,只有当汇率波动过大时,货币当局才会干预市场,以维持国内经济的稳定。

二、外汇市场

(一)外汇市场的定义

外汇市场指的是专门用于外汇交易、对外汇供求关系进行调节的市场。外汇市场是世界上交易量最大的市场,现代外汇市场是国际金融市场的基础。与一般商品市场不同的是,它没有有形的交易所,而是一个无形的、借助现代通信技术和服务构建成的巨大的世界网络系统。通过计算机网络、电话等手段,全球的交易商进行外汇报价、查询、买卖、交割和结算，从而将分散在世界各地的外汇交易活动连接成一个全天候运转的市场。

(二) 外汇市场的特点

1. 全天无停歇的全球市场

如今，全球主要外汇市场超过 30 个，覆盖各大洲不同国家和地区。具有较大国际影响力以及较大交易规模的市场集中在伦敦、法兰克福、纽约、新加坡、东京、香港等地。由于这些中心在地球所处经度不同，分属于不同时区，当一个市场关闭时，另一个市场就会开放，从而形成了每天 24 小时持续运作的全球外汇市场。例如，伦敦外汇市场运转至闭市时，纽约、芝加哥等地的市场开市；等到纽约闭市后，东京、香港和新加坡等亚洲市场又开市了。

2. 汇率波动剧烈

1971 年，随着布雷顿森林体系瓦解，浮动汇率制度在西方国家广为流行。由于市场供求关系会对汇率造成影响，汇率波动时常发生。到了 20 世纪 80 年代，随着世界经济变得更加不平衡，各国意识到资本流动和外汇交易可带来经济增长的机遇，因此纷纷放宽资本管制，这加速了国际资本流动，进而加剧了汇率波动。而投机性外汇交易又进一步加剧了国际资本流动和汇率波动。剧烈的汇率波动无疑给国家之间的经贸往来增加了风险，加剧了国际投资与贸易的不确定性。

3. 世界外汇市场挂牌汇率逐渐一致

计算机、通信技术的不断发展，使得借助现代通信手段将世界各地的金融中心联系在一起成为现实。通过交易网络，外汇交易者能够及时、轻松地了解全球各地的交易情况。外汇交易者虽然处于世界各国家及地区，但均可实时观测各地的交易行情，并及时做出反应。当前，在 1977 年 5 月成立的非营利性组织——世界银行金融电信协会（SWIFT）是国际外汇交易中最重要的一员。它通过国际信息网络将成员国的信息处理终端连接起来，以方便各国银行之间进行外汇存贷款交易。在网络的帮助下，数以亿计的货币可以快速跨越国家之间的界限与距离进行划转。例如，在纽约外汇市场，1 英镑 = 1.3087 美元，而在东京市场，1 英镑 = 1.3077 美元，若交易员实时捕捉到了这个信息，则可以经由 SWIFT 在东京以低价买入英镑，在纽约以高价卖出英镑，获取差价进行无风险套利。因此，只要套利交易者持续这样交易,东京英镑的价格就会上涨,纽约英镑的价格就会下跌,直到两者持平,套利机会消失。套利活动最终会使得各个市场的汇率趋向一致。

4. 外汇交易方式多样

全球外汇市场联动使得一国汇率变动受到更多因素的影响,出于汇率风险管理需求,除了即期、远期、期货、期权交易等基础外汇交易工具外,越来越多的金融衍生工具应运而生,如货币互换、货币期权、利率掉期等。虽然是作为风险管理工具被设计出来的,但是这些外汇交易衍生工具的不断出现,使得外汇市场越发复杂。

(三) 外汇市场的分类

外汇市场有四种分类方式。

1. 开放交易市场与定点交易市场

外汇市场按有无固定场所分为开放交易市场和定点交易市场。开放交易市场指的是没有固定交易地点和交易时间的外汇市场,又称无形市场。交易者通过电信、电脑网络等通信工具相互报价,在自己的终端就可以观测市场行情。这个市场能保证24小时全天运作。定点市场指的是外汇交易有固定交易地点和交易时间的市场,又称有形市场。欧洲大陆的许多外汇市场在过去都属于这一类,包括巴黎、法兰克福、阿姆斯特丹和布鲁塞尔的市场。

2. 外汇零售市场与批发市场

外汇市场根据外汇交易的参与者和交易量的不同可分为零售市场和批发市场。外汇零售市场是指银行与客户之间的市场。银行不断地买卖外汇,以满足不同客户的需求,赚取差价。外汇批发市场指的是机构之间进行外汇交易的场所,交易额普遍较大。

3. 境内市场和国际市场

外汇市场按交易范围可分为境内市场和国际市场。其中,境内外汇市场指的是必须遵守一国国家外汇管理机关有关法律、法规的境内市场。国际外汇市场是相对于境内外汇市场而言的,它通常涉及一国境外的外汇交易,包括跨境资本流动。目前,中国境内外汇市场只能进行实盘交易,汇率波动对投资者资本账户的影响不大。然而,国际市场上的外汇交易通常采用保证金交易,资本的杠杆作用非常明显,汇率的轻微变动就会对投资者的资本账户产生巨大的影响,风险非常高。

4. 官方外汇市场和自由外汇市场

官方外汇市场的汇率制定依赖于中央银行直接制定的固定汇率,在这个市场所进行的外汇交易,都要在外汇管理法律的制约下经由银行完成。比如,在比利时,交易额超过 1000 万比利时法郎就需要得到当局的批准在官方外汇市场上完成。自由外汇市场就是我们常说的"外汇黑市",其汇率不受政府的外汇管制,由市场供求决定。

(四) 外汇市场的参与者

1. 商业银行

商业银行作为外汇交易的中心,是市场中举足轻重的外汇交易者。可以说,大多数商业银行都会从事外汇存贷、汇兑、贴现等业务,并且大额外汇交易都必须经由商业银行办理。从事外汇交易的商业银行是经中央银行或金融当局指定或授权从事外汇业务的银行,在一些实行外汇管制的国家也被称为外汇授权银行。商业银行在外汇市场上主要进行两项交易:一方面,它们可以接受客户(主要是进出口商)的授权进行结汇,充当外汇中介;另一方面,商业银行可以通过其账户直接进行外汇交易。

2. 客户

客户指的是经由银行与外汇经纪人从事外汇买卖活动的机构或个人。这一类市场参与者主要由三部分构成:①个人,包括跨境旅游者、汇出或收入外汇者、出国留学生和个人外汇投资者等;②企业,包括从事国际贸易的进出口商、跨国公司等,参与外汇交易的主要目的是套期保值、规避外汇风险;③其他金融机构,包括养老基金、社保基金在内的各种金融机构,参与外汇交易主要是为了投资、套汇、投机、保值等。

3. 外汇经纪人

外汇经纪人(brokers)指的是通过撮合成交或代理客户买卖外汇,以手续费或佣金作为收入的人。银行间市场的外汇交易主要是通过外汇经纪人进行的。他们根据对市场需求的了解,充当外汇买卖双方的中介,并根据交易金额收取佣金。

4. 中央银行及管理外汇的政府机构

各国的央行的主要职责是制定和实施该国货币政策,它们参与是为了稳定外汇市场,将汇率限制在一定水平或范围内。一般来说,央行负责管理一个国家的官方外汇储备。当国内货币汇率剧烈波动时，央行可以通过调整国内货币供应量来稳定汇率，达到预期的货币政策目标，并提取外汇储备支持外汇交易，从而对市场实现干预。

小　结

汇率是指两种不同货币之间的兑换比率。汇率标价方法有直接标价法和间接标价法。汇率按不同的标准可分成买入汇率与卖出汇率、基础汇率与交叉汇率、即期汇率与远期汇率、固定汇率与浮动汇率。汇率决定的依据是两国货币价值的比较，但在不同的国际货币制度下，汇率决定的依据是不同的。外汇市场的参与者包括中央银行和管理外汇的政府机构、商业银行、外汇经纪人、外汇的最终需求者和供应者（客户）。国际外汇市场日均交易规模巨大，各主要外汇市场相互连接，形成 24 小时的全球外汇市场。国际主要外汇市场采取柜台交易方式。外汇交易指的是为了满足某些经济活动或其他活动的需要，在外汇买卖双方之间按一定汇率和特定交割日期进行不同货币兑换的行为。外汇市场的功能一是实现国际购买力与资本的转移，使各国之间的政治、经济、文化交流得以持续推进，二是提供丰富多样的外汇交易方式。

第二节　汇率制度与外汇市场干预

外汇管理是一国实施货币政策和实现内外经济均衡的重要手段。汇率制度是外汇管理中的重要组成部分，包括固定汇率制度和浮动汇率制度。一个国家选择什么样的汇率制度，主要取决于其经济发展阶段及其经济发展水平。外汇管理是指一个国家通过法律、法规或其他形式授权有关行政机关对境内外汇的收付、交易、借出、转让和汇率进行管理。实行外汇管理的国家，主要对外汇资金的流入、流出、买卖、银行账户和汇率进行管理。中国随着对外经济的加快发展，不断调整外汇管理制度，也不断完善人民币汇率形成机制，并开始实施以市场供求为基础、有管理的浮动汇率制度。

一、汇率制度

汇率制度或称汇率安排（exchange rate arrangement），指的是一国决定、维持、调整和管理汇率的原则、方法与制度。根据汇率的波动情况，可将汇率制度划分成固定汇率制与浮动汇率制。其中，固定汇率制（fixed exchange rate system）是以本位货币自身的价值或法定含金量作为确定汇率的基准，本位货币与各国货币间的汇率基本固定，其波动限制在一定幅度之内的汇率制度，是一种相对稳定的汇率制度。浮动汇率制（floating exchange rate system）是相对于固定汇率制而言的，指一国货币对另一国货币在外汇市场上根据供求关系自由浮动的汇率制度。在这种制度下，汇率是由外汇市场的供求关系决定，而非官方设定的。

（一）八种主要的汇率制度

在布雷顿森林体系时期，国际货币基金组织（IMF）直接把汇率制度划分为钉住汇率制度与其他制度；但在布雷顿森林体系瓦解后，IMF 则对汇率体系分类进行了精细化的处理。在过去，汇率制度分类主要参考成员自己宣布的汇率制度，然而，每个成员自己宣布的分类，通常存在实际情况和官方声明不一致的问题。因此，1999 年，IMF 基于各成员官方声明的汇率制度，通过一定的修正方法将汇率制度类别划分如下。

1. 无独立法定货币的汇率制度，主要包括美元化汇率制度和货币联盟汇率制度

这种制度主要是以外国货币直接作为法定货币（即完全外币化），或者成立货币联盟，这个联盟中的成员都使用同一法定货币。若采取该制度，就意味着完全放弃国内货币政策的独立性。

IMF 共有 41 个成员在使用这类制度，其中有 9 个成员是完全外币化，分别使用美元、澳元或欧元作为法定货币和主导货币。通常而言，完全外币化的国家只会指定一种货币作为法定货币，而不使用本国货币或只象征性地发行硬币。巴拿马是全面美元化最著名的例子。

在全球范围内有 3 个货币联盟，其中最著名的货币联盟是欧盟，包含 12 个国家。另外，还有非洲法郎区联盟，它包括了 14 个将西非法郎作为法定货币的西非及中非国家，由 8 个成员组成的"西非经济与货币联盟"（WAEMU）与 6 个成员组成的"中部非洲国家经济与货币共同体"（CAE-

MC）共同组成。这14个国家在独立前均为法属殖民地，而法国在加入欧元区前一直固定为100西非法郎＝1法国法郎的汇率并保持自由兑换关系。在欧盟谈判关于欧元的问题时，法国始终坚持上述关系不应受到欧元推出的影响，所以，1欧元＝655.957西非法郎的汇率始终保持不变。第三个货币联盟是东加勒比货币联盟（ECCU），由6个成员国组成，该联盟央行统一在成员国范围内进行单一货币发行，即东加勒比美元。

2．货币局制度

货币局制度指政府承诺本币以固定汇率折算为特定外币，该汇率由法律明确规定。货币发行量由外汇资产全额背书，同时受外汇资金量影响。货币发行当局不具有央行的部分职能，比如最后贷款人。实施该制度的典型地区是中国香港。

3．传统的钉住汇率制

采取钉住汇率制的国家固定本币和一篮子货币或某一特定货币的兑换比率。其中，最具代表的一篮子货币是SDR，即特别提款权，它由5个主要经济贸易国所持有的货币［美元（USD）、欧元（EUR）、日元（JPY）、英镑（GBP）、人民币（RMB）］按某种方法加权计算而成。这个制度要求汇率在给定汇率的1%以内波动，且最近3个月最高和最低汇率之间的波动幅度小于2%。货币当局可以利用利率政策、外汇市场操作或外汇管制法律来使汇率波动维持在一定的幅度内。这一汇率制度不如前两种制度灵活。

在目前实施该制度的41个成员中，有32个与单一货币挂钩，剩下的成员则与一篮子货币挂钩。中国最初实施的是有管理的浮动汇率制，由于其实际汇率波动较小，因此被归类为有管理的浮动汇率制下的实际钉住制。

4．有波幅的钉住汇率制

这一汇率制度要求汇率在中心固定汇率附近至少波动±1%，且最高与最低汇率之间波动的幅度要超过2%。目前，全球有4个成员采用该制度，其中，丹麦是唯一实行该制度的发达工业国家。

5．爬行钉住汇率制

爬行钉住是指在一种货币与一种外币维持固定的平价的同时，货币管理当局还能随着实际经济情况来微调平价。实际操作中，有两种方法可实现爬行钉住。第一种方法是利用汇率目标的名义锚，使汇率爬行率不超过预期通货膨胀率,从而在短期内不引起汇率大变动的情况下熨平通货膨胀。第二种方法是直接放弃名义锚,使汇率可以随物价水平自由调整,从而保证实际汇率水平不变来对抗通货膨胀。实行爬行钉住汇率制的有哥斯达黎加、突尼斯等5个国家。

6. 有波幅的爬行钉住汇率制

这种汇率制度要求汇率在中央固定汇率附近至少波动±1%,在最高和最低汇率之间波动幅度超过2%,同时要根据甄选出的经济指标对中央固定汇率定期调整。此时,汇率波动范围不必在中心汇率处呈现对称形态。而汇率波动范围不对称,可能就无法实现预先宣布的钉住汇率。目前,共有10个成员实行有波幅的爬行钉住汇率制。

7. 有管理的浮动汇率制

有管理的浮动汇率制是指货币管理当局不设定具体的方向或目标来影响汇率。在实施过程中,要采用的管理指标包括外汇储备、国际收支、平行市场发展等。目前,有包括俄罗斯、阿根廷、印度、印度尼西亚和埃及在内的50个成员使用这种制度。在这种制度下,汇率调整并非由市场自动完成,货币当局可以通过直接或间接的方式对汇率进行干预。

8. 完全浮动汇率制度

IMF成员中共有34个成员实施该制度,主要包含欧元区以外的发达国家,譬如日本、美国和加拿大,另外还囊括一些新兴市场国家,譬如菲律宾、巴西和墨西哥。

在汇率制度的分类中,我们通常将第一、第二类归为固定汇率制度,第七、第八类归为浮动汇率制度,第三、第四、第五、第六类则归为中间汇率制度。

(二) 影响汇率制度选择的因素

影响汇率制度选择的因素有很多,主要包括以下四个方面。

第一,国民经济的结构特征。小国更适合采用相对固定的汇率制度,大国则更适合采用比较灵活的浮动汇率制度。

第二,具体政策目标。当政府处于高通货膨胀时期,一旦货币当局实施浮动汇率制度,就会导致恶性循环。另外,由于一个国家在浮动汇率制度下具有很强的货币政策自主权,它可能会借助浮动汇率政策来规避外国通货膨胀影响到本国。

第三，地区性经贸合作情况。如果两国的经贸关系非常密切，固定汇率制度更有利于经贸关系的长远发展。

第四，国际、国内经济条件的制约。考虑到跨境资金流动越来越多这一实际情况，如果一国的内部金融市场与外部世界的联系非常紧密，那么实施固定汇率制度将会使金融发展产生许多困难。

二、外汇市场干预

外汇市场干预指的是一个国家的货币当局为了控制本国货币对外国货币的汇率变化，根据宏观经济形势和外汇政策要求，使汇率变化满足其外汇政策的目标。

（一）外汇市场干预的主要目的

外汇市场干预通常有以下四个主要目的：第一，避免外汇市场受到短期汇率异常波动的干扰；第二，实施反周期汇率干预，熨平中长期汇率变动，使汇率平稳运行；第三，确保市场汇率波动不偏离预定范围；第四，协调外汇政策与货币政策的运行。

（二）外汇市场干预的原则

外汇市场干预应遵循什么原则这一问题尚未得到完全解决。一般来说，采用有管理的浮动汇率制度的国家干预外汇市场有四条原则可供选择。

第一，逆风向行事的原则。货币当局在干预外汇市场时通常面临的困难是无法完全了解汇率的长期变动趋势。通过逆风向行事，货币当局不需要精确了解汇率长期变动趋势就可以稳定短期汇率。根据这一原理，当短期内外汇市场有过多的外汇需求时，货币当局应调动外汇储备，使得外汇供应充足，以缓解本币面临的贬值压力。相反，一旦短期内外汇市场出现供过于求的情况，货币当局应吸收部分外汇，增加外汇储备，以缓解本币的升值压力。1973年以来，大多数货币当局对外汇市场的干预都遵循这一原则。但是，在遵循这一原则的过程中，有些国家很可能故意使其汇率保持在对自己有利的某一特定水平，从而造成汇率的不平衡。举例来说，当一国面临出口的上升压力和进口的下降压力时，可能会为了刺激出口而故意将其货币汇率保持在较低的水平。

第二，为汇率变动设定目标参考值。如果需要通过很大规模的干预才能达到目标参考值，那么可以依照实际情况修改其至放弃目标参考值。

第三，订立一个客观目标，当一个国家的全部干预达到某一临界值时，根据逆风向行事原则或目标参考值进行的干预将立即停止。然而，除美国以外，其他国家都反对这一原则，因为这种由客观指标决定的干预可能因投机而失效。

第四，规定各种货币的参考汇率，确保各国央行进行外汇市场干预时不会导致汇率偏离给定参考范围。

到目前为止，还没有被采用有管理的浮动汇率制度的国家公认的外汇市场干预的正式原则产生。1978年生效的《国际货币基金协定》（*International Monetary Fund Agreement*）第二修正案指出，IMF有责任监督成员国对汇率的干预，并规定了成员国在干预过程中应遵循的原则。这些原则包括：①成员国不应通过操纵汇率来获取不当利益或者影响国际收支调整；②当外汇市场的短期汇率波动存在破坏性时，成员国应主动干预；③干预外汇市场时，成员国应同时考虑其他成员国的利益，而不是只顾自己。由于IMF未明确阐述以上原则，且加强监督不可避免地会使得各国丧失一部分对经济政策的自主权，因此，IMF的监督在实践中寸步难行。

（三）外汇市场干预的方式

1. 按干预手段的不同划分

根据干预手段的不同，可以将外汇市场干预的方式分为直接干预与间接干预。其中，直接干预是指一国货币当局直接参与外汇买卖来影响货币汇率，也可以通过外汇借贷活动控制外汇交易和收支，或采取各种措施直接影响外汇市场的供求状况。间接干预是指政府经由财政政策、货币政策或二者的协同效应来对短期资本流动产生影响，进而间接影响外汇市场供求状况，或者通过干扰参与者的预期来调整外汇供求。

2. 按干预结果的不同划分

根据干预结果不同，可以将外汇市场干预的方式分为冲销式干预与非冲销式干预。其中，冲销式干预是指货币当局一边干预外汇市场，一边通过公开市场操作抵消由外汇市场干预导致的基础货币变动，从而保证货币供应量固定不变的干预方式。而非冲销式干预是指在干预外汇市场时不采取有效的冲销措施，这会使得一国的货币供应量发生变化。

3. 按干预动机的不同划分

根据干预动机的不同，可以将外汇市场干预的方式分为被动干预和主动干预。其中，被动干预是指货币当局为了平复剧烈的汇率波动或防止汇率的某些特定变动而进行的外汇市场操作。主动干预是指货币当局为了使汇率接近参考汇率而进行的外汇市场操作。

4. 按参加干预的国家的不同划分

根据干预国家的不同，可以将外汇市场干预的方式分为单边干预与联合干预。其中，单边干预是指一国在没有相关国家合作的情况下，干预本币与外币之间的汇率变动。联合干预是指两个或两个以上的国家协调并联合对汇率进行干预。单边干预大多出现在国内外汇市场，联合干预则通常出现在有货币交易的国际金融市场。

（四）外汇市场干预的效应分析

货币当局通常通过两种有效途径来干预外汇市场。第一，通过调整金融市场资产来达到目的。由于央行进行外汇市场交易时，各类资产的组成比重与数量都会有所改变，而根据投资组合理论中的汇率决定论，组合的资产结构发生变动会使得汇率也发生变动。通常而言，虽然非冲销式干预能有效控制汇率，但它同时也改变了国内货币的供应。当一国货币达到外部均衡时，国内均衡却受到了影响。冲销式干预产生的效果是不确定的，可能有效或无效，但其不会影响内部经济目标的实现。第二，通过外汇市场进行干预具有信号效应。央行干预外汇市场反映了当前的经济形势和政府的态度，同时也表明了政府未来会采取的措施，从而使市场参与者产生心理预期，进而影响买卖行为，最终干预汇率的波动。市场投机行为越猖獗、预期汇率走势越不明朗时，政府对市场汇率的干预就越明显。

小　结

汇率制度是指货币当局就其本币汇率变动的基本方式做出的基本安排与规定。汇率制度包括固定汇率制度和浮动汇率制度。外汇市场干预是指根据宏观经济实际情况与国家外汇政策规定，货币当局直接或间接地干预外汇市场，以控制本币与外币的汇率变动，使汇率变化符合该国的汇率政策目标。外汇市场干预包括直接干预和间接干预、冲销式干预和非冲销式干预、被动干预和主动干预、单边干预和联合干预。货币当局通过两个渠道干预外汇市场：第一，通过金融市场做出资产调整进而影响汇率；第二，通过干预外汇市场时产生的信号效应影响汇率。

第三节 国际因素与货币政策

开放经济下,一国希望同时实现内部平衡和外部平衡。内部平衡指的是实现低失业率下的国内经济稳步增长;外部平衡指的是经常性项目收支平衡,也即贸易品的供求处于均衡状态(即贸易平衡)。在封闭型的经济环境下,宏观经济政策的主要目标在于保障内部平衡,也即抑制恶性通货膨胀、降低失业率和促进经济增长。在开放型的经济环境下,宏观经济政策必须考虑国际因素,通过调节资本流动和汇率来实现贸易平衡。

一、保持汇率稳定,促使国际货币政策协调进行

开放经济下,适用于封闭经济的货币理论和政策调整不能实现预期目标,即同时实现内部平衡和外部平衡,于是,国际货币政策协调问题被提出。许多经济学家将 20 世纪 80 年代中期美国净出口的急剧下降归因于美国政府的扩张性财政政策。这表明,一个国家出口的减少可以刺激本国经济,但会造成外部不平衡,这就需要世界各国协调国内政策。一个国家在刺激国内经济的同时,会使汇率发生变化,从而引起净出口的变化。

为了稳定汇率,应将国际因素纳入政策协调体系。一部分专家指出,货币政策协调要么将汇率稳定住,要么使之在给定的区域内浮动。这些专家强调,随着世界经济变得更加一体化,只注重国内经济目标是不够的,还要考虑各国经济政策对全球经济的重要性和影响。其他专家认为,多数汇率变动是由实体经济冲击造成的,且汇率变动不是短期的,而是长期的。因此,只要内外经济环境不变,汇率通常是均衡的。根据这一观点,政府干预外汇市场的举措是无效且多余的,此时最好的政策目标为抑制通货膨胀。

二、金融一体化促使国际货币政策协调进行

金融一体化日渐加深使得各国的金融市场变得密不可分,金融市场的地理界线也渐渐模糊。此外,金融危机往往在全球范围内传播,而不局限于某一个国家或地区。因此,在这样的环境下,货币政策的溢出效应和反向溢出效应越来越强,国内政策的有效性会因外部冲击而在一定程度上降

低。各国政府要认识到，仅靠一己之力无法维护金融市场的稳定，国际社会的协调合作、国内外的共同发展是必不可少的，积极有效的国际货币政策协调机制亟待构建。

国际货币政策协调机制是国际经济政策协调机制的重要组成部分。首先，在开放经济条件下，各国经济贸易之间的相互依赖和相互影响使得"溢出效应"时有发生。一个国家的货币政策可能由于溢出效应影响其他国家；反之，也会受到其他国家溢出效应的影响。而国际协调能够吸收这种"溢出效应"，因此，进行国际货币政策协调至关重要。其次，实施国际货币政策协调是为了最大限度地实现共同发展。各国货币当局在制定货币政策的过程中应积极交流信息，共同制定政策目标。最后，国际货币政策协调的主体包括主权国家和由主权国家组成的国际组织。

三、"三元悖论"与货币政策

在开放经济条件下，任何一国都将致力于"汇率的稳定性、资本的自由流动和货币政策的独立性"三者的平衡，但三者不可兼得，只能取二舍一。国际货币体系发展的历程，揭示了资本流动与汇率制度关系的和谐与冲突。国际金本位制的成功之处在于可以在资本自由流动的条件下维持汇率的稳定。1960年，各国为了绕开资本管制，欧洲货币市场便应运而生。20世纪70年代初，世界主要发达国家货币当局放松资本管制，世界形势呈现出资本高度流动的特点，固定汇率制瓦解，进入以浮动汇率制为主导的国际货币体系时代。随着金融全球化、自由化进程的加快，资本流动的速度加快，金融危机也成为常见的"现象"。很多经济学家和政策制定者认为：变化无常的大规模资本流动是国际金融体系不稳定的源头，尤其是固定汇率制与资本账户开放组合的运行方式，使得国家金融稳定更是"四面楚歌"。虽然自1980年以来，金融自由化顺应了历史潮流，开放资本账户也成为一国金融发展的目标，但是，依据过往经验来看，资本账户开放应该是有步骤、有时序的，应在发展过程的最后阶段完成。如果在国内市场和贸易自由化之前过早开放资本账户，将会导致经济不稳定。

（一）克鲁格曼的"永恒的三角形"

克鲁格曼（Paul R. Krugman）的"永恒的三角形"是为了解释国际金融的困境而提出来的。在他看来，国际货币体系的选择可以概括为在调

节性 (adjustment)、公信度 (confidence) 和流动性 (liquidity) 三者之间获取平衡，如图 8-1 所示。

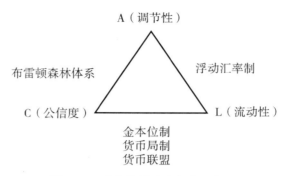

图 8-1 克鲁格曼"永恒的三角形"

克鲁格曼进一步细化了三个目标的内涵：第一，调节性说的是通过政策实现宏观经济稳定的能力（即与商业周期进行斗争的能力）；第二，公信度说的是保证汇率免受国际投机活动冲击的能力；第三，流动性说的是保证基于贸易融资和暂时性贸易失衡条件下创造的短期资本流动。上述三个目标的组合便是国际货币制度的特征，用三角形△ACL 来表示，每条边对应着三个目标中的两个，即代表一种可能的国际汇率制度，这就是"永恒的三角形"。图 8-1 中，AC 代表布雷顿森林体系，AL 代表浮动汇率制，CL 代表金本位制、货币局制和货币联盟。

(二)"三元悖论"原则

亚洲金融危机爆发后，克鲁格曼在《亚洲发生了什么？》一文中认为，固定汇率制度是危机爆发的主要原因，并首次明确提出"三元悖论"的原则。该原则认为：一个国家不能同时实现货币政策独立、汇率稳定和资本自由流动这三个目标，而只能同时选择其中的两个。在给定资本自由流动的条件下，就无法同时满足货币政策的独立性与固定汇率制度。在给定名义汇率水平的条件下，则必须允许货币供应量和利率自动调整。如果给定货币供应量，则利率和汇率必须能够自由变动。如果利率是固定的，则货币当局就必须放弃对货币供应量的控制。如果要保证货币政策的独立性和维持汇率稳定，那么资本管制是必要的。

在资本自由流动的条件下，中央银行必须选择浮动汇率制，以保持货币政策的独立性。而一旦实行固定汇率制,中央银行就无法维持货币政策的独立性。据此,"三元悖论"不仅阐述了开放经济中固定汇率制度与货币政策独立性之间的矛盾,也可以成为分析汇率制度选择的基本工具。

克鲁格曼对资本自由流动条件下三种汇率制度的选择进行了比较。一是浮动汇率制。在这种制度下,货币当局能够利用货币政策挽救经济衰退,缺点是可能会导致汇率过度波动。二是固定汇率制。这种制度让市场相信政府不会使货币贬值,以便保持商业活动的安全,缺点是为了稳定汇率需要放弃货币政策的独立性。三是可调整的钉住汇率制,即进行资本管制。这种制度可以保持部分货币政策的独立性,缺点是资本管制的成本很高。"三元悖论"的原则可以用图 8-2 表示。图 8-2 中的灰色三角形(△ECM)代表"三元悖论"的内容:在资本自由流动的条件下,如果货币当局实行严格的固定汇率制,则没有货币政策的独立性;反之,则必须放弃固定汇率制。在灰色区域(△ECM)中,必须三中选二。在灰色区域以外的区域,政策组合则是相互兼容的。

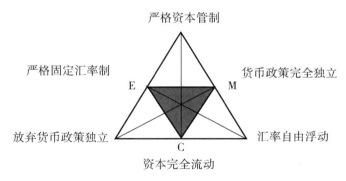

图 8-2 "三元悖论"的原则

小 结

克鲁格曼提出的"三元悖论"从宏观上揭示了货币政策的独立性、汇率的稳定性和资本的自由流动三者之间的制衡关系。在一个国家,货币政策独立、汇率稳定和资本自由流动三个目标不可兼得,只能取二舍一。这就像一个三角形的三个顶点,每个国家都只能选择三角形的一边,也就是选了两个顶点,放弃了另一个顶点,由此就会面临政策选择的问题。毋庸置疑的是,未来中国金融发展的模式将是在确保货币政策相对独立的前提下，逐步放松资本管制和加大汇率波动。要实现这一目标，必须稳步推进金融改革，而推进的速度与资本项目开放的程度密切相关。也就是说，资本账户开放的速度越快，汇率制度就越灵活。

◆案例分析◆

发展中国家协调汇率政策与货币政策的启示

一、2002年阿根廷金融危机——货币局制度的失败

1. 货币局制度

货币局制度是指政府以立法形式明确规定，承诺本币与某一确定的外国货币之间可以以固定比率进行无限制兑换，并要求货币当局确保这一兑换义务实现的汇率制度。基于该制度，一国发行货币的数量由货币当局所持外汇储备数量决定，货币当局丧失了发行货币应有的权利。货币当局需要承诺本币和以固定汇率绑定的储备货币之间可以进行无条件兑换。

2. 阿根廷金融危机的根源

（1）从汇率制度的角度来看，危机的原因在于汇率制度过于僵化。货币局制度的实质是固定汇率制度。尽管货币局制度下的一比索兑一美元是由法律指定的，有利于稳定当地货币，增加公众信心，但这会导致比索无法灵活应对国外多变的经济形势。这种僵化的汇率制度使得比索兑美元的汇率被严重高估，进而扭曲了国内货币的相对价格，大大减弱了阿根廷在出口方面的竞争力，使其经常账户赤字率逐年上升。

（2）从资本流动的角度来看，危机的另一原因在于过快的金融自由化。20世纪90年代，阿根廷为了解决债务危机大量吸引外资，政府还同时放松跨境资本流动管制和利率管制。虽然这些金融自由化举措在某种程度上暂缓了债务危机，短期内资本流入开始增加，但是，阿根廷并不具备形成成熟的金融自由化市场的条件，金融开放受到政府监管不科学的掣肘，具体表现为预测不准确、信息流动不畅，经常遭受国际热钱的冲击等，这些情况都加剧了阿根廷政府的债务危机。

（3）从货币政策的角度来看，在实行货币局制度的条件下，政府不仅要保持汇率固定，还要允许跨境资本自由流动。根据"三元悖论"原则，阿根廷政府必将失去货币政策的独立性。

二、1997年东南亚金融危机产生原因——过快的金融自由化进程

（1）从汇率制度的角度来看，钉住汇率制实质上是一种固定汇率制

度。泰国实施泰铢钉住美元的汇率制度，有利于稳定泰铢币值，吸引外资。然而，基于钉住汇率制，泰国政府丧失了运用汇率加杠杆对经济活动进行调节的手段，只能通过行政手段来调节经济活动。但是，如果要保持国内汇率被高估的水平，必将减弱国内进行出口活动的竞争力，还会导致经常账户赤字恶化。此外，这一制度还会对经济活动释放出错误的信号，使得经济体系变得更加不稳定，进而不可避免地爆发金融危机。

（2）从资本流动的角度来看，泰国也有金融自由化进程推进过快的问题。为了吸引外商直接投资，提升国内金融市场的市场化水平，在20世纪90年代初，泰国政府基本取消了对跨境资本流动的限制。然而，泰国并不具备成熟的资本账户开放条件。1996年，泰铢的平均存款利率超过国际平均存款利率的两倍，给国际短期热钱提供了投机机会，也令本国市场受到冲击。加上此时国内高企的通货膨胀率、极低的外汇储备水平，导致泰国经常项目出现严重赤字，大大削弱了宏观调控能力，无法保证良好的宏观经济环境。因此，在不具备一系列调节功能的情况下，泰国贸然实施资本账户开放使得政府无法管控资本流动，最终导致国内金融市场动荡。

（3）从货币政策的角度来看，泰国政府不仅要保持泰铢与美元之间的固定汇率，还要允许跨境资本自由流动。根据"三元悖论"，这将不可避免地导致泰国政府失去货币政策的独立性。其一，政府只能通过外汇交易维持固定汇率，但其央行不具备宏观调控能力。其二，政府必须稳定本币与美元之间的息差，避免出现过度投机。20世纪90年代，泰国政府持续致力于通过高利率引进外商直接投资来抑制通货膨胀，再经由外汇购入以稳定固定汇率。最终结果是国内货币过度宽松引发经济泡沫，最终爆发金融危机。

三、两次金融危机对中国政策选择的启示

1. 在货币政策方面，要保持货币政策的独立性

货币政策的独立性和有效性是转型期中国经济稳定增长和成功向市场经济转型的前提。阿根廷和泰国转型失败的教训说明，丧失货币政策的独立性不仅会使政府无力控制货币供应量，丧失利用加杠杆对经济进行调节的能力，还会使其无法灵活应对复杂多变的国际、国内经济环境，最终导致金融危机爆发。

2. 在汇率制度方面，要选择合理的汇率制度

汇率制度的选择应该是"相机抉择"的,而不是静态的。当局在选择汇率制度时,必须根据国际、国内经济形势的变化,结合自身的经济情况,及时做出调整。泰国和阿根廷错在固守固定汇率制,而又缺乏稳定固定汇率的能力,从而面临风险时失去调整机会,最终爆发大规模金融危机。

3. 在资本流动方面,必须审慎开放金融市场

从资本流动角度来看,要审慎开放金融市场。对资本账户的开放时刻保持谨慎,目的在于防范短期热钱投机掀起国内金融市场巨浪。发展中国家必须逐步融入国际市场,享受国际分工的红利,发挥自身比较优势,助力本国经济发展。但这不是可以一蹴而就的,过快的开放可能会使发展中国家自身内部金融市场承担不起外部投机势力的冲击而爆发金融危机。阿根廷和泰国的金融危机警醒我们,一个国家过早地进行资本账户开放,基于不成熟的金融市场,将不可避免地受到国际热钱投机的冲击,从而影响国内市场的稳定,最终导致金融危机的爆发。

[资料来源:《阿根廷双赤字的前世 货币局制度的失败》,见新浪财经(https://finance.sina.com.cn/money/forex/forexroll/2019-08-13/doc-ihytcern0491806.shtml);《1997年亚洲金融危机》,见新浪财经(http://finance.sina.com.cn/j/20080509/16474851510.shtml)。]

◆思考讨论题◆

1. 试述外汇与汇率的基本含义。
2. 什么是买入汇率与卖出汇率?请举例。
3. 举例说明汇率变动对经济的影响。
4. 固定汇率制度与浮动汇率制度的主要区别是什么?
5. 浮动汇率根据不同的划分标准可以划分为哪几类?
6. 外汇市场干预的主要内容是什么?
7. 什么是克鲁格曼"永恒的三角形"?
8. 什么是"三元悖论"?请举例说明。

第九章 财政与财政政策

从人类社会的发展过程来看,财政作为一种政府的经济活动,具有悠久的历史。通过对财政的产生与发展过程进行研究,我们可以进一步了解财政的特点以及财政作为一种政府经济活动的内在本质和特征。财政政策是政府可以直接使用的最基本、最重要的经济政策,其主要目标为减少经济波动、实现稳定增长、促进就业、防止通货膨胀。由于财政政策与货币政策在政策工具和相对有效性方面存在差异,因此,在实际的经济管理中,财政政策经常与货币政策相互配合以实现相应的政策目标。

第一节 财政概述

财政的产生与发展可以从两个角度进行研究与分析。首先,财政属于经济范畴,财政活动也是一种经济活动。其次,财政又属于历史范畴,因为国家不是天然存在的,而是随着人类社会的发展而产生的。财政是一种以国家为主体的经济行为,是政府为了达到优化资源配置、公平分配以及经济稳定发展的目标所采取的收支活动。

一、财政的基本含义

(一) 财政的由来

"财政"这个词语最早出现于 13 世纪,源于拉丁语中的 finis 一词,被借以表达支付款项等含义。到了 16 世纪,"财政"这个词传入法国,被用作代指公共收入。接着在 17 世纪,"财政"又被用于专指国家理财。进入 19 世纪,"财政"又有了更多丰富的含义,英文也被正式定为 finance,并在其他欧洲国家广为流传。由于现在 finance 一词既可译为"金融",又可译为"融资"和"财务",因此,在专指财政时,其英文的标准翻译为public finance。

中国古籍中经常用"国用""国计""度支""理财"等词语来描述古代政府的理财之道,用"治粟内史""大农令""大司农"等词语来指代古代财政管理部门。直到1898年,戊戌变法的"明定国是"诏书中才第一次出现了"财政"一词。随后的1903年,清光绪政府设财政处,中国第一个现代意义上的财政管理机构正式成立。

财政是一种国家或政府的经济行为。根据"国家分配论"的观点,财政中的资金分配是国家利用政治权力对一部分国民生产总值(GNP)进行分配与再分配的行为。西方市场经济国家倡导的"公共财政理论"观点指出,财政是国家或政府集中精力分配和重新分配部分GNP以确保满足社会公共需求的一种经济活动。

(二) 财政的基本特征

财政有许多特征,最基本的是强制性以及无直接偿还性,其他特征还包括阶级性、公共性、财政收支平衡性。

1. 强制性

财政的强制性是指财政收入和支出是国家利用政治权力发布政府命令来实现的。在国家产生以后,社会产品的占有过程中存在两种权力:所有者权力和国家政治权力。前者凭借对生产资料和劳动力的所有权占有,而后者则凭借政治权力占有。例如,占政府财政总收入90%左右的税收就是凌驾于所有权之上的政治权力的集中体现。同样,财政支出也具有强制性。对于财政支出的规模和用途,公民可能会有不同的声音,然而财政支出却并不完全按照公民的个人意愿而改变,而是通过一定的政治程序做出决策并依法强制实施。在民主政治下,财政的强制性体现为财政的民主化和法制化。

2. 无直接偿还性

财政的无直接偿还性与强制性一致,例如,国家征税之后,税款归国家所有,对纳税人不需要付出任何代价,也不需要偿还。然而,从财政收支的整体过程来看,由于我国的税收遵循"取之于民,用之于民"的原则,因此,我国税收具有间接偿还性。但是,从纳税人的角度来看,由于每一个纳税人无权要求相应的财政支出福利,因此,每一个纳税人的付出与所得可能是非对称的。

3. 阶级性和公共性

财政的阶级性,指的是财政的经济活动是以国家或政府为主体的,政府是执行统治阶级意志的权力机构,其经济活动反映了财政的阶级性质。财政的公共性,指的是财政必须反映社会的公共利益。不论何种制度下的财政,如果不能体现社会公共性,只为少数私利而分配,必然会遭到大多数人的反对,严重时可能会动摇国家稳定的根基。所以,国家或政府要维护其政权,就要管理好公共事务,政策的制定就要充分体现对公共事业和福利的关心。而财政的一个重要功能就是为政府执行其公共事务管理职能提供财力支持,因此,财政天然具有公共性。

4. 财政收支平衡性

财政收支平衡性是说财政的收入与支出是对称的,没有或几乎没有财政赤字或财政盈余。这不但保证了财政资金的正常运作,同时也避免了经济发展过程的较大波动。一般来说,各个国家都会调整财政政策,努力减少和消灭财政赤字。但是古今中外,财政收支绝对平衡在现实经济中是不存在的(只是在预算编制中出现),收支不平衡才是各国财政的常态。但是,如果收远大于支,形成大量结余,则说明政府集中的资金没有得到充分使用,财政支出的调节作用没有充分发挥,经济发展受到抑制。而如果赤字过大,其后果是通货膨胀、经济紊乱,对经济发展更是不利。所以,收支是否对称或平衡构成财政运行的主要矛盾,同时也是财政运行和制定财政政策的关键。

(三) 财政的本质

从历史的角度看财政的产生与发展,其基本概念可以概括如下:财政是一种基于国家政治权力的国民收入分配和再分配,目的是满足国家的需求,其独立于社会产品分配的特定分配类别。因此,财政的本质是一种分配关系,它发生在国家和社会各方面的社会产品分配中,以及以国家为主体的社会产品的占有和支配之间。其本质是国家或政府的分配活动。这一论点在财政学界被称为"国家分配论"。长期以来,"国家分配论"在财政学界处于主流地位,影响很大。从欧洲的历史发展来看,公共财政最早是一种金融管理形式,出现于资产阶级革命后,并逐渐发展成为王室财务的对立面,且针对特定的财务运作制定了一系列规范:第一,公共财政必须依照宪法和法律制度实施;第二,税收机关无权制定税法,只能由反映人民意愿的立法机构议会来决定;第三,税收收入和支出必须绝对分开,收税员无权决定税收收入的使用;第四,人民有义务纳税,同时也依法享有纳税人的相应权利。

(四) 财政学说

财政其实是政府的一种资源配置系统,其与市场共同构成了社会资源配置体系。财政作为政府的经济行为,是一种政府配置资源的经济活动,所以,明确政府与市场之间的关系是研究财政的基本前提。

1. 亚当·斯密的廉价政府论

1776年,西方经济学的创始人亚当·斯密(Adam Smith)发表了他的著作《国富论》。恩格斯曾评论道:"他于1776年出版了自己的著作,论述了国民财富的性质和原因,从而开创了财政学。"斯密以"经济人"假设为理论基础,提出了自由经济制度的三要素:"自私的动机、私有的企业、竞争的市场"。斯密相信,有一只"看不见的手"在黑暗中操纵着社会的运转,因此,每个人的经济活动最终都会产生社会效益。由于市场经济是如此神奇,因此,斯密认为对市场经济所进行的任何干预都是不对的,增加财富的最优化途径是给予经济完全自由。此外,斯密认为政府有三项义务:保护社会免受侵害、保护每个人免受他人侵害、建设和维护某些公共设施。因此,斯密认为政府只需要能够像"守夜人"一样防止外国侵略并维护国内安全就足够了。廉价政府,成为财政所要追求的最高目标。

2. 凯恩斯的政府干预论

20世纪30年代的世界经济危机导致西方经济理论发生了重大变化。以斯密的自由市场经济理论为中心的经济自由主义学说已经延续了100多年,然而在20世纪30年代的经济危机中,经济自由主义学说的无所作为导致其逐渐被凯恩斯的经济干预主义所取代。尽管凯恩斯承认自由市场体系是可以保证个人自由并激发个人释放创造力的一个有效机制,但凯恩斯同时也指出了市场本身存在的缺陷,其认为只有扩大政府职能,才能纠正市场缺陷,并保持市场经济稳定发展。凯恩斯坚信,如果政府不干预,有效需求不足、持续性失业以及经济危机将是一国经济发展的常态。因此,凯恩斯认为通过财政支出调节的方式可以直接形成有效的社会需求,弥补自由市场主义本身的不足。

3. 以布坎南为首的"公共选择学派"理论

20世纪70年代,西方出现了"滞胀"局势。以米尔顿·弗里德曼为代表的经济学家利用这一现象发起了一场反对凯恩斯主义的革命,反对的声音主要来自货币主义学派、供给学派和理性预期学派。他们直指国家干预使得市场经济丧失活力,并导致了当时的"滞胀"局面。在人们对凯恩斯主义理论无休止的争论中,以詹姆斯·麦吉尔·布坎南(James McGill Buchanan)和戈登·特洛克(Gordon Turlock)为代表的凯恩斯主义经济学家们取得了重大的理论进展。他们将财政视为一种公共部门经济,从市场失灵理论的角度分析确定公共物品生产和分配的过程。他们指出,自由市场经济制度是建立在对等交换原则的基础上的,只有具有排他性可交换产权的私人产品才能销售。但是,公共产品没有这些属性,因此,交换行为难以产生,尽管有市场需求,但没有市场供应。此时,政府应进行干预以提供此类产品,弥补市场的局限性。同时,由于公共产品的固有特性,可以预见,在政府干预之后,公共支出将继续增长。

理查德·阿贝尔·马斯格雷夫(Richard Abel Musgrave)提出了他的公共财政理论。马斯格雷夫是政府积极干预主义的倡导者,他坚持认为,政府是维护社会正义的工具和有效的宏观经济政策的制定者。在财政学的研究上,他首先提出了按照消费上的非竞争性和非排他性来划分公共物品和私人物品,并提出了财政的三大职能:资源配置、收入分配和宏观经济稳定。另外,他认为政府不应当扮演只是在市场失灵时才发挥作用的短期角色,而应当在一国的经济发展中扮演重要的长期角色,其提出教育、医疗、交通等有益品应由政府提供,国家必须通过财政支持来扩大有益品的消费。同时,马斯格雷夫根据一国经济发展的逻辑,总结出了财政支出的三个阶段:经济发展早期的公共投资增长阶段、经济发展中期的公共投资下降阶段,以及经济发展成熟期的公共投资和消费支出共同增长阶段。马斯格雷夫认为,只有通过政府和市场的紧密协同,才能够充分保证经济的平稳发展。

二、财政的产生与发展

(一)财政的产生

财政是社会生产力与生产关系发展到一定阶段的产物,诞生于剩余产品和私有制出现之后,伴随着国家的出现而出现。

1. 剩余产品是财政产生的经济条件

在原始社会中,社会生产力水平很低,社会成员共同努力,共享社会产品并实行均等分配以维持最低生活消费需求。此时,没有剩余产品,没有私有制,没有阶级,没有国家,也没有财政分配。随着历史发展,特别是在第一次和第二次社会分工之后,劳动生产率有所提高,除了满足个人的生活消费,劳动产品还有剩余。剩余产品的出现为建立私有制提供了物质基础,同时,由氏族组织控制的剩余产品中的一小部分被分发给了氏族组织中的个人,以满足一般的社会需求。这些社会需求的满足是通过宗族和部落首领的授权以及对食物和劳动力的强制集中后提供完成的,这就是财政分配最初的形式。

2. 国家的存在是财政产生的政治条件

在第三次社会分工之后,商品经济得到了一定程度的发展。此时,货币应运而生,使社会的经济基础与上层建筑均发生了巨变。一方面,贵族和富人手握越来越多的剩余产品,掌握越来越多的社会财富,财富分配更加不均,同时贫富差距进一步扩大。另一方面,原始社会的生产方式逐渐被奴隶制的生产方式所取代。社会分为经济利益根本对立的两方,随着阶级矛盾的加剧,国家作为社会的权威出现。国家本身不直接从事物质生产,也不创造任何物质财富,只能依靠自己的公共权力来强制占有剩余产品,以满足其职能的需要。由此可见,国家必须依靠财政来保证自己的公权力,财政本质上就是国家政治权力的体现。

(二) 财政的发展

在国家产生的同时,也就出现了保证国家实现其职能的财政。由于社会生产方式及国家类型的不同,财政经历了奴隶制国家财政、封建制国家财政、资本主义国家财政和社会主义国家财政的历史演变。

1. 奴隶制国家财政

(1) 收入项目:王室土地收入、贡物收入和掠夺收入、军赋收入、捐税收入等。

(2) 支出项目:俸禄支出、王室支出、军事支出、生产性支出、祭祀支出等。

(3) 财政收支的形式:基本上采取奴役和实物形式。

(4) 主要特点：①直接占有。在奴隶社会中，生产资料和奴隶都归奴隶主所有，奴隶的劳动成果也归奴隶主所有。②收支混合。财政收支与王室的收支混在一起。

2. 封建制国家财政

(1) 收入项目：官产收入、田赋捐税收入、专卖收入、特权收入、债务收入等。

(2) 支出项目：王室费用支出、宗教与文化支出、军事支出、国债支出、政府机构支出等。

(3) 财政收支的形式：随着时间推移从实物转变成货币。

(4) 主要特点：①国家财政收支逐步与国王个人收支分开结算。②财政分配形式随着时间推移从实物转变为货币，以适应经济生活中的商品生产与钱物交换。③国家财政的主要收入是税收。④封建社会末期，国家预算作为新的财政范畴应运而生。

3. 资本主义国家财政

(1) 收入项目：税收收入、债务收入等。

(2) 支出项目：行政性支出、军事支出、社会福利支出、教育支出、与国民经济和社会发展有关的支出、债务还本付息支出等。

(3) 财政收支的形式：货币形式。

(4) 主要特点：①财务收入和支出已完全货币化。财政分配与利润、成本、银行信贷等类别之间的相互融合日益加强。②在资本主义经济发展中，为了化解金融危机、促进社会经济发展，国家将财政作为重要调节手段。③发行国债、实施赤字融资和通货膨胀政策已成为一国增加财政收入的一种经常手段。④随着政府不断重视金融财政机构的监管，相应配套的财政管理与财政法律制度也日趋完善。

4. 社会主义国家财政

(1) 收入项目：税收收入、政府收费收入、国有资产收入、债务收入等。

(2) 支出项目：科教文卫支出、社会保障支出、行政与国防支出、经济建设支出、财政补贴等。

(3) 财政收支的形式：货币形式。

(4) 主要特点：①取之于民，用之于民。财政支出主要用于扩大社会再生产和社会集体与个人消费，兼顾各方利益。②财政是社会再生产的重要环节。社会主义财政的收入来源除凭借国家权力、以税收形式参与社会产品分配外，还有相当部分的财政收入来自国有企业的经营利润。③具有两重性。社会主义国家的国家财政由国有资产与公共财政共同组成。

三、财政的职能

财政职能是指财政本身具有的、固有的、内在的并且经常在某些社会和经济条件下起作用的客观经济职能。财政职能是国家职能的重要组成部分，国家的政府职能通过财政得以体现。

1959年，美国财政学家马斯格雷夫提出市场经济下财政的"三大职能"，即稳定经济、收入分配和资源配置。稳定经济职能的履行是为了保持国民经济中总供给与总需求之间的平衡，收入分配职能的履行是为了实现公平收入分配，资源配置职能的履行是为了顺利达到经济效益与社会效用最大化的目标。

（一）稳定经济职能

1. 稳定经济职能的含义

财政的稳定经济职能涵括了维持物价稳定、保证充分就业与维系国际收支平衡三个含义。物价稳定指的是商品价格上涨幅度保持在合理范围之内，不会影响社会经济的正常运行。充分就业指的是给定国家经济状况下，所有可受雇人员都获得了就业机会。国际收支平衡指的是一国在国际经贸往来中维持经常账户收支的大体平衡。

2. 实现稳定经济职能的机制与方法

第一，稳定经济的职能体现在社会总供给和社会总需求之间的总体平衡上。作为维持总供求平衡的重要工具，财政政策可以根据总需求与总供给的实际变动进行调控。当总供给不能满足总需求时，实施降低支出与加征税收的紧缩政策，由此抑制总需求；当总供给超过总需求时，实施加大支出与降低税收的宽松财政政策，由此扩大总需求。

第二，通过在财政实践中实施累进税制度或失业救济金制度等制度安排，保证实现经济"自动"稳定器功能。

第三，通过从税收、投资与补贴多方入手，加快公共基础设施建设，补齐制约经济增长的制度、人力资本水平、物质资本水平的短板；支持高新技术产业的发展，加快以创新为驱动力的产业结构转型，为国民经济长久稳定的发展提供源源不断的动力。

第四，财政应首先满足社会公共需求，如污染治理、环境保护、医疗卫生等，同时，也应当完善社会福利和社会保障制度，使增长与发展相互协调、相互促进。

(二) 收入分配职能

1. 收入分配职能的含义

财政的收入分配职能旨在实现公平分配。公平分配包括两个方面：经济公平和社会公平。经济公平作为内在要求而存在，重点是保持要素投入与要素收入二者间的对称性，即通过平等竞争的交换来实现。社会公平指的是现阶段将收入差距控制在社会各阶层人民可以接受的合理范围内。需要明确的是，平均不等于公平，甚至可能偏离了社会公平。

2. 实现收入分配职能的机制和方法

第一，明确规范财政和市场在收入分配中的范围与界限，属于财政分配的范围，财政应尽其职；归于市场分配的部分，财政不能包办代替。

第二，加强税收监管。毋庸置疑，税收作为调节收入分配的重要手段，它可以通过间接税来调节不同商品的相对价格，然后调节各个经济实体的要素分配，也可以通过企业所得税来控制公司利润水平。

第三，实施转移性支出。例如，通过救济金、社会保险救济、财政补贴等形式，在一定程度上缓解人民压力，使得幼有所养、老有所依。

(三) 资源配置职能

1. 资源配置职能的含义

财政资源配置职能是指政府通过财政收支以及相应的财政税收政策，调整和引导现有经济资源的流向和流量，以达到资源的优化配置和充分利用，实现最大的经济效益和社会效益的功能。从广义上讲，它可以指全部社会产品的分配，而狭义上则是指生产要素的分配。

2. 实现资源配置职能的机制和手段

第一，按照政府职能划分社会公共需求的基本范畴，计算财政收支在GDP当中占据的合理比例，实现资源的有效配置。

第二，优化财政支出结构，确保重点支出，收紧一般支出，提高资源配置效率。

第三，合理布局政府投资的结构和规模，首先要确保重点项目的建设。政府投资规模是政府对社会集中投资能力的代表。

第四,通过政府投资、财政补贴和税收政策,促进对外贸易和私人投资以促进经济增长。

3. 市场失灵的展现形式

市场机制作为一种有效率的运转机制,在资源配置当中起着重要作用。然而,市场机制也有运行得不尽如人意的时候,通常人们把这种缺陷称作"市场失灵"。恰恰是由于市场机制在许多领域会变得无效率或低效率,政府的外部干预才有了其存在的实际意义。

市场失灵的表现形式可划分为以下五种。

第一,市场无法有效地提供公共产品。由于公共产品存在非竞争性与非排他性特征,市场中的私人运营商不愿意提供它们,因此,其市场供求关系并不存在。

第二,垄断妨碍了市场竞争。市场竞争基于自由竞争,如果某个企业的产出达到较高水平,就会出现规模效益提高、成本降低的问题,并以此形成垄断。垄断者可以通过提高价格和限制产量来获得垄断利润,这进一步妨碍了市场竞争,最终导致了市场失灵。

第三,信息不对称。生产者和消费者都需要在竞争激烈的市场中获得足够的信息。在当前的经济形势下,信息构成商品生产、流通和消费的网络。在市场经济大环境下,生产、流通以及消费均属于个人行为。如果缺乏信息,私人生产被蒙蔽,就无法有效分配资源,从而失去公平竞争并最终导致市场失灵。

第四,外部效应。它是指经济主体的经济活动对他人和社会造成的非市场化的影响。如果个人或公司具有外部影响,则所生产产品的收益和成本是不对称的:当发生负外部效应时,生产者将不承担所需的基本成本,导致受损者无法获得损失补偿;当产生正外部效应时,生产者支付的成本大于收益,利益外溢但却得不到应有的效益补偿,从而降低了资源的配置效率。因此,具有外部性则会使得市场机制无法自发调整,政府必须介入调整。

第五,经济波动和不公平的收入分配致使市场失灵。市场机制的效率如果想要得到保证,则必须满足充分竞争的条件,可是激烈竞争有时会导致收入分配不公的情况。公平与效率二者间一直是矛盾的。公平主要是经由政府实现的,效率主要是经由市场实现的。只有政府参与监管才能确保公平的收入分配。同时，市场经济本身存在一些固有的问题，例如经济波动、通货膨胀、失业等，这些方面的市场失灵，只能靠政府干预与调控才能缓解和消除。

小　结

本节从财政的起源开始，介绍了财政的含义、本质、特征与职能。从财政产生和发展的过程来看，财政的本质是分配关系，是一种依靠国家的政治权力为满足人民的需求而进行的国民收入的分配和再分配。社会产品的分配以国家为主体，国家占有和支配社会产品。财政最主要的特征是强制性、无直接偿还性、阶级性、公共性和收支平衡性。财政的"三大职能"包括稳定经济、收入分配和资源配置。

第二节　财政政策概述

现代财政政策始于20世纪初的资本主义大危机。1929年至1933年的大危机使得资本主义国家处于空前的大萧条之中。大危机给传统经济理论以沉重的打击，并催生了倡导政府干预经济的凯恩斯主义学派。凯恩斯主义学派主张摈弃自由放任的经济与市场自动调节，强调政府干预，认为可以通过财政政策和货币政策来平衡社会总需求与总供给。在凯恩斯主义学派诞生之后，国家宏观调控经济运行的职能被突出和强调，出现了真正意义上的以国家宏观调控国民经济运行为目标的财政政策。凯恩斯主义学派的诞生标志着政府与市场关系的重大转变，这种转变包含着三个重要的内容：第一是观念的转变，人们彻底抛弃了政府不干预经济的观念，承认政府具有经济职能，必须采取一切措施对国民经济运行进行必要的干预。第二是目标的转变，政府不再以财政收支平衡为基本目标，而是以总供给和总需求的相对均衡为基本的宏观经济目标，强调国民经济的稳定运行和社会福利的全面提高。第三是手段的转变，政府不再单纯依靠税收手段，而是扩展到包括税收、预算、公债、公共支出、政府投资等多种财政手段的综合运用。

一、财政政策的内涵

(一) 财政政策的含义

财政政策指的是一国政府调整财政收支的规模、结构和收支平衡,以实现某些宏观经济目标的战略方针与实施方法,由税收、公债、预算等手段形成的一个完整的政策体系。

(二) 财政政策的构成

财政政策具体表现在四个方面——公债、预算平衡、收入与支出。针对以上四个方面都会有相应的财政政策,它们共同构成了财政政策体系。财政职能能否正常实现取决于财政政策是否得到正确的运用。只有合理地实施财政政策,经济才能稳定,发展才能持续、协调,否则便会引起一系列难以预估的经济风险。

1. 税收政策

税收是财政收入的主要来源。作为一种政策工具,税收具有强制性、固定性和无偿还性的特征。这些特征的存在使税收法规具有权威性。税收监管的作用体现在税收优惠和税收处罚、税收负担分配以及确定宏观税率上。

2. 公债政策

公债是政府借助信用手段取得的财政收入,是财政信用的展现形式,其主要功能是在财政赤字过高的时候降低政府财政赤字。公债的发行、偿还和投资,都会对经济产生不同的影响。如今,公债已成为一种平衡货币供求、稳定财政的重要手段。

3. 支出政策

公共支出指的是政府想要满足纯粹的公共需求而支出的一般项目,即通常所说的经常项目支出,具体涵盖了购买与转移两大支出。其中,购买支出的存在形式是政府产生的直接消费,以及购买商品和服务。转移支出则经由"财政收入—国库—政府支付"途径,将政府持有的货币从一方转移到另一方。通常所说的支出政策的含义是扩大公共支出以增加社会总需求,减少公共支出以减少社会总需求。

4. 预算平衡政策

预算指的是国家政府为了在特殊时期内实现政治、经济与社会目标而制订的财政收支计划。它基于国家的整体资源和国家承受能力，经由政治程序对国家资源进行引导，并制订具体的分配计划。财政体制的良莠直接关系到国家的经济发展，健全的财政政策能够作为经济建设的中流砥柱而发挥重要作用。多数国际知名的评级机构亦将政府财政状况列为评比的主要项目，因此，追求预算平衡已然成为当前财政政策的趋势。

5．政府投资政策

政府投资指的是用于基本设施项目的建设支出，并最终得到固定资产的一类投资。具有外部性与自然垄断特征的经济领域是政府投资项目的重点投资领域，此外，政府投资还会偏向于具有环保示范效应的领域或者高新技术领域。政府着眼的投资方向与选择优秀投资项目的能力，在未来的社会经济发展中起着举足轻重的作用。

（三）财政政策的功能

中国的财政政策具有稳定、发展与控制三大功能。

（1）稳定功能。财政政策能否发挥稳定功能，主要在于政府是否可以利用财政政策来实现稳定经济的目标。当经济下行时，政府的操作手段应是提升社会总需求，具体经由减税增支实现；当经济上行时，政府的操作手段应是降低社会总需求，减少通货膨胀压力，具体可经由加征税收或降低支出实现。

（2）发展功能。财政政策的发展功能体现于多个方面。首先，推进经济结构调整。例如，实施高税收以减少资源流入需要限制发展的行业，通过财政补贴、税收优惠等途径支持高新技术行业发展。其次，调整收入分配。税收政策、财政投资支出政策、转移支付政策等可以从多个方面协调部门、行业和地区之间的收入分配。最后，促进技术创新和体制创新。财政政策的目标在于推动企业进行技术升级、完善教育以及促进基础科学研究，使得产学研落地。

（3）控制功能。政府的目标在于实现整个国民经济的良好有序发展，其通过财政政策来规范人民的行为，从而有利于宏观经济的运行。

二、财政政策的主体

财政政策的主体是财政政策的决策者和实施者，因此，它必然是各级政府，最重要的是中央政府。

在改革开放之前,中国实行了统一的财政收支制度。在该制度下,中央政府是政策制定者,地方政府是政策实施者。即便如此,中央政府与地方政府之间的"集权与分权"矛盾在一定程度上也是存在的。随着改革的不断深入,改革后的经济体制相对于改革前的经济体制发生了质的变化,改革后的经济体制更大程度地赋予了地方政府自治权。改革开放以来,地方政府一直扮演着重要的政策制定者和政策执行者的角色,双重身份使地方政府之间出现比较心理。中央政府根据发展战略会对不同地域或不同产业进行政策倾斜,这是完全正确与有必要的,这是大局观与全局观的体现,有利于完成整体目标。可是,一些局部优惠政策的出台也难免引发不同地方政府之间的比较,使得地区倾斜优惠政策不得不变成普惠政策,进而在全国普及。这也是值得注意和研究的问题。

三、财政政策的目标

财政政策的目标往往与财政职能相关联,它需要通过执行财政职能来实现。一般来说,国家通常将财政政策的目标设定为经济增长、物价稳定、充分就业和国际收支平衡。

(一) 经济增长

经济增长是一个国家生存和发展的必要条件。它要求经济的发展保持在一定的速度区间内,既不要出现较大的下降或较长的停滞,也不要出现严重的过热。财政政策的目标之一就是引导经济沿最优增长路径增长。

(二) 物价稳定

物价稳定一直是世界各国孜孜不倦追求的目标,也是保证财政政策稳定的基本要求。物价稳定指的是商品价格上涨幅度保持在给定范围内。

(三) 充分就业

充分就业指的是给定国家经济状况下,所有可受雇人员都获得就业机会。因此,充分就业指的并不是全国所有人都就业,而是排除了自愿失业的人员,也就是失业率等于自然失业率的情况。

(四) 国际收支平衡

国际收支平衡指的是一国在国际经济交易中的经常账户收支维持总体上的平衡,用公式表示就是:国际收支净额=净出口-净资本流出。若货币流入大于流出,则一国的国际收支是正值。

四、财政政策的类型

根据财政政策在调节经济活动中发挥的作用和产生的影响,现代经济学从各种角度划分了财政政策的类型,主要类别如下。

(一)按财政收支与社会经济活动的关系划分

据此标准,可将财政政策划分为微观财政政策与宏观财政政策。微观财政政策指的是在财政收支活动中会对经济个体的经济行为造成影响的财政政策。宏观财政政策指的是在财政收支活动中会对经济总量造成影响的财政政策。

(二)按财政政策对经济周期的调节机制划分

据此标准,可将财政政策划分为自动稳定政策与相机抉择政策。自动稳定的财政政策是指随着经济形势的周期性变化,在经济运行中能自动地趋向于抵消总需求变化的政策,对经济的波动发挥自动调节的作用。这种政策是依靠财政税收制度本身所具有的内在机制自行发挥作用,又被称为"内在稳定器"。其自动稳定机制包括累进税制和转移支付制度。自动稳定的财政政策的特点是,在既定的前提下,它对于总供需的调节是自动的,不需要人们临时做出判断和采取相应的措施,通过自动稳定机制自行发挥作用。"相机抉择"的财政政策是指在经济运行中,财政当局根据对经济情况的判断而做出调整收支抉择的政策。它是政府有意识干预经济的行为。

(三)按财政政策在调节国民经济总量方面的功能划分

按照对国民经济总量的调节功能差异,可将财政政策划分为扩张性财政政策、紧缩性财政政策和"稳健财政"政策。扩张性财政政策指的是财政分配活动提高社会总需求。扩张性财政政策的实施机制是通过减税和增加财政支出来扩大社会投资需求和提升消费需求。紧缩性财政政策指的是财政分配活动降低社会总需求。紧缩性财政政策的实施机制是通过增税和降低财政支出来减少社会投资需求和降低消费需求。稳健财政政策指的是维持财政分配活动对社会总需求的中性作用,而不对总需求产生扩张作用或收缩作用的政策。

小 结

本节概述了财政政策的内涵、功能、主体、目标、类型等。财政政策是由税收政策、公债政策、预算平衡政策、支出政策、政府投资政策等组成,具有稳定功能、发展功能和控制功能。财政政策主体只能是各级政府,最主要的是中央政府。财政政策目标主要包括经济增长、物价稳定、充分就业和国际收支平衡。财政政策按不同分类可分为宏观财政政策和微观财政政策,自动稳定政策和相机抉择政策,扩张性财政政策、紧缩性财政政策和稳健财政政策。

◆案例分析◆

日本财政政策不同阶段的实践

1. 第一阶段:上调消费税,加剧经济衰退

"二战"过后,日本的税制以直接税为主。20世纪90年代初期,日本政府面临高赤字问题,因而采取了多种重建财政、平衡财政收支的政策尝试,其中最著名的措施有两个:1989年,正式采用与其他国家的增值税类似的消费税(间接税,税率为3%);1994年11月,村山内阁通过了税改法案,将消费税税率从3%提高到5%,并定于3年后实施。

经济出现好转信号后,桥本内阁正式调升消费税率以实现重振财政计划,同时暂停了之前已实施3年的针对个人所得税的减税计划,并削减政府支出。由于日本的消费税是一种间接税,最终会转嫁给消费者承担,因此,一旦提高消费税税率,就会挤压个人的消费和投资。即使政府提供了1000亿日元的临时补贴,将付款转移给低收入家庭,但加税措施仍旧显著增加了日本家庭的赋税。由于加税预期的存在,1996年年底,日本民众进行了集中的提前消费,使得正式加税之前的投资与消费突增,助推了加税后消费与GDP的加速下滑。无独有偶,消费税上调之后,恰逢1997年亚洲金融危机,各个金融市场相继遭受冲击,日本的金融业也未能幸免于难,大量金融机构陷入破产浪潮,导致了巨大的市场恐慌,日本的GDP再次陷入负增长的困境。

最终,桥本内阁提出的消费税法案没有改善政府的收支困难,反而拖累了经济。在消费税增加和金融危机的双重打击下,消费税收入的小幅增长与经济不景气引起的其他税收的明显下降相去甚远,总税收收入下降了。

2. 第二阶段：缩减公共开支，鼓励私人投资

在后亚洲金融危机时期，日本出现了连年的经济负增长，当局只能经由财政刺激来扩大公共投资、降低所得税，这一做法使得财政状况恶化、赤字率不断上升，日本政府债务占 GDP 的比例也突破了 100%。2001 年，小泉纯一郎被任命为日本内阁总理大臣。面对经济和金融困难，他立即启动了财政重建计划，主要措施在于降低支出，将国债规模控制在可控范围。

小泉纯一郎在 2001 年 6 月通过了《今后的经济财政运作以及经济社会的结构改革的基本方针》经济改革措施，提出了由"三大支柱"与"七项计划"构成的经济结构改革计划（见表 9-1），具体目标在于减少不良贷款的出现、实施国企民营化改革、进行中央与地方税收分配改革等，体现了其"从中央到地方，从政府到私人"的设想。从财政改革角度看，不再经由加税来改善，小泉纯一郎表明只有在全领域调整才能救经济的设想，计划对公共投资进行大幅削减。为了解决国债规模不断膨胀的问题，在 2002 年，小泉纯一郎提出控制一般预算，使得政府新发债券市值保持在 30 万亿日元内，可是这一限制实际是在 2006 年才得以实现，这一计划使得日本国债的债务依存度在 2007 降到 31%，实现了 30% 多的下降幅度。

表 9-1　"三大支柱"与"七项计划"

三大支柱	七项计划
提升经济社会活力	民营化改革（在各领域放松管制并引入竞争）
	支援挑战者计划（发挥个人和企业的潜在能力）
丰富生活与充实安全网	强化保障（建立可信赖的社保制度）
	生活维新（构筑男女共同参与社会）
	知识资产（确立生命科学、纳米技术、信息技术等战略重点）
改善政府功能	财政改革（加速不良债权处理以压缩国债规模）
	地方自立（削减国库补助负担金与改革地方交付税制）

（资料来源：日本内阁府网站。）

相比之前的政策，"三大支柱"的重点不是增加公共投资，而是减少政府干预和鼓励私营部门投资。具体计划有：减少研发和投资的税收；改革或私有化特殊法人以减少对特殊法人的补贴；实施教育改革，将战略重点确立为生命科学、信息技术、纳米材料与环境，给高水平大学提供科研

资金等。2001—2006年，日本公共部门投资在GDP中的占比从7.3%降至5.1%，呈现出持续收缩态势；与此同时，私人部门的投资金额提升，民间投资活跃。终于，日本经济从2002年年底开始实现了实际GDP连续23个季度的正增长。

从总体上看，这阶段的财政改革取得了积极成果，维持了日本经济的增长，减缓了通货紧缩和降低了政府赤字率。但是，2008年的金融危机再次打击了日本经济，政府不得不进行财政扩张。在此期间，日本频繁的内阁变动也促进了财政扩张，日本的财政状况再次恶化。

3. 第三阶段：上调消费税税率，经济回落与再恢复

后全球金融危机时代，国债规模过大与赤字过高是日本面前的"两座大山"，因此，政府无法忽视增加税收收入这一问题。接着，2011年，野田政府再次通过上调消费税税率法案，具体来看，于2014年在原来的基础上上调3%，并于2015年再次上调2%。

由于2012—2013年日本经济的短期改善，安倍政府按照上届内阁的计划，将消费税税率按2014年4月的计划提高至8%（原为5%）。基于加税预期，居民突击消费与投资在日本频发，从而推高了2013年下半年和2014年第一季度的经济增长率。在2014年提高消费税后，日本经济在短时间内出现下滑，但随后GDP再次同比增长超过1%。增税后，日本的家庭消费出现了大幅波动，其GDP的季度环比增长率从2014年第一季度的1.1%降至2014年第二季度的-2.7%。但是，短暂回落对日本经济的改善并没有出现长期影响，再加上更友好的外部经济环境，例如欧洲和美国的经济复苏，自2012年以来，推动日本GDP增长的净出口率一直在上升。自2015年以来，日本的GDP保持了年平均增长率超过1%的增速，1997年增税后的困境没有再出现。

消费税税率的提高使2014年日本的消费税比2013年上升了42%。因为日本经济增长没有受到增税影响，所以自2014年以来，日本政府税收收入亦随消费税税率的提升而增加。

虽然进行的是同样的加税操作，但桥本在1997年和安倍在2014年的两次财政改革造就了差异化的结果。其根本原因在于，安倍政府在2014年实施了总金额超过5万亿日元的紧急经济救济，相当于退还了3%增税额的2%。也就是说，一方面，政府扩大了财政支出，改善了基础设施，复兴震后重建，并向低收入群体和购房者提供了转移支付；另一方面，政

府也采取了减税措施以鼓励设备投资（见表9-2）。此外，安倍政府还按照实际经济状况调整增税程序。例如，他两次推迟了本应该在2015年实施的将消费税提高到10%的计划。直到2018年10月，安倍政府才确认这个增税计划将在2019年10月完成。

表9-2 安倍政府减轻上调消费税税率影响的相关措施

政策类型	具体措施	规模（日元）
扩大支出	基础设施建设更新等公共工程项目	约20000亿
	东日本大地震灾后复兴项目	13000亿
	对低收入群体的转移支付	3000亿
	对购房者的转移支付	3100亿
税收减免	提前结束为东日本大地震复兴征收的特别公司税	9000亿
	促进设备投资的专门减税	7300亿
	对提高员工工资的公司的专门减税	1600亿

（资料来源：海通证券研究所。）

[资料来源：姜超、李金柳、宋潇：《日本的尝试，我们的启示——日本财政政策的比较》，见搜狐网（https://www.sohu.com/a/273467919_460356）。]

◆思考讨论题◆

1. 请从财政的起源考察财政的本义。
2. 财政的基本特征是什么？
3. 以布坎南为首的"公共选择学派"理论提出了公共产品具有哪两个内在特性？请具体阐述。
4. 财政的产生需要具备哪几个条件？
5. 如何重新认识财政学的研究对象？
6. 为什么"公共性与阶级性存在矛盾统一"是财政运行的主要特征？
7. 什么是财政职能？其包括哪些内容？
8. 如何创新财政的资源配置方式？
9. 中国财政如何实现公平与效率的目标？
10. 试述财政政策在中国的实践。

第十章　财政政策理论与财政政策类型

财政政策是为了实现社会与经济发展目标，通过税收与公共支出手段来实施的短期或者长期的财政策略。本章从财政政策演变的角度，分别介绍了以下五个部分：第一，财政政策理论的萌芽；第二，凯恩斯主义学派的财政政策（包括凯恩斯的财政政策）、新古典综合派的财政政策、新凯恩斯主义的财政政策；第三，现代新古典学派的财政政策（包括货币主义学派的财政政策、理性预期学派的财政政策）；第四，供给学派的财政政策；第五，其他学派的财政政策（具有代表性的是公共选择学派。）

第一节　市场失灵与财政政策理论萌芽

在西方经济学的阐述中，财政学通常被称为政府经济学或公共财政学，因此，由政府从财政的角度制定和执行的政策就是公共经济政策（即通常意义上的财政政策）。从根本上说，公共经济政策只运用在市场对经济周期及收入分配的调节暂时失灵时，其最终目的是将经济向政策目标方向引导，而不是代替市场的行为。因此，财政政策的实施是短期的。

一、市场失灵

市场通常是可以配置社会资源的，基于这一特点，市场对配置社会资源起着至关重要的作用，因而，市场机制通常是一种有效的经济运行机制。但是，这种机制并不是万能的，即会发生市场失灵。换言之，完全依赖市场机制的自我运作，不可能实现帕累托最优[①]的资源分配和社会福利。

[①] 也称为"帕累托效率"，是指资源分配的一种理想状态。假定固有的一群人和可分配资源，从一种分配状态到另一种状态的变化中，在没有使任何人境况变坏的前提下，使得至少一个人变得更好。

市场失灵有两个含义：第一，市场机制本身不能优化社会资源的配置；第二，市场自我运作无法达到社会目标。

因为存在市场失灵的情况，经济平稳运行的状态无法依赖市场机制自发形成，所以，在客观上就必须由政府进行干预与调控。也就是说，通过政府手段来弥补市场缺陷，进而克服市场失灵，最终能够使社会经济得以协调运行。

（一）配置资源方面的失灵

1. 公共产品和服务

公共产品消费所具备的非竞争性与非排他性两个特点会导致市场的价格与竞争机制失效，最终使得市场机制在公共产品的配置方面失灵。若单单依靠市场机制对公共产品进行配置，则市场将无法避免地会出现供给短缺。因此，政府必须是公共产品的供给方。

2. 外部性

外部性是指一个人或一群人的行动和决策使另一个人或一群人受损或受益的情况。若某经济体的活动影响了其他经济体，但受损失的一方未获得相应补偿或受益方不支付福利金，则会产生外部性。外部性包括正外部性和负外部性两种类型。正外部性是可以给他人带来收益的，也就是说供给方的成本超过收益且无法获得补偿，从而造成供给不足与效率损失；而负外部性是会增加他人成本的，也就是说供给方的成本小于收益，这将导致相应商品供过于求，最终导致资源浪费且损害他人利益。当商品或服务存在外部性时，政府应进行适当干预以补偿经济实体的损失，并促进外部成本内部化。

3. 市场垄断

市场效率完全基于自由竞争，而在实际经济中并不总是能够形成有效竞争，这进而导致市场失灵。在规模经济中，随着规模收益的增加或成本的降低，市场特别容易形成垄断。一旦垄断市场形成，公司便会在不同程度上控制价格，甚至可能阻止其他厂商自由进入市场。如果市场上存在垄断的情况，那么亚当·斯密所说的"看不见的手"将无法进行有效运作，这将导致资源分配效率低下，最终使竞争无效。

4. 信息的不充分

在市场经济中，交易中的任何一方信息不完备均会使得资源配置发生扭曲，进而导致市场失灵。如果信息不充分，市场就会出现许多非理性决策，影响竞争的充分性并最终影响市场机制的运作效率且导致市场非良好运转。为了解决这些问题，政府需要建立强制性的信息披露原则与安全检测标准，充分、可靠的政府信息也是一种公共产品。

5. 市场是不完善的

市场不完善是指市场无法提供边际成本与价格相等的产品或服务。市场可以完全有效地提供个人所需的大多数产品，但并非所有个人需要的产品都可以由市场完全有效地提供。市场无法有效提供的商品不仅包括公共产品与具有外部收益的商品，也包括市场无法提供或不能充分提供的商品。

（二）解决经济问题的无效性

以上市场在资源配置方面的失灵情况表明，若政府不干预，必然导致资源配置效率低下，无法实现帕累托最优。但是，就算市场能够处于帕累托最优状态，政府也有其他理由需要对其进行干预。

1. 偏好的不合理

市场竞争结果具备合理性的前提是个人的偏好是合理的。但是，在实际经济中，并非所有人的需求都符合合理性的条件。例如，某种商品可以让个人获得较大的利益，然而消费者本身可能并不会意识到这一点，因此，他们对它的评价很低，即只有在价格低廉的情况下才愿购买；反之，有时某种商品并没有给消费者带来好处，但消费者却给予其较高的评价，愿意以高价购买。这两种情况也都决定了政府必须进行干预。

2. 收入分配不公平

收入分配不公平是指社会贫富两极分化的社会问题，通常是由市场要素禀赋分配不平衡导致的。市场机制与市场竞争的目标是实现市场高效运转，每个人的禀赋不同，使得收入分配不公及贫富两极分化的情况越来越严重。收入分配不公不但会影响社会安定，而且违背公序良俗，因而政府进行干预以实现收入分配公平对社会稳定发展至关重要。

二、财政政策理论的萌芽

作为政府干预经济活动的一种手段，财政政策起源于 20 世纪 30 年代的凯恩斯主义时期。在此之前，古典经济学派的亚当·斯密和新古典经济学派的马歇尔都认为市场中存在"无形之手",可以进行自动调节,因此,政府不该干预市场。事实上,古典经济学中并没有"财政政策"这个概念,而亚当·斯密指出政府只承担"守夜人"的角色。新古典经济学派在古典经济学派的基础上,坚持反对政府干预市场。但是,福利经济学派的鼻祖庇古在研究中发现,政府完全撒手不管会导致严重的收入分配不公平问题,这是所有人都不愿看到的,因为收入分配不公平会导致社会福利受损,进而导致无法实现社会福利最大化。但是,市场自身对于收入分配不公平问题是无能为力的,因此,为了保障社会福利最大化,政府需要制定相关政策来调节收入分配,例如,对高收入群体征收税款并将款项转移支付给低收入群体。

新古典经济学派从实现社会福利最大化的角度发现了市场调节会出现失灵的情况,提出了政府应当制定政策以调节收入分配。新古典经济学派虽然不是完全支持政府干预,但至少改变了完全否定政府干预的态度,这为现代财政政策制度的建立提供了良好的开端。

小　结

本节介绍了市场失灵的表现形式与财政政策的萌芽。市场失灵主要有两种含义:第一,仅靠市场机制本身无法达到优化社会资源配置的目标。第二,市场机制为以社会发展为目标的经济活动所做的事情是有限的。因此,市场需要政府"看得见的手"进行干预,这使得新古典经济学派最早提出了使用财政政策以调整收入分配不公平问题。

第二节　凯恩斯学派的财政政策理论

本节主要介绍凯恩斯及其追随者们提出的财政政策理论,包括凯恩斯的财政政策理论、新古典综合派的财政政策理论、新凯恩斯主义学派的财政政策理论。这些学派均主张政府干预市场,并对凯恩斯的财政政策理论进行了发扬,因此,我们将其放在一起论述以便比较。

一、凯恩斯的财政政策理论

1929 年爆发的经济危机席卷了整个资本主义世界,与以往的经济危机不同的是，这一次的经济危机导致了极其严重而深远的影响，主要表现在以下三个方面。第一，经济危机影响的范围广阔，几乎冲击了所有的资本主义国家；第二，经济危机影响的程度很深，各国的失业率长期居于高位，经济持续负向增长，数以百万计的人口生活贫困；第三，经济危机的影响深远，这场经济危机产生的影响几乎持续了10年之久。在这种情况下，市场"看不见的手"已经失效，仅靠市场机制无法摆脱经济危机。因此，凯恩斯提出了关于政府对经济进行干预的宏观经济理论。凯恩斯提出的经济理论得到了他的追随者的不断补充和改进，并已成为各国政府在之后的30年中制定和实施宏观经济政策的基准。

凯恩斯将其理论的精华体现在1936年出版的《就业、利息和货币通论》中，该书提出，资本主义国家的失业问题和经济危机通常是由有效需求不足引起的。凯恩斯在此处说的有效需求，是指市场中商品的总供给价格和总需求价格达到均衡时的总需求量。现实中存在三种心理规律会导致有效需求不足。第一，消费需求不足是边际消费倾向减少造成的；第二，投资需求不足是资本边际投资倾向下降造成的；第三，流动性偏好导致利率上升，从而使得投资预期收益降低并最终导致投资减少。由于市场难以主动调节有效需求，因此，需要政府的监管和干预。例如，政府制定宏观经济政策以增加社会的总有效需求，进而缓解失业危机，使得整个市场经济复苏。

二、新古典综合派的财政政策理论

凯恩斯的有效需求理论受到大量追随者追捧，该理论站上了西方经济理论的舞台中央。此后，以萨缪尔森和托宾为代表的一些经济学家创建了新古典综合派，将"萨伊定律"和凯恩斯主义理论结合了起来，萨缪尔森所著的《收入决定的现代理论》就是新古典综合派理论的核心内容。新古典综合派理论与凯恩斯理论的差异主要体现在以下四个方面。

第一，萨缪尔森等人将资本主义自由竞争经济称为"混合经济"，认为混合经济在政府干预和监管的帮助下克服了市场机制的缺陷。

第二，新古典综合派修正了凯恩斯主义关于边际消费倾向递减的理论。新古典综合派以乐观的态度看待资本主义经济体制，它认为只要正确运用政府的宏观经济政策，就能有效解决非自愿失业和有效需求不足的问题。

第三，新古典综合派提出了投资加速原理。新古典综合派认为凯恩斯主义学派只关注投资的乘数作用而忽略了投资的加速作用，因此，它用投资加速作用理论来弥补其不足。

第四，新古典综合派提出补偿性财政政策理论。补偿性财政政策主张政府逆经济风向行事，交替使用扩张与紧缩两种政策：当经济处于衰退状态时，政府应减少税收并增加支出以刺激需求，防止通货紧缩；当经济处于繁荣周期时，政府应增加税收和减少财政支出以遏制通货膨胀。该理论认为，政府可以利用繁荣时期的财政盈余来弥补萧条时期的财政赤字，因此，政府不会产生过重的财政负担。

三、新凯恩斯主义学派的财政政策理论

从20世纪60年代到70年代，凯恩斯主义学派在经济"滞胀"期间变得毫无用处，从而离开了西方经济理论世界的舞台中心。在这种情况下，以斯蒂格利茨、曼昆等经济学家为代表的新凯恩斯主义学派在20世纪80年代蓬勃发展，并在90年代成为中流砥柱。

新凯恩斯主义学派根据信息不对称、市场不完备理论来研究劳动力市场，并提出了一个重要的假设：工资刚性，即当劳动力需求减少时，工资水平不会降低，劳动力市场无法出清。而商品价格刚性又使得商品市场无法出清，从而导致非自愿失业，并使得市场有效需求不足。同时，新凯恩斯主义还提出了菜单成本、隐性合同理论、效率工资理论等理论来解释工资刚性和商品价格刚性。新凯恩斯主义学派更有效地解释了工资刚性和商品价格刚性，并为凯恩斯主义学派提供了坚实的微观基础，使凯恩斯主义学派在20世纪90年代重新站在了西方经济理论世界的舞台中心。

小　结

凯恩斯主义学派的推动与继承者始终坚信"看得见的手"的作用，因此，形成了包括凯恩斯的财政政策理论、新古典综合派的财政政策理论、新凯恩斯主义学派的财政政策理论在内的凯恩斯学派财政政策理论。

第三节　现代新古典学派的财政政策理论

现代新古典学派的财政政策理论与古典经济学派和新古典经济学派反对政府干预、希望放任市场自由调节的财政政策目标相同，主要分为货币学派、理性预期学派和供给学派的财政政策理论。三者虽然不尽相同，但在反对政府干预这一观点上还是不谋而合的。

一、货币学派的财政政策理论

货币学派的主要代表人物是弗里德曼，他们认为货币供应量在短期内影响名义国民产出的变化，在长期内则影响价格水平，并认为货币在宏观经济活动中的地位不容忽视。在制定具体政策时，首先，政府应从干预市场的现状中解放出来，使市场自身的监管职能发挥最大作用；其次，政府应实施单一规则货币政策，即在一个稳定的价格水平前提下，固定货币供应量增长率，而且这个增长率需要与预期的实际国民收入增长率保持一致。也就是说，货币学派的经济学家们对政府干预持完全反对态度。

二、理性预期学派的财政政策理论

20世纪70年代，西方国家出现了经济"滞涨"现象，凯恩斯的财政政策理论陷入困境，无法解决经济"滞涨"问题，理性预期学派应运而生，其中代表性的人物有卢卡斯（Robert Lucas）和华莱士（Neil Wallace）。理性预期学派开始挑战新古典经济学派的理论与其政策主张。理性预期学派理论有两个前提，分别是持续市场出清与理性预期假说。该理论的支持者始终坚信"大萧条"是反常的，竞争性的市场自身会迅速恢复充分就业时的状态，一旦政府介入干预，人们会根据政策对未来的影响重新做出预期，进而调整自身的行为，最终导致政府政策失效。与货币学派不同的是，尽管理性预期学派提出了财政政策无效的观点，即经济主体会根据政府的政策实施规律预料到政府的政策并相应地做出反应，从而抵消政策的预定作用，但他们也提出了一个主张：政府要明确一种政策规则，如固定的货币供应量增长率和财政预算平衡，避免经济主体采取防范性措施。

小　结

现代新古典学派涵括了以弗里德曼为代表的货币学派和以卢卡斯、华莱士为代表的理性预期学派，他们在反对政府干预，主张市场调节和自由放任、自由竞争方面是一致的。

第四节　其他学派的财政政策理论

在其他思想流派中，关于财政政策最具代表性的流派是公共选择学派和供给学派。

一、公共选择学派的财政政策理论

公共选择理论产生于20世纪40年代末，并于60年代末、70年代初形成学术思潮。以布坎南为代表的公共选择学派反对政府通过财政政策干预经济活动，其实质是新经济自由主义学派。该学派的支持者认为政府也是"经济人"，甚至可以说与私营经济实体没有什么不同。在计划和实施财政政策当中，政府也会将追求利益最大化作为目标，这一追求将导致政策有失公平，甚至导致政策失败。基于以上原因，他们主张政府应当减少对经济活动的干预。

从广义上讲，公共选择理论可以理解为对非市场决策的经济学研究，即将经济学研究方法应用于政治学研究，其研究主题与政治科学相关，如国家理论、投票者行为、党派政治学、投票规则、官方政治学等。布坎南曾提到，公共选择理论是在把经济学研究工具和方法应用于集体的或非市场的决策过程中产生的。从狭义上讲，公共选择学派作为行政管理学的一个流派而存在，它重点关注的是政府的管理活动以及各个领域公共政策的制定和执行。由于公共选择学派将各级行政机关统称为官僚机构，因此，公共选择理论又被称为"官僚经济理论"。

二、供给学派的财政政策理论

供给学派的代表学者是拉弗（Arthur Betz Laffer）和费尔德斯坦（Martin Stuart Feldstein），他们同现代新古典学派一样，反对政府干预经济活动。他们认为供给能够自动创造需求，主张使用"萨伊定律"来调控经济，而实施这一定律的前提是市场经济完全竞争。该学派提出的"供给理论"认为刺激需求不如增加供给重要，因此，他们主张政府大力减税，尤其是降低边际税率，这可以对经济产生多方面的积极影响，如鼓励人们加班工作、积极经营、推迟退休、缩短待业期等。这样，人们可以获得更多的收入，进而有更多的钱用于支出、储蓄与投资。另外，对政府而言，减税可以刺激经济活动，进而使得经济活动频繁，供给量增加，最后实现税收增加的目标。

供给学派还认为，在财政支出方面，社会福利开支对经济增长起到遏制作用。由于救济金的数额并不会比个人从工作中所挣的净所得低太多，因此，救济金制度鼓励了不想干活的人而挫伤了积极进取的人。另外，供给学派虽然反对财政赤字，但是并不赞成把平衡预算作为实行减税的前提条件。供给学派的观点受到西方经济学界各方的关注，但是，凯恩斯主义学者萨缪尔森认为，供给学派的观点既缺乏经济史上的有力证据，又缺乏理论分析上的合理论断。

◆**案例分析**◆

低碳经济与财政政策分析

在全球范围内，各国主要通过减少温室气体的排放来应对气候变暖，并不断在经济发展过程中解决气候变化和经济发展之间存在的问题。低碳经济已经受到很多国家和地区的认同，我国也在不断推动低碳产业链的发展，争取让我国的低碳产业在国际发展中立于前列。

1. 我国低碳经济的发展状况

（1）节能降耗的效果显著。"十二五"规划期间，中央政府安排了336亿元的财政投资，用于支持十大重点节能工程与城市污水设施配套处理。该财政支持政策推动我国节能减排工作的开展，使得全国单位GDP能耗逐年降低。统计数据显示，2006—2008年，我国单位GDP能耗累计下降约10.1%，相当于总共节约了2.9亿吨标准煤。

（2）再生资源的开发利用率显著提升。我国可再生资源的开发利用进展显著，技术水平得到提升，产业发展也形成了一定的规模。2013年年底，我国的新生能源占比已经超过13%。2014年，我国的太阳能产业规模已经位居世界首位，成为全球太阳能热水器使用量最大的国家。截至2014年年底，中国的风电装机容量已经超过9500万千瓦。

2. 我国低碳经济面临的困境

（1）煤炭依旧是能源结构的主体。从能源结构看，截至2016年，我国整体能源消耗中，煤炭消费占比仍然是最高的。

（2）低碳经济发展还较为薄弱。低碳产业的发展亟需大量资金的投入，但是，资金获得受限约束了低碳产业的发展。

3. 我国低碳经济发展的财政政策实施

（1）减免企业由于低碳生产而产生的税收。为了鼓励低碳产业的发展，政府主要的措施如下：第一，减免低碳产业企业的所得税，鼓励更多的企业进入低碳产业。如果企业购置环保设备，政府可以补贴一部分资金。第二，通过研究、开发、引进税收积累政策，积极地引进外国的优良技术，推动国内外技术的相互交流与合作。第三，通过完善关税政策，抑制高耗能的产品，支持附加值比较高的产品，升级企业产品和技术，鼓励资源的二次运用。

（2）能源价格的改革机制。我国需要将各种能源都引入市场中，依靠市场的供求关系和规律来调整资源的配比，建立可持续的能源价格系统。第一，建立科学的成本核算机制，要求各种能源与煤炭价格相互联动，及时地处理煤炭产业中的各类矛盾。第二，完善与煤炭相关的产业结构调整，比如石油和天然气产业，在生产、销售等相关环节建立以竞争为主的市场结构，要求天然气的价格内外统一，并且给用户提供合理的使用方案，以节约能源为原则。

（资料来源：邵维敏、牛序鹏：《试分析我国发展低碳经济的财政政策》，载《新经济》2016年第7期，第25页。）

◆思考讨论题◆

1. 什么是市场失灵？
2. 市场失灵的表现有哪些？
3. 试述财政政策的功能。
4. 试述凯恩斯的财政政策理论。
5. 新古典综合派对凯恩斯的财政政策理论做了哪些补充、修正与发展？
6. 试述新凯恩斯主义学派提出的"工资刚性"。
7. 试述货币学派的财政政策理论。

8. 试述理性预期学派的财政政策理论。
9. 试述供给学派的财政政策理论。
10. 试述公共选择学派的财政政策理论。

第十一章　财政政策的作用机制

财政政策的目标在于促进经济增长、稳定物价、增加就业以及保持国际收支平衡。财政政策始终以目标为导向，通过相应的财政政策工具，经过复杂的传导机制，最终影响到实体经济。

第一节　财政政策工具

财政政策工具是政府实施财政政策时所选择的用来达到政策目标的财政手段，主要包括支出型财政政策工具和收入型财政政策工具。作为财政手段，财政政策工具需要满足以下两个必要条件：由政府直接掌控，且有助于实现财政目标。

一、支出型财政政策工具

财政支出是政府安排使用财政资源的过程。以是否与商品和服务相交换为标准，可以将财政支出划分为购买性支出和转移性支出，后者是调节收入分配的重要工具。财政支出在调节经济周期方面也发挥着重要作用。

（一）政府购买

政府购买直接表现为政府购买商品和服务的活动，包括为日常政务活动购买所需的或用于进行国家投资所需的商品和服务的支出，前者体现为政府部门的各项费用，后者体现为政府部门的投资拨款。政府购买带来的交易可以直接增加社会需求以及民众的购买力，是国民收入的重要组成部分。

凯恩斯主义学派的需求管理政策认为，政府购买的主要作用在于平衡社会总需求与社会总供给二者之间的关系。购买与支付在一定程度上可以调节社会支出水平。当社会总支出处于较低水平时，此时可以增加政府购买数量，以达到提高社会总需求的目标；当社会总支出处于较高水平时，政府减少购买支出可以减缓通货膨胀，降低社会总需求。

（二）政府转移支付

政府转移支付也是国家调控经济的一种重要方式。财政补贴、社会保障支出等都属于政府转移支付，其作用主要是为了弥补"市场失灵"、提供生活保障、激励社会生产投资和增进社会福利，由"公共收入—国库—政府支付"这些环节实现货币在政府与纳税人之间的转移。

转移支付主要分为两类：财政补贴和社会福利支出。前者是政府运用财政资金实行的援助，因为与相对价格结构有直接关联，所以财政补贴可以改变资源配置结构、供给结构与需求结构；后者的基本思路是将财政收入在不同阶层转移，有助于社会公平分配。

转移支付发挥作用的过程是：在一定条件下，若社会总支出水平较低，政府将增加社会福利支出，加大转移支付力度，在二次分配中提高公众收入，促进居民消费水平上升，刺激社会总需求；如果社会总支出水平超过一定程度，或经济发展面临严重的通货膨胀，此时政府应采取紧缩性财政政策，减少财政支出，以抑制社会总需求。例如，在我国2019年的中央财政支出项目中，"中央对地方转移支付"就占据了一个较大的比例（见表11-1）。

表11-1 2019年中央一般公共预算支出决算表

项　目	决算数（亿元）	决算数为上年决算数的百分比（％）
一、中央本级支出	35115.15	106.0
一般公共服务支出	1985.16	96.8
外交支出	615.39	105.4
国防支出	11896.56	107.5
公共安全支出	1839.45	110.8
教育支出	1835.88	106.0
科学技术支出	3516.18	112.5
文化旅游体育与传媒支出	308.84	110.5

续表 11-1

项　目	决算数（亿元）	决算数为上年决算数的百分比（%）
社会保障和就业支出	1231.53	105.6
卫生健康支出	247.72	134.5
节能环保支出	421.19	98.5
城乡社区支出	91.61	106.1
农林水支出	532.34	90.3
交通运输支出	1422.32	108.3
资源勘探信息等支出	355.26	102.8
商业服务业等支出	82.42	117.5
金融支出	943.72	111.6
自然资源海洋气象等支出	314.17	91.0
住房保障支出	561.84	106.2
粮油物资储备支出	1204.05	87.7
灾害防治及应急管理支出	465.65	141.5
其他支出	632.23	76.5
债务付息支出	4566.62	109.7
债务发行费用支出	45.02	120.9
二、中央对地方转移支付	74359.86	107.4
一般性转移支付	66798.16	105.8
专项转移支付	7561.70	123.1
中央一般公共预算支出	109475.01	106.9
补充中央预算稳定调节基金	1328.46	130.1

［数据来源：《2019 年中央一般公共预算支出决算表》，见中华人民共和国财政部网站（http：//yss.mof.gov.cn/2019qgczjs/202007/t20200706_3544353.htm）。］

（三）政府投资

政府投资是政府将财政资金投向资本建设项目的支出，其特点是形成固定资产。政府投资在调整经济以及社会结构方面有着重要的作用，主要体现在以下三个方面。第一，在经济萧条时，政府投资建设公共工程，可以扩大社会总需求，刺激就业，逐步推动经济的恢复。第二，在市场经济条件下，政府投资范围集中在垄断且有较高的产业关联度和外部效用，以及能够起到模范带头作用的产业、基础建设工程和一些公共基础设施等。政府投资的这些产业是地区发展的基础性产业，从长期来看，基础性产业的建设对经济发展的刺激作用可长期存在，因此，投资上述产业具有很长的收益期。从国家政策方面来看，上述产业属于劳动密集型产业，加大对上述产业的投资不仅可以为经济的长期稳定发展打下坚实基础，同时也可以缓解就业市场压力。第三，在调整经济以及社会结构方面，政府投资水平与方向至关重要。值得注意的是，政府投资不仅有利于扩大政府的投资收益，而且在国民经济基础产业的发展存在制约因素的大背景下，政府投资可以更多地吸引民间投资，刺激民间部门对处于"基础瓶颈"制约的产业进行投资，从而帮助经济恢复。

二、收入型财政政策工具

政府收入，是指为履行国家职能，政府能够筹措到的资金的总和。我们把政府筹措资金的各种方式称为政府收入形式，即各单位部门和个人的收入流入政府的形式。从政府收入的整体结构来看，税收是政府收入的主要渠道，其他政府收入来源根据国家的经济、政治、财政制度不同会存在差别。目前，政府收入形式主要有以下三种。

（一）税收

税收是政府根据法律规定，按照预先的标准，为了履行国家职能而取得收入的一种手段。其特点是强制性和无偿性，是政府的主要收入来源，也是政府最主要的财政政策工具。按照不同的划分方式，可以将税收分为：直接税和间接税；从量税和从价税；价内税和价外税；中央税和地方税。此外，按照征税对象分类，又可以将税收分为：所得税、财产税和流转税。

国家的征税行为对纳税人的决策和经济行为产生了影响，即产生了税收的经济效应。税收的经济效应表现为收入效应和替代效应两个方面。

税收的收入效应是指将纳税人的一部分收入转移到政府手中，使纳税人的收入下降，从而降低商品购买量和消费水平。如图 11-1 所示，横轴和纵轴分别代表香蕉和苹果两种商品的数量。假设纳税人的收入水平固定不变，全部收入只用来购买苹果和香蕉两种商品，且两种商品的价格保持不变，则纳税人的预算约束线为图中的 AB 线。纳税人对两种商品的偏好可以用一组无差异曲线表示，同一条无差异曲线上的点表示能够提供给纳税人相同效用水平的不同数量的商品组合。无差异曲线与预算约束线的切点 P_1 表示了纳税人的最优消费点。在这一点上，纳税人购买两种商品所获得的效用水平最大。如果政府此时对纳税人征收一次性税收（如个人所得税），那么纳税人的预算约束线将向原点移动，与无差异曲线的切点变为 P_2。由此可见，政府征收一次性税收将会导致纳税人收入水平的下降，从而降低社会的消费水平。

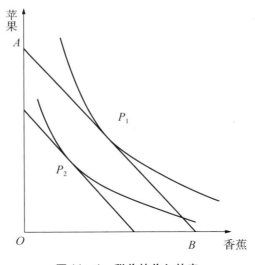

图 11-1　税收的收入效应

税收的替代效应是指税收对纳税人在商品购买方面的影响，表现为当政府对不同的商品实行征税或不征税、重税或轻税的区别对待时，会影响商品的相对价格，从而导致纳税人对不同商品消费的水平发生变动。如图 11-2 所示，假定纳税人的初始最优消费点仍为 P_1，现在政府只对香蕉征税。此时，纳税人就会减少香蕉的购买量，因此，预算约束线与横轴的交点将向原点移动。新的预算约束线将与新的无差异曲线相切于 P_3，在这一点上，纳税人购买商品所获得的效用最大。由此可见，政府对其中一种商品征税将改变纳税人的消费选择，从而改变纳税人购买两种商品的数量组合。在上述例子中,政府征税不仅导致了纳税人效用水平的下降,也导致了社会消费水平的下降。

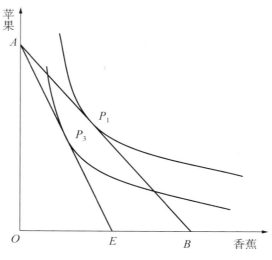

图 11-2　税收的替代效应

从长期来看,不管政府通过什么样的方式减少税收,最终都会刺激社会总需求,进而增加国民产出;反之,政府增加税收则会产生抑制社会总需求和减缓国民产出增长的后果。所以,如果出现社会总需求不足的情况,政府应该减少税收以减缓经济衰退;当社会需求过于旺盛时,政府增加税收,则可以有效抑制通货膨胀。税收的调节侧重以下三个方面。

第一,从社会总供给方面来看,政府可以借助税收这个工具,对某些商品的税率进行调整,进而影响社会总供给;从社会总需求方面来说,政府可以根据消费者的需求差异,设定不同的税率以对社会总需求进行调整,最终实现经济平衡发展。

第二,税收对资源配置、产业结构可以起到优化的效果。根据经济的发展情况,政府可以灵活地制定与之对应的产业政策,结合税收这一重要工具,对相关产业进行鼓励、支持,进而达到提高资源配置效率、优化产业结构的目标。

第三,税收可以调节收入,促进收入合理分配。通过设置合理的税种、税率,有助于推动国民收入分配更加公平,实现效率和公平的统一。

税收政策的作用机制主要体现在税收比率、税收分配以及税收优惠和惩罚三个方面。税收比率是指税收占 GDP 的比重。因为政府获取收入的主要渠道就是税收,所以税收比率成为度量政府财政状况是否集中以及集中程度高低的指标。如果税收比率较高,则从侧面说明政府财政集中程度高,政府可以调控的资源就越多。反之,如果税收比率较低,则说明政府财政状况集中程度不高。事实上,财政的集中有助于政府进行宏观调控。一般来说,当政府提高税收比率时,会对宏观经济起到收缩效果。当政府提高税收比率时,这意味着政府能够拿到的税收增加,进而,民众的可支配收入将减少,与此对应,社会的总需求将减小,导致产出降低。反之,亦然。

税收比率确定之后,就要决定税收分配。税收分配实施的主体是政府部门。实施方式有两种:一种是制定不同的税率和税种,这种方式较为常见;另一种是在市场活动中,开展税负转嫁。税赋转嫁是将税收负担通过各种各样的方式从纳税人转嫁到其他主体身上,且这种现象主要发生在商品交易过程中。税赋转嫁的发生对纳税人来说,将使其名义税负不变,但实际税负下降。换而言之,税负转嫁相当于税收领域的再分配,无论是对个人还是对企业来讲,税负转嫁或多或少都会对这些主体的行为产生重要的影响。由于我国主要以征收商品税为主,因而税负转嫁主要是在商品税领域形成的。

(二) 债务收入

债务收入主要指公债收入。公债是指政府作为债务人,用其信用作担保,向国内外举借的债务。而公债收入则是指国家或者政府,以债务人的身份,通过借款或者发行债券等方式取得的收入。当出现财政赤字时,政府最好的选择就是在社会上发行公债。公债属于政府的债务,其主体不仅包括中央政府,还包括地方政府。按照债券期限长短,可将公债分为以下三种:短期债、中期债和长期债。短期债的利率在这三种债券中最低,这与它的存在期限有关,短期债通常存在时间在 1 年以下。中期债相对来说期限较长,通常在 1 年以上 5 年以下。特别地,5 年以上则叫作长期债券。政府发行公债属于财政政策,但也会影响货币政策的实施。一方面,当出现财政赤字的时候,发行公债在一定程度上可以弥补财政赤字;另一方面,公债的发行在很大程度上又会导致金融市场的扩张或收缩,影响货币政策的实施。

总的来说，公债主要在以下四个方面发挥调节效应：第一，在维持经济平稳运行的基础之上，减轻政府的财政压力。当政府出现财政赤字时，最常见的方法是发行公债。这种做法能够有效降低通货膨胀率，调节供需，实现经济的良性增长。第二，发行公债有助于政府筹集项目所需资金，进而有利于经济结构调整。第三，公债可以起到连接财政政策和货币政策的作用。中央银行在二级市场进行公开操作，参与债券买卖，可以促进货币流通，并对资金供给进行调节。第四，补充其他工具的不足。例如，政府想要扩大支出，可以通过征税为支出融资，但这一方式远不如发行公债有效。

公债的经济效应可以总结为以下五个方面。第一，挤出效应。因为公债发行吸引了私人部门的资金，使私人或者企业的消费和投资减少，所以，其对私人或者企业的投资能起到调节作用。在信用紧缩时期，这种对私人部门的挤出效应可以部分地抵消政府扩大开支所引起的乘数效应。第二，货币效应。公债发行会带来货币供应量和通货膨胀方面的变化。最明显的是，发行公债可以直接减少流通中货币的数量。第三，收入（转移）效应。税收是政府用来偿还公债最主要的收入渠道，当公债到期时，债券持有人将回收应得的本息。如此一来，收入的转移就发生了。第四，流动性效应。从整体来看，公债产生的流动性也会对整个社会的流动性产生影响，从而实现对经济的调控。公债发挥这种流动性效应的途径有两个：一是调整公债的发行期限，这有助于实现不同的政策目标；二是优化公债的资金来源，无论是银行机构还是非银行部门，都可以认购公债。银行机构通常会以增加货币供应量的方式来认购公债；而对于非银行部门来说，认购公债不会带来货币供给的变化，仅仅会在不同群体之间转移资金的使用权。第五，利率效应。公债的供求关系很大程度上会受到利率水平的影响，金融市场上的利率也会随之变化。因此，根据公债需求调整公债利率进而对经济进行调控，这一作用机制被称为公债的利率效应。公债发挥利率效应表现在调整国债的发行利率以及改变国债的价格。

（三）其他收入

政府收入来源除了税收和公债发行外，还包括其他收入，如国有财产收入、国有企业运营收入、行政司法收入和其他收入。国有财产收入既有国有动产的收益，也有国有不动产的收益，政府凭借这两类国有财产取得的利息和租金等被称为国有财产收入。类似于债券、基金、股票等金融资产产生的收益就属于国有动产收益,类似于土地、树木、矿产等自然资源产生的收益则属于国有不动产收益。在奴隶社会、封建社会时期,财政收入的主要来源就是国有财产收入。掌握国有财产不仅可以达到控制整个经济局势的目的,而且可以通过国有财产带来的收入,进一步对国家经济进行调节。现如今,国有财产收入不再是政府的主要收入来源,但仍有不可替代的作用。国有企业运营收入是指政府拥有国有企业的资产所有权,通过行使这类权力取得的收入。当前,各国政府都把国有企业当作物质手段,以此来促进经济稳定发展。此外,行政司法收入是指政府或某些国家机关为履行职能,根据一定的法律标准收取的费用或罚没收入。

三、财政政策工具的局限性

任何政策都不是完美的,都存在一定的不足与局限性。财政政策工具具有自己独特的优势,可以很好地解决某一方面的问题,但是,我们也应该认识到它们的不足与局限性,只有这样,才能更好地为经济发展目标服务。

(一)税收

首先,税收政策的制定和实施会有较长的时滞,一国政府的税收政策调整、税率和税负的变化等都是通过法律程序来实现的,而税法的变化只有经历政策程序才能通过和实施。因此,税收政策从制定、实施到发生效果需要一个很长的时间过程。其次,税收政策减税容易、增税难,在增税过程中,有可能会遇到纳税人的抵触情绪,使得征税执行难度变大。再次,税收具有无偿性、固定性,对民众的可支配收入有直接影响。当政府想要通过增加税收来减轻财政压力时,实际上是导致资金在民众和政府之间发生了转移,所以会抑制私人消费需求。如果政府支出的效率不高或者无效率时,增加税收无疑会对消费需求产生抑制作用。最后,税收发挥的作用是否有效,可以看消费者边际消费倾向的变化,但这一判断标准的不确定性又很大。

(二)公债

公债发行后,债务人应履行定期还本付息的义务,利息资金的主要来源是税收等其他收入。对政府而言,若债务数额过大,可能会诱发债务危机。从偿还渠道来看,国债主要由税收偿还,这种方式对债务人来说属于税务负担的"代际转移",不仅会使后代人税收负担加重,也会影响未来经济发展。

（三）政府购买

由于政府购买是通过支出使政府掌握的资金与微观经济主体提供的商品和服务相交换,因此,政府会以商品和服务购买者的身份出现在市场上。然而,政府的绝对权力导致了其很难在市场上遵循等价交换的原则,且微观经济主体在与政府进行交易时难免会产生让利寻租行为,从而导致了政府购买效率的低下。

（四）转移支付

由于转移支付的资金大部分时候是用来消费的,所以通常情况下这部分资金不会转化成累积资金,这一特征可能导致转移支付极易加大政府的财政压力。就现实情况来看,如果政府加大转移支付力度,通常会产生积极响应;相反,如果这部分支付额度被削减,则会产生反向效果,最终会反映到政府财政压力上。另外,转移支付能否发挥作用主要与受益者群体相关。从受益者的年龄分布来看,年轻人的边际消费倾向最大,中年群体居中,最小的为老年人。因此,政府制定转移支付政策的时候要适当参考当地的年龄结构。

（五）政府投资

政府投资有三个局限性：效率低下、周期长和加剧地区间的不平衡。首先,政府方面存在的信息收集成本、决策失误等一些主观原因,可能导致政府过度投资,同时也可能导致政府投资集中于基础产业、公共设施等。其次,这些大型公共工程项目的建设周期较长,最长的甚至能达到几十年。在这么长的时期中,经济形势可能发生急剧变化,导致财政政策的调节效应和最初的目标背道而驰,进而增加经济波动。最后,地方间的发展差异也决定了地方政府投资能力的差异。地方发展得越好,政府财政收入越充足,政策制定越透明、高效,地方政府的投资能力就越强,而越多的投资又将反过来进一步刺激地方发展;反之,地方政府的财政资金不足,政策制定不透明、行政效率低下,投资能力就较弱,这又会进一步恶化当地的发展,进而导致地区间发展不平衡的加剧。而且,地方政府不透明的投资流程会导致寻租行为的发生,极易引发腐败,进而使政府投资风险扩大。

小 结

财政政策目标是通过合理的财政政策工具的运用，提升就业率，维持物价稳定，助力经济以合理的速度增长，保持国际收支平衡。财政政策的实施实际上是通过政策工具来实现政策目标的过程，换句话说，财政政策实施过程中不可缺少的一个环节就是整合财政政策工具。按照不同的分类，财政政策工具可分为支出型和收入型政策工具，政府购买、转移支付以及政府投资等属于支出型政策工具，而税收、公债发行等其他收入属于收入型政策工具。政府应针对不同的目标和现状，适当地选择合适的政策工具，在权衡其优势和局限性的基础上，选择最优工具组合。

第二节 财政政策传导机制

各种财政政策工具通过某种作用机制相互联系，并在发挥作用的过程中形成一个有机的整体，最终实现财政政策目标。财政政策工具作用于经济并使得经济按财政政策目标趋近的机制叫作财政政策传导机制。政府的财政收入及其变动会直接和间接地影响宏观经济的运行。财政政策传导机制不仅包括"自动稳定器"的传导机制，也包括"相机抉择"下的传导机制。

一、按传导方式分类

（一）"自动稳定器"的传导机制

"自动稳定器"是指在经济系统中，无论是在经济繁荣时期还是在经济衰退时期，财政政策都能够自动屏蔽外界带来的干扰，且无须政府过多干预的一种内在机制。"自动稳定器"这一内在机制主要通过以下三项制度体现。

首先是政府税收收入的自动调节。当经济出现下滑时，社会总产出随之下降，社会公众收入减少。此时，若税率不变，政府得到的税收将自动减少，民众的可支配收入下降速度减缓，从而放慢民众消费和社会总需求的下降速度。反之，在经济增长旺盛时，失业率降低，人们的收入增加，而政府的税收也会相应增加，民众的可支配收入增速会放缓，从而放慢了民众消费和社会总需求的增长速度。经济变动带来的税收变化由于有益于平稳经济，具有内在的机动性、伸缩性，因此被称为"自动稳定器"。

其次是政府支出的自动变化。当经济出现下滑时，失业人数会上升，越来越多的人符合政府的救济条件，进而社会福利支出上升，人们的可支配收入虽然不会快速下降，但下降的幅度也会在一定程度上抑制消费。反之，亦然。

最后一项制度与农产品价格有关。当经济下行时，人们的可支配收入会下降，农产品的价格也会下调，为了维持经济正常运转，保证农民收入以及消费不会有太大的波动，政府会制定农产品价格维持制度。当经济上行时，不仅整体的收入水平大幅上升，农产品的价格也会普遍上涨，这个时候，政府会减少收购，并适度抛售，以稳定农产品的价格。对于农民来说，这一措施会在一定程度上遏制收入过快上涨，也会降低社会需求。

（二）"相机抉择"下的传导机制

当社会供过于求时，就业率大幅下降，若只依靠内在的"自动稳定器"，则可能难以恢复到既定水平。所以，此时要求政府使用其他政策手段来调节人们的可支配收入以及总需求，这被称为"相机抉择"的财政政策。

财政政策"自动稳定器"的传导效果是有限的，这要求政府作为"有形之手"，相机采取相应的财政措施，以确保经济稳定。当经济出现衰退时，总需求也随之下降，此时政府扩大支出的政策就叫作扩张性财政政策；在相反的情况下，当出现通货膨胀，总需求上升时，政府采取的减少支出的措施叫作紧缩性财政政策；若交替使用这两类财政政策，则叫作稳健财政政策。凯恩斯主义学派认为，当社会总需求低于某一阈值时，经济会衰退，失业率会上升，此时政府应相机使用扩张性财政政策；相反，若社会总需求高于某一阈值时，此时紧缩性财政政策将派上用场。这可以用"逆经济风向行事"来概括。

财政政策的实施也会存在一些不足之处。首先，财政政策从实施到产生效果之间存在时滞；其次，实施政策前，要先对总需求水平进行预测，而预测是否准确可能会影响财政政策的效果；最后，外界干扰因素也使得财政政策的效果不能确定。

二、按传导媒介分类

（一）收入分配机制

财政政策工具最终会对经济主体产生影响。一方面，个人收入会最先受到影响。通过个人所得税的调整，高收入群体可支配收入将减少。为了缩小收入差距，政府应该加大财政支出，增加社会保障以及财政补贴支出。个人收入的变化首先会对储蓄和消费产生直接影响，从长远来看，生产者的劳动积极性会影响到总产出。另一方面，企业利润的分配在某种程度上与政策工具也有很大关系。从企业税后利润的角度来看，调整企业所得税会影响企业税后利润，企业的生产经营甚至投资方向都会随之进行调整，社会总产出最终会受此影响。

（二）货币供应机制

货币供应量会影响社会需求，这个机制在政府管理财政收支和调节社会需求方面都起着至关重要的作用。政府运用各种财政政策工具，影响货币供应量、控制银行信贷额，最终实现政策目标。一方面，财政政策会影响货币流通速度，同时会影响货币存量，进而对货币供应量产生影响；另一方面，财政收支变化将直接影响货币供应量，进而影响社会总需求。例如，赤字财政政策要求政府融资，而政府融资受到限制，需要扩大货币供应量，然后才能扩大总需求。若此时货币供应量仍维持在原始水平，则利率会上升，私人部门的借贷成本也会上升，私人部门的消费和投资均会下降，形成"挤出效应"。

（三）价格机制

价格机制是指政府可以通过调控商品价格来影响宏观经济运行。在市场经济体制下，价格市场化是一般性要求，但并不是说市场形成的价格就一定是合理的，因此，政府调控不合理的价格可以提高资源配置效率。

小 结

各种财政政策工具相互配合形成一个有机的整体，对经济运行产生影响，实现财政政策目标。财政政策工具作用于经济并使得经济按财政政策目标趋近的机制就叫作财政政策传导机制。在运用财政政策工具影响经济运行的过程中，财政政策作用的对象既可以是个人，也可以是企业。财政政策工具主要对这些主体的收入进行再分配,以达到政策既定的目标。除此之外,财政政策工具还可以通过影响货币供应量和物价水平来影响经济运行。

第三节 财政政策效果

财政政策效果是指财政政策对经济运行的影响。财政政策作用于家庭或企业,改变家庭或企业的经济行为,进而改变均衡时的经济水平,如产出和居民消费。

一、用 IS-LM 模型分析财政政策效果

财政政策是指政府通过税收和财政支出等财政政策工具调节社会总需求的手段,其产生的经济效应可以用 IS-LM 模型来解释。从该模型可以看出,财政政策的变动会直接带来政府收支的变动,使得 IS 曲线发生移动,最终影响国民收入。从图形来看,IS 曲线的斜率变动体现了财政政策对国民收入的影响程度。

第一,LM 曲线固定,IS 曲线移动。

如图 11-3 所示,LM 曲线固定不变时,IS 曲线越平坦,该曲线移动后的收入变化就越小,财政政策的效果就越小;反之,IS 曲线斜率的绝对值越大,该曲线越陡峭,此时移动 IS 曲线,收入变化就越大,财政政策的效果就越大。如图 11-3 中(a)和(b)所示:

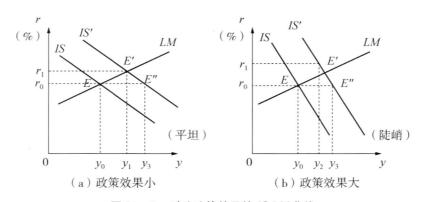

图 11-3 财政政策效果的 IS-LM 曲线

在图 11-3 中，假定 LM 曲线固定不变，即货币市场达到均衡。政府实施一项扩张性的财政政策，增加一笔支出 Δg，则会使 IS 曲线右移到 IS'，这段距离用 EE'' 表示，EE'' 是政府支出乘数和政府支出增加额的乘积，即 $EE'' = k_g \times \Delta_g$，其经济含义为：增加一笔政府支出带来的国民收入的增加量。在图 11-3 中，收入从 y_0 增加到 y_3，$y_0 y_3 = \Delta y = k_g \times \Delta_g$。实际上，收入增加会少于 y_3。因为如果收入要增加到 y_3，则利率 r_0 必须保持不变（这要求 LM 曲线向右移动）。但是，利率不可能不变动。因为当 IS 曲线向右上方移动时，国民收入增加，进而民众对货币的交易需求会增加，但此时的货币供应量未变动（LM 未变），因此，这就会使得利率上升。无论是在图（a）还是图（b）中，均衡利率都会上升。而利率的上升又会抑制私人投资，这就产生了"挤出效应"。此时，新的均衡点处于 E'，所以，收入不可能从 y_0 增加到 y_3，而只能分别增加到 y_1 和 y_2。

从图（a）和图（b）可见，$y_0 y_1 < y_0 y_2$，图（a）表示的政策效果小于图（b），原因在于图（a）中 IS 曲线比较平坦，而图（b）中 IS 曲线较陡峭。而 IS 曲线斜率大小主要由投资的利率系数所决定，IS 曲线越平坦，投资的利率系数越大，即利率变动所引起的投资变动的幅度就越大。当投资对利率的反应较为敏感时，实施扩张性财政政策会使利率上升，此时"挤出效应"增大，私人投资会下降得更多。因此，IS 曲线越平坦，实施扩张性财政政策时私人投资被挤出的就越多，从而减少了国民收入的增加，也意味着政策效果越小。在图（b）中，IS 曲线较陡峭，说明政府支出的"挤出效应"较小，政策效果更大。

第二，LM 曲线固定但斜率不固定，IS 曲线变动。

在 IS 曲线斜率保持不变时，财政政策效果会随 LM 曲线斜率的不同而有所差异。LM 曲线斜率越大，则移动 IS 曲线时收入变动就越小，财政政策效果就越小；反之，LM 曲线越平坦，财政政策效果就越大，具体如图 11-4 所示。

当政府支出增加一定时，在 LM 曲线较陡处，国民收入的变化量很小，即财政政策效果较小；相反，在 LM 曲线较平坦处，政府支出的变化引起的国民收入增量较大，即财政政策效果较大。主要原因是，当 LM 曲线较陡峭时，表示货币需求的利率系数较小，此时，一定的货币需求增加将使利率快速上升，从而对私人投资"挤出"较多，使财政政策效果缩减。相反，当 LM 曲线较平坦时，即货币需求利率系数较大时，政府增加

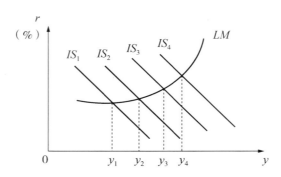

图 11-4　LM 曲线固定、IS 曲线变动的财政政策效果

财政支出，即使向私人部门发放很多公债，也不会使利率快速上升，不会影响私人投资。

第三，"凯恩斯陷阱"。

当 IS 曲线垂直，而 LM 曲线为水平时，就会产生"凯恩斯陷阱"，此时财政政策仍然有用，而货币政策没有任何效果。当 LM 曲线为水平线，利率降到很低时，利率弹性变得无穷大。这时，人们若继续购进债券，会产生极大的风险。因此，减小风险的方法是持有货币。此时若政府打算增加货币供应量，使利率降低、投资增加，是达不到既定目标的。当 LM 曲线呈水平状态时，政府利用扩大支出或降低税率来刺激社会总需求，那么政策效果会很明显。原因在于扩张性财政政策不会使利率发生太大变化，因此不存在"挤出效应"。所以，在"凯恩斯陷阱"下，即使 IS 曲线不垂直，实施财政政策也会产生效果。

二、用支出法推算财政政策效果

总收入取决于以下三个因素：

$$Y = C + I + G \tag{11-1}$$

其中，Y 为总收入，C 为消费支出，I 为私人投资，G 为政府支出。其中：

$$C = C_a + bY_d \tag{11-2}$$

C_a 为消费函数中的常数，代表人们即使在短期没有收入也要消费，此时需要动用原有资产或借债；b 为边际消费倾向，Y_d 为可支配收入，即：

$$Y_d = Y - t \tag{11-3}$$

其中 t 表示税收。将式（11-2）和式（11-3）代入式（11-1）中可得：
$$Y = C_a + b(Y-t) + I + G = C_a + bY - bt + I + G \quad (11-4)$$
整理得：$(1-b)Y = C_a - bt + I + G$，即
$$Y = \frac{C_a - bt + I + G}{1-b} \quad (11-5)$$

通过式（11-5）可求出财政政策乘数，主要包括税收乘数、政府支出乘数和平衡预算乘数。

（一）税收乘数

对式（11-5）求导，即可得税收乘数，即：
$$\frac{dY}{dt} = \frac{-b}{1-b} \quad (11-6)$$

税收乘数表示税收的变动对总产出的影响程度。它主要有两个特点：①税收乘数是负值，税收增减和总产出呈反向变动关系；②政府征税时，总产出减少，减少量为税收增量的 $-b/(1-b)$ 倍，可以理解为如果政府采取减税措施，虽然会使财政收入减少，但会刺激社会有效需求，从而促进经济增长。

（二）政府支出乘数

政府支出包括购买性支出和转移性支出，通过对式（11-5）中的 G 求导，即可求出政府支出乘数：
$$\frac{dY}{dG} = \frac{1}{1-b} \quad (11-7)$$

政府支出乘数衡量政府支出带来总产出的变化。其主要特点是：支出乘数若大于0，说明总产出的变化与政府支出的增减同方向变动。而且，总产出的增加量是政府支出量的 $1/(1-b)$ 倍。例如，若边际消费倾向为0.6，那么可以算出政府支出乘数是2.5。支出乘数与税收乘数相比较，若前者大于后者，则说明政府支出增加更有利于经济增长。

（三）平衡预算乘数

政府在增加税收的同时，等量地增加政府支出，以维持财政收支平衡，这种变化对总产出的影响可以用平衡预算乘数表示，即：
$$\frac{dY}{dt} + \frac{dY}{dG} = \frac{-b}{1-b} + \frac{1}{1-b} = 1 \quad (11-8)$$

平衡预算乘数表明，即使增加税收会减少总收入，但若等额增加政府

支出，总产出也会等额增加。平衡预算乘数效应包括两个方面：当政府支出增加，税率降低，此时会导致总产出成倍增加，对宏观经济来说，产生的刺激效果更加明显；反之，会加速宏观经济的衰退。

小　结

财政政策实施后，经济趋近于既定目标，则说明财政政策有效；反之，则说明财政政策效果不佳或者无效。财政政策是否有效，要基于收益和损失的综合比较来衡量，这不仅要考察财政政策执行的效果，还要把为了实现既定的目标所付出的代价考虑进来。例如，为减轻财政赤字，政府将税率提高，但这会导致个人可支配收入相应减少，对于劳动者来说，生产积极性会下降，甚至会导致消费下降；对于企业来说，税率提高，企业的利润会相应收缩，这在一定程度上也会打压企业的投资热情。

第四节　政府财政与社会资本合作

为完善基础设施建设，确保各类建设项目顺利进行，公共部门与私人企业需要进行合作，这种合作模式被称为公共部门与私人企业合作（Public-Private-Partnership，PPP）模式。双方发生合作关系时，就会明确双方的权利和义务。公共部门与民营部门之间的关系并不是法律意义上的合作伙伴关系，而是建立在 PPP 条款上的关系。两个部门是否会进行合作，取决于风险以及投资收益的大小；同时，对于企业来讲，社会责任也是不可忽视的因素。

一、公共部门与私人企业合作模式的各种形式

（一）特许经营权和专营权

大约在 18 世纪，英国出现了收费公路信托基金，其形式具体表现为：公共部门从民营部门那里筹集资金来修建公路，并用公路修建完成后收到的过路费来还款。类似地，法国在 17 世纪就开始使用民营部门的资金来修建隧道。在早期，这种方式被称为特许经营权。而在 20 世纪初期，特许经营权在许多国家被用于铁路建设，以及供水和废水处理系统等设施的

建设。特许经营权的进一步发展就是专营权。专营权是指使用一个已经修建好的设施的权力,类似于特许经营权,但不涉及该设施最初的施工阶段。从理论上讲,专营权并不是严格意义上的PPP模式,但是它依然很重要。

（二）购电协议

1978年,美国出台的《私营公用事业规范政策法》第一次以法律形式规定热电厂产生的电力在符合规定的情况下可以向电力公用事业部门出售。在20世纪90年代,购电协议（Power Purchase Agreement,PPA）被引入欧洲,并促成了生产电力与分配电力的私人企业之间的分离。购电协议引入欧洲后,独立电力项目得以发展,电力生产过程中的竞争性有所提高。购电协议最引人注目的地方在于投资者不需要承担任何有关电力需求的风险,该风险由公用事业单位来承担。项目融资是购电协议模式得以进一步发展的重要因素,项目融资为这些项目提供了所需要的长期资金。

（三）BOO、BOT、BTO、DBFO

购电协议最初的发展模式是民营部门各方的建设—拥有—经营（Build-Own-Operate,BOO）协议,发电站的所有权仍然属于其投资者。随后,土耳其民营部门各方出现建设—经营—移交（Build-Operate-Transfer,BOT）协议,与之前的主要区别是购电方是一个政府机构,并且在合同终止时,发电站的所有权从投资方移交到购电方,即重新还给公共部门管理。从BOT模式变化为建设—移交—运营（Build-Transfer-Operate,BTO）模式,只需要在施工建设完成之后将发电站的所有权转移到政府机构。BOT模式的基本流程为：由私人企业负责项目投资所需资金并承担相应的风险,政府负责特许经营协议并按照约定获取一定利润,最终,根据协议将该项目转让给政府机构。BOT模式与设计—建设—融资—运营（Design-Build-Finance-Operate,DBFO）模式的区别只是在DBFO模式中,设施的法定所有权在合同存续期间一直为公共部门所有。

二、公共部门与私人企业合作模式在我国的发展

公共部门与私人企业合作模式在我国的发展包括以下四个阶段。第一,试点阶段（1983—1995年）。1983年,深圳沙角B电厂被政府选中试点,该电厂是我国最早运用BOT模式的企业。第二,推广试点阶段

(1996—1998年)。1996年进入推广试点阶段,在这一阶段,企业在项目中采用固定投资回报的投资方式,其中运用最广的是水务行业的项目,超过20个项目分布在全国各地。第三,整顿阶段(1999—2002年)。在该阶段,市场出现了一些承诺给予固定投资回报的现象,中央政府开始重视整顿市场环境。第四,全面开放阶段(2003年以后)。此后,PPP模式逐渐被国人接受。国家为加快公共事业市场化进程,将公私合作制列为有效途径。[①]

小 结

如何充分地为全社会提供公共基础设施,满足社会大众在安全、交通、教育、医疗、环保等方面的社会需求,始终是人类社会面临的一项重大课题。妥善处理该课题,能够有力促进经济增长,提高人民福利水平;若处理不好该课题,则会形成巨大挑战。要妥善处理这项课题,应探讨公共基础设施应该由谁来投资建设这一个重要但又不易解决的问题。公共基础设施的投资建设完全依靠私人资本或政府都会产生一些难以克服的问题。通过一定的制度设计和政策配套,政府和私人资本合作(PPP)模式既可以减轻政府财政压力,又可以使私人资本获得合理收益,还可以使社会实现供需平衡,实现"三赢"的局面。在我国金融供给侧改革和对外开放新局面下,PPP模式在我国国内以及"一带一路"沿线国家有广泛的发展前景。当前,我国PPP模式发展仍然存在一些问题,问题成因和解决方式值得深入探讨。

◆案例分析◆

金融危机爆发后的财政政策及其效果

全球金融危机爆发后,中国政府及时调整宏观调控的着力点和政策的取向。2008年,中国实施了偏激进的稳健型财政政策,2009年的财政政策在2008年的财政政策的基础上进行了调整。

1. 2009年的财政政策的着力点

(1)扩大公共投资。2009年,中央政府的公共投资达到9243亿元,重点用于农村民生工程、教育医疗卫生等社会事业、保障性住房、节能减

[①] 马海涛:《财政理论和实践》,高等教育出版社2018年版。

排和生态建设、企业自主创新和结构调整、重大基础设施建设与"汶川地震"灾后恢复重建等方面。这些投资直接增加了积极需求，带动了民间投资和消费，加强了经济社会发展的薄弱环节。

（2）实行结构性减税，减轻企业和居民负担。全面实施消费型增值税，消除重复征税因素，减轻企业税负，促进企业增加自主创新和技术改造投入。实施成品油税费改革，推动节能减排，对1.6升及以下排量的乘用车按5%征收车辆购置税。取消和停征100项行政事业性收费。继续实施原有的税费减免政策。上述各项税费减免政策减轻企业和居民负担约5000亿元，促进了企业扩大投资，拉动了居民消费。

（3）提高低收入人群收入，促进消费需求。为进一步加大对农民的补贴力度，2009年，中央财政安排粮食直补、农资综合补贴、良种补贴、农机具购置补贴共1274.5亿元；较大幅度地提高粮食最低收购价；提高城乡低保对象、企业退休人员和优抚对象等群体的补助水平；实施家电、汽车摩托车"下乡"以及家电、汽车以旧换新政策。通过上述措施，增加了城乡居民尤其是低收入居民的收入，增强了居民的消费能力，带动和引导了消费需求增长。

（4）进一步优化财政支出结构，保障和改善民生。严格控制一般性支出，降低行政成本，保障重点支出的需求。支持农村改革与发展，2009年，中央财政用于"三农"的支出为7253.1亿元，比上年增长21.8%。着力保障和改善民生，2009年，中央财政用在与人民群众生活直接相关的教育、医疗卫生、社会保障和就业、保障性住房、文化方面的民生支出合计7426.48亿元，比上年增长31.8%。

（5）大力支持科技创新和节能减排，推动经济结构的调整和发展方式的转变。加大科技投入，2009年，中央财政科学技术支出1512.02亿元，比上年增长30%。加快实施科技重大专项，完善有利于提高自主创新能力的财税政策。大力支持节能减排，稳步推进资源有偿使用制度和生态环境补偿机制改革，促进能源资源节约和生态环境保护。增加转移支付力度，2009年，中央财政对地方税收返还和转移支付达到28621.3亿元，比上年增长29.8%，较好地促进了区域的协调发展，推动了基本公共服务的均等化。

2. 2009年实施的积极财政政策的特点

（1）统筹兼顾，重点突出。在指导思想上，坚持政策组合、上下配合、远近结合，既扩大内需又稳定外需，既保增长又惠民生，既调结构又促改革，既统筹地区协调发展又为长远发展打下基础。

（2）手段丰富，力度强大。综合运用预算、税收、国债、补贴等政策工具，并注重加强与货币政策、产业政策等的协调，形成政策合力。各级财政为应对金融危机采取的政策措施"含金量"高。2009年，全国实行结构性减税约5000亿元，中央政府新增公共投资5038亿元，如果加上地方政府的投资，增加的数额则更大。

（3）注重节奏，强调持续。中国政府在决定实施积极的财政政策时，既坚定地增加财政支持力度，又十分关注财政经济发展的可持续性。中央财政赤字从2008年的1800亿元一下子增加到2009年的7500亿元，全国财政赤字达到9500亿元。但是，财政赤字占GDP的比重（即赤字率）仍控制在3%以内，国债余额占GDP的比重（即国债负担）保持在20%左右。这既确保了应对金融危机冲击的刺激力度，又是国力可以承受的，还为下一步实施积极的财政政策预留了一定的空间，总体上是安全的。

在积极的财政政策和适度宽松的货币政策等宏观经济政策的共同作用下，中国经济增速下滑的态势得到较快扭转，回升向好趋势不断巩固。国内需求强劲增长，2009年，社会消费品零售总额增长15.5%，城镇固定资产投资增长30.1%。出口形势逐步好转，虽然进出口总额全年下降，但自2009年11月份由降转升。2009年，国内生产总值增长8.7%。经济回升向好也反映在财政上，表现为全国财政收入回升趋势明显，2009年第一季度下降8.3%，上半年下降2.4%，前三个季度增长5.3%，全年则增长11.7%，圆满完成了2009年财政收入预算目标。

（资料来源：王军：《积极的财政政策效果及后续策略》，载《中国金融》2010年第8期，第15～16页。）

◆思考讨论题◆

1. 请概述财政政策工具。
2. 财政政策工具的类型有哪些？
3. 简述税收的特征和类型。
4. 总结并比较各种财政政策工具的优势和局限性。
5. 财政政策传导机制有哪些？
6. 请用 IS-LM 模型解释财政政策效果。

7. 请用支出法推算财政政策效果。
8. 简述 PPP 模式的含义及其包含的几种形式。
9. 简述 PPP 模式在我国的发展情况并思考其优缺点。
10. 总结概括财政政策的作用机制。

第十二章　货币政策与财政政策

由于市场失灵的存在，单纯地通过市场机制无法实现理想目标，因此，在现实生活中，我们通常需要政府"有形的手"，运用多种政策、措施、手段引导经济的运行来弥补市场机制的缺陷。财政政策应运而生。

第一节　货币政策与财政政策框架

在市场经济环境下，货币政策与财政政策成为宏观调控的两大手段，两者的共同点是：作用点都是在资金流的运用和流转上。在调控对象方面，二者具有一致性，所以在作用于资金方面，两者会相互影响。此外，二者的终极目标也是一致的。作为国家需求管理的两种政策，其目标都是实现总供求平衡。由于货币供应量会影响社会总需求，两种政策与货币有关的操作在一定程度上相当于对总需求的操作。

一、财政政策直接影响货币政策操作

目前，世界上大部分实行市场经济的国家都建立了一套属于自己的国库现金管理体系。政府的财政部门通过国库现金管理政策影响货币流通，这一过程是通过将部分国库财政存款由其在中央银行国库内的存款调转为商业银行定期存款（简称"库款转存"）来实现的。

国库的现金管理与货币政策的执行、运作方式之间存在很大的联系，一般存在三种国库现金管理模式。

第一种模式是中央银行存款模式，即政府把全部的财政收入交由国库统一管理，将这部分资金存入中央银行，委托中央银行处理国库的相关业务。但这部分国库存款是没有利息的，当然，财政部门也无须支付相关的手续费。

第二种模式是商业银行存款模式。在这种模式下，国库现金管理部门将一部分国库现金存入中央银行，将另外一部分存入具有投放资格的商业银行。这些银行通常由投标产生，国库现金以此来获得利息，财政部门需要向商业银行支付相关的手续费。此外，商业银行需要将类似于国库券或优质的债券等抵押物用来抵押担保，以降低国库现金流的风险。

第三种模式是货币市场调节模式，即国库除留存所需库底资金外，将剩下的资金进行短期投资以获取收益。金融产品的交易期限在 1 年及 1 年以下的交易即为货币市场交易，具有临时性闲置资金的性质。国库现金的投资工具与期限等相关事项由法律来规定。

二、财政政策间接影响货币政策效果

有关数据显示，随着财政部门往中央银行存入资金的增加，国库现金的管理、财政收支也会发生变化，导致基础货币以及货币供应量更容易受到影响。与财政部门有关的财政收支活动会带来国库财政存款余额的变化，进而对货币流通产生影响。当居民、企业上缴税款时，在商业银行的资产负债表上，财政性存款这个部分将会上升；与此同时，居民和企业的存款（小部分为现金）将会下降。当商业银行把财政收入存入中央银行后，这一变化是：商业银行的资金会减少。而商业银行的资金减少，会导致货币创造能力下降，通过货币乘数的效应，整个社会的货币供应量也会减少。反之，亦然。

小　结

虽然我国目前财政政策的实施和货币的发行分属于不同机构，但是，财政政策的实施还是会影响到经济社会生活中的货币流通，最终会影响货币供应量。财政政策与货币政策存在着不可分割的联系。因此，政府在管理公共财政时，必须考虑到可能对货币政策产生的负面影响。在中央银行实施货币政策时，特别是在运用货币供应量进行操作时，也要考虑其对公共财政的潜在影响。

第二节 财政赤字与通货膨胀

众所周知,在财政赤字较高的情况下,政府为了缓解财政压力,通常会发行公债。公债发行易引发通货膨胀,然而,政府在经济形势不乐观时,无法通过增加税收来弥补财政赤字,只能通过发行货币来还债。货币一旦发行过量,同时如果又不能调整利率,则会助推通货膨胀的产生。

一、财政赤字

财政赤字是指政府的支出超过原先预算的部分。通过规划政府预算与财政赤字,政府可以实现某些经济目标。财政赤字学派发现,若能合理运用财政赤字,则其对调节社会总需求、促进经济平稳运行都有一定的帮助。20 世纪二三十年代,在世界范围内发生了经济危机,为缓解这一困境,各主要资本主义国家先后采用了凯恩斯提出的政府干预计划,即加大政府干预力度并扩大财政支出,运用财政赤字理论和政策,通过增加政府赤字的方式来弥补总需求缺口,维持企业正常生产经营。

(一) 财政赤字的利弊

适度的财政赤字是刺激消费、拉动经济增长的必要手段。财政赤字政策通常会在经济下行时期进行短期调控。从短期来看,若经济处于非充分就业的状态下,那么增加财政赤字将会刺激总需求。1998 年亚洲金融危机以后,经济增速持续下滑。为应对这一冲击,中国政府开始采用积极的财政政策,包括扩大政府支出、发行国债和增加公共投资等。相对来说,财政赤字的政策效果要好于税收政策,因此,扩大政府支出、发行国债,能有效增加社会需求。在当前世界经济增长普遍乏力的情况下,中国政府实施扩张性财政政策,通过发行国债筹集资金并投资于交通、水利、城乡电网改造等公用建设事业方面,使经济可以长期平稳增长。为实现经济发展、社会稳定等目标,国家通过各种方式对经济进行调整、干预,这是国家在经济调控过程中发挥作用的重要体现。

财政赤字并不是越高越好,过高的财政赤字不仅会加重财政负担,还会限制财政政策的实施效果。首先,财政政策并不是在所有情况下都能发挥作用。扩张性的财政政策只能暂时地缓解当前生产过剩的问题，但通常会加重未来的生产过剩情况。因此，从长期来看，过度频繁地使用扩张性财政政策可能会造成严重的经济危机。自改革开放以来，我国经济逐步走向市场化，我国的资源配置也在不断优化，市场在资源配置方面所起的作用进一步增强。其次，财政赤字会增加政府债务压力，严重时甚至会产生财政风险或危机。财政风险意味着政府财力不足以支撑国家正常运转，因此，财政赤字规模应该维持在一个合理的范围内。在国际上，这个合理的范围通常由以下四个指标来判断：一是财政赤字率，也就是财政赤字占国内生产总值的比例；二是债务负担率，即国债占国内生产总值的比重，一般来说，60%较为适中；三是财政债务依存度，用国债发行额除以财政支出和还本付息数额之和表示；四是国债偿还率，用国债还本付息数额除以财政支出来衡量，保持在10%以下的水平较好。在我国经济环境下，不太可能会发生财政危机，但如果国债规模持续增加，债务依存度过高，将会增加政府偿债压力，增加财政运行的风险。最后，财政赤字过高容易诱发通货膨胀。在一个社会中，财政赤字过高将导致社会对货币的需求量上升，但商品、劳务的供给达不到对应水平，则会产生通货膨胀缺口，引起物价上涨。

（二）有效发挥财政赤字的优势

政府增加国债发行量并扩大投资范围以刺激经济发展这一途径是有效的，也是有必要的。但从经济中长期的发展态势来看，适度从紧的财政政策更为适宜。

财政赤字政策作为政府的启动力量，在市场失灵时，政府可以借助财政赤字来弥补，可以扩大政府投资，进而带动民间投资，以期恢复市场活力。如果这一启动力量过于强大，导致市场被政府所代替，那结果可能并不尽如人意，甚至有可能会发生"挤出效应"。财政赤字政策不能随便使用，需要结合实际情况谨慎使用，也要给将来的政策调整预留一定的空间。此外，若想要财政赤字政策发挥有效作用，首先要防止政府过度投资。政府需要制定长远规划，在财政对某一项目投资前，为提高效率，要先对其进行有效评估；在支出过程中，要对投资项目进行有效的监督管理，例如，增加财政透明度以杜绝贪污、腐败现象；对于结构与规模两者的关系要进行权衡，政府在投资规模不断增加的同时，也应该对投资方向进行一定的优化。

(三) 处理财政赤字的两种方法

在市场经济环境中，为了解决财政赤字可以采取以下两种方法。一种方法是政府从中央银行透支，这种方法被称为货币融资法。如果政府用发行货币来弥补财政赤字，这种赤字就被称为货币融资性赤字。另一种方法是债务融资法，即中央政府通过发债来弥补赤字。

1. 弥补赤字的货币融资法

在不同体制下，财政部门向中央银行借贷以弥补赤字会采取不同的方式，一般分为以下三个方式：第一，中央银行购买国债，那么中央银行里有关政府账户的款项会随之上升。第二，由于法律规定，中央银行无法直接在一级市场购买国债，只能间接地在公开市场进行买卖，这种方式会引起基础货币的增发，从而弥补政府赤字。第三，中央政府有向财政部门透支的权利，这种透支额也属于基础货币。其中，前两种形式在市场经济中比较常见。在中国目前的货币发行体制下，财政赤字较容易转化为通货膨胀。尽管美国的联邦储备系统和财政部门具有很强的独立性，但财政赤字过多也会导致基础货币增发，进而引发通货膨胀。不过，美国政府赤字和基础货币量之间的联系不是必然存在的，其财政赤字主要是通过以下两种途径引发通货膨胀的：第一，在债券名义利率维持不变的情况下，若政府欲增加财政赤字来缓解财政压力，那么最直接的做法就是增加向公众发行债券（或国库券）的数量，这会导致公债价格下降，公债的名义利率上升；此时，若法律要求名义利率应保持不变，那么政府需要购进公债债券，进而使债券价格下降。换句话说，这个过程是由于政府财政压力加大，财政赤字持续上升，联邦储备系统不得不在公开市场增加买入公债的数量，使得市场上基础货币的数量增加，从而导致财政赤字转化为通货膨胀。第二，联邦储备系统会自身预先设定一个利率，这种目标利率不具有法律效力，可以随时间的改变发生变化，但在名义上有一个预先设定的利率值。为了维持这一利率目标，政府向公众发行债券，与此同时，也会在公开市场上买入债券。

2. 弥补赤字的债务融资法

若政府弥补财政赤字的方法是向非政府部门借贷，那么此时则称政府处于债务融资状态。政府向社会民众发行债券，社会民众则以支票形式支付。最终，这些支票会流进财政部的账户中，所以，政府可以自由支配这些资金。由于个人、企业与商业银行购买的债券会间接地转到中央银行，所以，财政部发行的债券最后会归结到私人部门与中央银行，未偿清的债券被称为国债。

3. 两种融资方法效应的比较

上述两种方法都是弥补财政赤字的手段，也都是在通货膨胀和债务负担之间进行选择与平衡。但是，两者的不同主要体现在货币发行量、投资和物价三个方面。首先，如果政府通过出售债券向公众借贷，对公众来说，持有的债券会增多，但不会改变他们手中基础货币的数量；若政府借贷方式为向中央银行借款，此时，公众手中的基础货币的数量会增加，这是因为政府弥补财政赤字的方式是通过增发基础货币实现的，但中央财政不会把这部分货币留在银行，而是会通过其他方式将这部分货币再转移到公众的手中。其次，从短期来看，如果政府规定财政赤字的规模，那么，货币融资法会使利率水平下降，进而对投资产生刺激作用。这种刺激作用被称为货币的增发效应，但这种效应发挥作用的前提是经济处于未充分就业的状态，且只能在短期内发挥作用。最后，两种方法的不同点是，只有货币融资法会导致货币存量上升，进而导致物价水平上升。因此，与债务融资法相比，货币融资法会产生更大的财富效应。总之，货币融资法使得基础货币增加，债务融资法在一定程度上可以减轻通货膨胀的压力，但从长远来看，将会导致未来债务的增加。因此，如果采用债务融资法，未来的通货膨胀压力或者政府的税收压力都会比当前大得多。

二、通货膨胀

通货膨胀是指货币贬值导致一国价格水平持续上涨的现象。与一般物价上涨相比，通货膨胀所涉及的范围更广。当某个或某几个商品因为供求失衡而导致价格暂时上涨，但货币价值不发生变化，此时物价上涨的现象被称为一般物价上涨。而通货膨胀指的是一国货币价值出现下降且该国大部分商品的价格水平都在持续上涨的现象。这种现象是由一国货币供给量大于需求量造成的，出现这种现象的直接原因是基础货币的增长率超出需求的增长率。政府增加货币供应量将直接引发通货膨胀，而政府通常是为了弥补财政赤字、减轻财政压力等才会增发货币。

改革开放以来，我国出现过几次较为严重的通货膨胀，分别是发生在

1980年、1988年和1994年。如今,政府能够越来越熟练地搭配财政政策和货币政策,所以自2000年以来,我国很少再发生严重的通货膨胀。

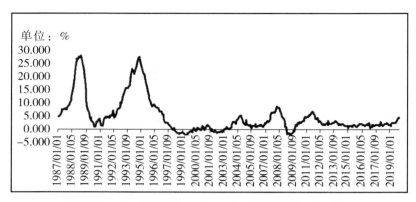

图12-1 我国1987—2019年CPI同比变动趋势

[数据来源:国际货币基金组织(IMF)。]

(一) 通货膨胀产生的原因

通货膨胀其实是一个较为复杂的经济现象,造成这种现象的原因有很多。但最本质的原因只有一个,那就是货币超发。货币供应量过多,但商品和劳务量不变,则必然会出现通货膨胀。造成基础货币增长率超过社会需求增长率的结果,既有货币政策方面的原因,也有非货币政策方面的原因。从货币政策方面来看,宽松的货币政策是原因,比如用利率或汇率对经济进行调整。从非货币政策方面来看,则有可能是由金融体制造成的。例如,我国金融体制以间接投融资为主,在国际贸易中长期存在出口顺差,这些因素导致我国外汇储备经常处于高位。不只是货币超发会导致通货膨胀的发生,实体经济有时在一定程度上也会助推通货膨胀的发生。

引发通货膨胀的间接原因包括以下两种:第一,需求拉动。凯恩斯的有效需求理论认为,若社会总供给不能满足社会总需求,那么将导致物价水平上升。根据我国现实情况,需求拉动型通货膨胀出现的原因包括政府财政赤字、投资和消费需求急速上升。1980年我国发生通货膨胀就是由财政赤字导致的需求过度增加而引发的。第二,成本推动。企业成本提高往往会造成成本推动型的通货膨胀,也有人称之为供给型通货膨胀。在生活中,我们可以发现引发成本推动型通货膨胀的原因有很多,比如生产者的工资过度上涨、进口原料价格增加等。

此外,通货膨胀往往不是由一种原因造成的,可能有多种原因同时导致总体价格水平的上升,这类通货膨胀被称为供求混合推动的通货膨胀。

(二) 通货膨胀的类型

1. 按照通货膨胀成因分类

按照造成通货膨胀的原因可将其分为如下三类:工资推动的通货膨胀、利润推动的通货膨胀和进口成本推动的通货膨胀。

首先,工资推动的通货膨胀是指工资大幅度上涨带来厂商生产成本增加,进而导致物价总水平的上升。工资作为生产成本的主要构成部分,工资上涨在很大程度上会导致生产成本上升。在价格水平不变的情况下,厂商愿意并且能够供给的产品数量减少,这将导致总供给曲线向左上方移动。在完全竞争市场中,劳动的供求状况决定工资的变动。但现实中,劳动市场通常不满足完全竞争的这一假设。工会组织的力量强大,往往使得工资过度上涨,若劳动生产率提高的速度小于工资增长的速度,那么工资上涨必然带来成本上升,进而导致物价总水平的上升,而且这种类型的通货膨胀开始后还会引起连锁反应。

其次,利润推动的通货膨胀是由厂商过度追求利润造成的物价整体上涨。通常在市场上具有一定地位的厂商,如垄断厂商和寡头厂商,可以通过抬高产品的售价而获得更高的利润。在不完全竞争市场中,厂商可以通过减少生产产品的数量来提高价格,以便能够追求更多的利润。因此,各厂商都试图在行业中不断抢占市场份额,成为垄断厂商或寡头厂商,这使得全社会物价水平上涨。

最后,进口成本推动的通货膨胀主要是因为进口商品价格上涨。如果一个国家生产所需原材料主要依赖于进口,那么,进口商品价格上升就很可能带来成本推动的通货膨胀。

2. 按通货膨胀程度分类

通货膨胀按照剧烈程度可以分为三类:低通货膨胀、急剧通货膨胀和恶性通货膨胀。

(1) 低通货膨胀主要指价格上涨较慢且人们可以预测结果的通货膨胀。人们通常将年通货膨胀率为一位数的通货膨胀定义为低通货膨胀。此时物价水平相对稳定,人们对货币的信任度也较高。

（2）急剧通货膨胀是指年通货膨胀率为两位数或三位数时的通货膨胀。一旦出现这类现象并一直持续的话，接下来可能导致经济严重的扭曲。

（3）当恶性通货膨胀爆发时，货币几乎不存在固定价值，每时每刻物价都在增加，这将会给市场带来灾难性的影响。

（三）通货膨胀对社会和经济的影响

通货膨胀对居民收入、消费都会产生重大影响：①居民的实际收入水平下降；②价格上涨带来的收入效应和替代效应将导致各主体的福利损失加大；③通货膨胀的收入分配效应。收入分配效应具体表现为：低收入者（拥有较少禀赋者）福利受损，相反，高收入者（拥有较多禀赋者）可以获得更多收益；以工资和租金、利息为主要收入的主体，受通货膨胀的影响损失较大，而以利润为主要收入者，在这一过程中可能获利。在现实中，产出随价格水平一起变动，通货膨胀一般会带来更多的产出；但也有极特殊情况，通货膨胀的发生伴随着实际产出的减少。为了独立地分析价格变动给收入分配带来的影响，我们假定实际收入是一直不变的，进一步研究通货膨胀如何影响人们的实际收入。

首先，对于那些生活所需来源于固定货币收入的人，受到通货膨胀负面的影响较大。对于拥有固定收入的群体来说，他们的收入是固定的数额。当物价上涨时，这一数额仍然是固定不变的，落后于上升的物价水平。受通货膨胀影响，这些群体的货币收入没有变化，但实际收入减少。因此，这将会导致这部分群体的生活质量下降。相反，那些不是靠固定收入生活的人，则会从中受益。

其次，通货膨胀对储蓄者不利。随着价格的上涨，存款的实际购买力会降低，如果此时在银行中存有货币，那么这些存款将会贬值。类似地，一些其他比如用来蓄资养老、保险的资金也会因通货膨胀而贬值。

无论通货膨胀的程度如何，或多或少都会对经济产生影响。如果通货膨胀率持续稳定在一个水平，那么人们可以预测并提前采取措施，从而减少其对社会经济生活的影响。若可以预测通货膨胀，那么名义变量（如名义工资、名义利率等）都可以适时地进行调整，从而使实际变量（如实际工资、实际利率等）可以随之及时调整。但是，如果通货膨胀率不可以预测，人们无法通过预期通货膨胀率来调整各种名义变量，此时通货膨胀将会对社会民众收入分配及各种经济活动产生严重影响。

三、财政赤字、货币增长与通货膨胀

"通货膨胀无时无处不是一个货币现象"（Friedman & Schwartz, 1963），货币持续不断地增长最终会转化为通货膨胀率的上升。通常认为，货币供应量增长是财政预算赤字的结果。

通货膨胀往往与积极的财政政策相关，而通货膨胀的治理一般与消极的财政政策相对应，具体而言，这两者之间的关系还需要根据实际情况进行分析。政府弥补预算赤字，既可以发行债券，又可以印制"钞票"。当中央银行欲增加其基础货币时，通常会印发货币，在公开市场购买政府债券。

政府预算赤字 = 债券销售额 + 基础货币增加量

增加预算赤字的扩张性财政政策，不管是减税还是政府支出的增加，都会使通货膨胀率在短期内上升。财政赤字和货币增长两者之间存在着两种关系。短期内，扩张性财政政策导致赤字增加将会使名义利率和实际利率上升。如果中央银行想要控制利率，可能会提高货币增长率，从而阻止利率上升。长期来看，政府也会谨慎地增加货币存量。当中央银行购买财政部为弥补财政赤字而出售的国债时，中央银行会面临一个困境：如果不弥补赤字，由于财政扩张没有相对应的货币政策，将会导致利率上升，挤出私人支出。对此，中央银行可能会通过买入债券来防止"挤出效应"的发生，这会增加货币供应量，在利率不上升的情况下导致收入的扩张。但是，这种实用性货币政策也有风险。如果经济处于严重的衰退期，中央银行为适应财政扩张就必须采取较高的货币增长政策。当政府有着较高的财政赤字时，人们就会担心政府会利用通货膨胀来增加税收。这种忧虑导致人们呼吁采取措施防止政府预算赤字的出现，欧元区的部分国家采用的《稳定与增长公约》（*Stability and Growth Pact*）就是这一种尝试。这份公约要求其成员国将预算赤字保持在 GDP 水平的 3% 以下，只有在 GDP 下降超过 2% 的特殊情况下才可以有例外。如果某个成员国的财政赤字超过这一数字而该国又没有出现上述特殊情况，那么它就会面临罚款，罚款的范围在 GDP 的 0.2%～0.5% 之间。但事实情况是，《稳定与增长公约》并未能控制欧元区的财政赤字，这说明执行限制政府财政赤字的规则比较困难。对希腊的紧急救助行为意味着《稳定与增长公约》几乎已经名存实亡。

小 结

本节解释了财政政策和货币政策联系的具体方式。财政赤字可以引发通货膨胀,财政政策最终演化为货币政策,两者相辅相成,具有复杂的联系。政府可以从以下三个方面进行操作:第一,财政政策通过改变总需求所发挥的作用在不同情形下相对稳定。换句话说,政府的生产性支出越多,对通货膨胀的抑制作用越明显。因此,财政投资可以向对经济有显著正面影响的领域倾斜。第二,实施财政政策的初衷主要是为了熨平经济周期。为了避免人为干预造成经济的波动,政府需要适时释放有关政策的信号,合理引导私人部门的预期,从而减少政策不确定性对经济波动的不利影响。第三,在货币政策给定时,财政政策若具有较强生产性,将会导致通货膨胀率下降,实际利率上升。但是,这会导致私人部门融资成本上升,财政政策"挤出效应"显著。而如果此时货币政策能够及时进行调整,降低企业的投资成本,那么在一定程度上就能够缓解甚至消除"挤出效应"带来的负面影响。因此,货币政策、财政政策搭配使用才可以达到最优的效果,最大可能地化解财政政策在实施过程中带来的负面影响。

第三节 最优税赋与铸币税

税收是财政政策的主要工具。在经济社会中,政府的目标之一是要寻求最优税赋,从而确保财政政策的实施能够达到预期的政策效果。如果税赋过高,很容易挫伤社会的生产积极性;但是,如果税赋很低,财政收入过低,则容易导致财政收支账户失衡,甚至引发财政赤字的后果。虽然适度的财政赤字有积极作用,但是过高的财政赤字孕育着通货膨胀,所以设置最优税赋是财政政策的核心,关系到财政政策能否有效发挥作用。铸币税是财政政策和货币政策有效结合的典型,它用财政政策手段调整货币政策的实施,表面上是一种税收,实际上是为了实现既定货币政策目标而实施的一种货币政策。铸币税同样面临最优选择的问题。

一、最优税赋

最优税赋是指当信息存在不对称时,政府可以通过税收的手段达到效率与公平的统一。税收的基本原则是效率与公平,最优税赋兼顾了效率和公平。税收的效率原则要求税收要保持中立,不能扭曲资源配置,损害纳税人的利益。税收的公平性主要体现在收入分配中,又分为横向公平和纵向公平。横向公平是指拥有同等福利水平的纳税人应缴纳同等数额的税收,而纵向公平指不同福利水平的纳税人缴纳不同数额的税收。

1927 年,经济学家拉姆齐(Frank Plumpton Ramsey)提出了最优税赋来解决最优商品税的问题。拉姆齐认为,对商品课税的最优税率应与该商品的需求弹性成反比。由于一般情况下,高档品的需求弹性大于生活必需品,因此,应该根据需求弹性的大小,对生活必需品征收高税率,而对高档品征收低税率。

埃奇沃思(Francis Ysidro Edgeworth)提出了均等边际牺牲理论。埃奇沃思认为,最好的税收应该使得社会总效用牺牲最小。由于社会中个人之间的收入水平存在差距,因此,在边际效用递减规律的作用下,如果国家对社会中的每个人征收同比例的税,则高收入者税后收入的边际效用基本保持不变,而低收入者税后收入的边际效用变得较高,因而社会的总效用也较高。

然而,当收入达到某一程度时,家庭所增加的收入会被征收较高的税收,这样高收入者会放弃劳动供给而选择闲暇。斯特恩(Stern)通过研究税收与劳动供给的关系,发现劳动供给弹性越高,最优所得税率则越小。当劳动供给弹性较小时,较高的税率不会对劳动供给决策产生过多影响;反之,如果劳动供给弹性很大,提高工资所得税率则会引起更多劳动供给的减少。

1971 年,莫里斯(James Mirrlees)研究了在激励条件下的最优所得税问题。莫里斯在考虑了劳动能力分布状态、劳动者效用最大化、政府收益最大化等严格假定的基础上,得出了经典的结论:①边际税率应在 0 与 1 之间;②最高收入的个人的边际税率为 0;③如果具有最低收入的个人按最优状态工作,则他们面临的边际税率应当也为 0。莫里斯通过在模型中赋予穷人更高的效用权重,并使得穷人的效用增加容易导致社会福利函数的增加而将公平嵌入最优所得税模型中;同时,其在模型中也考虑了边际税率对纳税人的劳动积极性的影响。通过上述两方面的结合，莫里斯使得最优所得税模型能够实现效率和公平的平衡。

二、铸币税

（一）铸币税的含义和获取渠道

铸币税（seigniorage）也称为"货币税"，起源于金本位时期。当时每一个公民都有权利将金条铸成金币的形式，但是，由于只有统治者享有货币事务的特权，这项服务需要缴税，因此产生了"铸币税"。在信用货币时期，中央银行以低成本印制纸币，以其名义面额发行。因此，纸币类似无息贷款，是经济主体向中央银行提供的无息贷款，中央银行从货币创造中获得的收入，被称作"铸币税"。铸币税在货币理论和货币政策中都扮演着重要角色，由于货币的发行权一般都掌握在国家手中，因此，国家可以通过收取铸币税的手段来增加政府收入。铸币税又分为货币性铸币税和财政性铸币税。但是，货币性铸币税的概念仅仅适用于基础货币增长中来源于中央银行对政府贷款的部分，因此，货币性铸币税主要用于政府向中央银行过度借款而导致恶性通货膨胀的时期；财政性铸币税为政府从中央银行发行货币中获得收益提供了很好的解释，而这些收益几乎和发展中国家中央银行的公开市场操作获得的利润相同。以往的经济理论都发现，除了税收、国债等常见的融资方式之外，铸币税在政府融资中发挥着重要作用，政府通过征收铸币税为支出融资。根据相关部门测算，在发达国家，1960—1973年，铸币税收入占政府总收入的6.1%；1974—1978年，比重下降到5.9%。1971—1990年，全球90个国家铸币税收入占政府总收入的平均比重为10.5%。根据克里克（Click，1998）对90个国家1971—1990年铸币税的估计，各国铸币税占GDP的比率从0.38%~14.8%不等，平均而言，铸币税大概占GDP的2.5%，并为政府支出提供大约10%的融资。

在金属货币制度下，铸造货币的成本与货币价值之差的部分被称为"铸币税"。铸币税的计算公式为：$S = (M_{t+1} - M_t)/P_t$。其中，S代表铸币税，M_{t+1}和M_t分别代表$t+1$期和t期的货币发行量，P_t代表t期的价格水平。

如果汇率保持稳定，那么政府可以通过以下的渠道获得铸币税。首先，政府可以通过增加外汇储备的方式来获取铸币税。其次，如果本国执行固定汇率制度，根据购买力平价理论，若其他国家发生通货膨胀导致物价上涨，那么本国的价格也会随之上涨，这会降低名义货币余额的实际购买力，同时增加对货币的超额需求。此时，中央银行通过适量增加货币供给以抵消价格上涨，使实际货币余额保持不变。在这种情况下，政府随着国内价格水平的上升收取了铸币税，却并不减少任何储备。再次，当国内生产总值的潜在增长引起实际货币余额需求的同步增长时，如果中央银行增加的货币供给恰好能满足社会对实际货币的增长需求而不出现超额供给，那么政府可以通过发行货币取得铸币税，而不会引起通货膨胀。最后，当社会失业率增加且商品存在超额供给时，政府为了扩大货币需求，可能会采取扩张性财政政策，导致对货币的超额需求。若中央银行此时增加的货币供给恰好能满足这部分超额需求，那么政府就能够获得铸币税收入。

（二）最优铸币税

当铸币税的宏观经济成本（如通货膨胀等）已知时，政府可以确定最优铸币税。在确定最优铸币税时，我们不仅要考虑名义货币供应量增长率（通货膨胀率），从而使得铸币税收益最大化；同时也要考虑税率组合，从而使得税收对福利造成的负效应最小。托宾（1986）认为，不论是明税还是暗税都存在扭曲效应，铸币税所造成的扭曲是资源的转移，是与货币稀缺相联系的效用损失。但是，明税也存在扭曲，一次性总量税又往往不可取。所以，政府应该在给定的政府支出约束下，进行最优化税收选择。

三、铸币税与国内经济的关系

铸币税与国内货币政策、通货膨胀、电子货币、中央银行的独立性等存在密切联系，因此，铸币税对国内经济的影响不容忽视。为保持经济稳定增长，必须保持最优铸币税。

（一）铸币税与通货膨胀

政府通过创造基础货币，既可以弥补财政赤字，也可以为政府的支出融资，同时也可以作为公开税收的一种替代。政府通过创造基础货币，使得货币贬值，物价上涨，从而导致了持币方财富减少，发行方财富增加，政府获得收入。这种政府收入来源也被称为铸币税,是政府通过其创造货币的权力而增加的收入。铸币税是对货币持有者征收的一种隐性税收,也可被称为"通货膨胀税"。但是,由于通货膨胀率低,在大多数国家,铸币税在财政收入中所占比例较小。当政府通过发行货币来弥补财政赤字时,公众会选择增加持有的名义货币余额来维持其实际价值。然而,政府为了征收铸币税而发行的货币量是存在最优限制的。如图12-2所示,当政府发行货币,通货膨胀率上升时,铸币税收入也在逐渐上升;然而,当社会中的通货膨胀率达到 π^* 时,如果政府继续增发货币,将导致通货膨胀率上升,而铸币税收入下降。

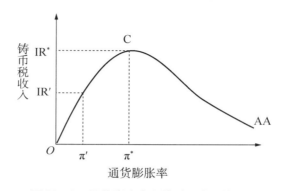

图12-2 通货膨胀率和铸币税收入的关系

在银行体系不够健全的国家里,因为人们只能持有更多的现金,所以政府可以获得更多铸币税收入。高通货膨胀导致税收体制崩溃时,铸币税收入可以作为政府维持财政收支平衡的收入来源。如果铸币税被大规模使用,通货膨胀会更加严重(如图12-2所示)。短期内,物价上涨会使政府实际债务水平下降;但从长期来看,当债权人认识到自己的利益受到损失,便会通过转移资产、抛售大量金融资产等方式来调整资产结构。如果这类现象持续,严重的话会使金融资产贬值,从而引发一系列经济危机。

(二)铸币税与货币政策

根据发行货币的方式,货币发行制度可以分为中央银行制度与货币局制度。

在中央银行制度下,中央银行通常会通过以下三种渠道增加基础货币:①增加外汇储备。为了配合增加的外汇储备,中央银行向商业银行注入基础货币,再通过货币乘数效应使货币供应量倍增。②公开市场操作。中央银行从公开市场买进国债等有价证券,这也等同于向市场投放基础货币,直接增加了商业银行准备金。③直接增加商业银行的贷款规模,为商业银行贷款的扩张提供头寸。以上三种方式都能增加货币供应量,而征收铸币税作为一种财政政策,和货币供应量有很紧密的关系。铸币税收入随着货币供应量的增加而增加。然而,如果货币供应量过多,将会导致通货膨胀,进而对经济增长产生负面影响。

在货币局制度下,政府以立法形式明确规定,承诺本币与某一确定的外国货币之间可以以固定比率进行无限制兑换,并要求货币当局确保这一兑换义务的实现。货币局制度有两项基本原则:一是本国货币钉住一种强势货币,与之建立货币联系,此货币成为锚货币;二是本国的通货发行以外汇储备,特别是锚货币的外汇储备为发行保证,保证本国货币与外币随时可按固定汇率兑汇。

铸币税的增加不仅取决于基础货币,还取决于货币发行制度。例如,在货币局制度下,铸币税就不存在,其原因包括以下四个:①在货币局制度下,货币创造权限不归货币当局所有,基础货币的数量是由储备资产确定的。而在中央银行制度下,中央银行根据现实情况以及对应的货币政策目标来提供基础货币,而不是参考储备资产。②货币局制度属于被动的货币供应机制,基础货币的供给量只能被动地根据特定的经济情况做出反应。而中央银行制度可以根据经济发展的需要,自主地调节基础货币供应量。③在货币局制度下,基础货币扩张的渠道单一,只有货币当局与各金融机构进行货币兑换,才能提供基础货币。而在中央银行制度下,基础货币扩张的渠道较多,如对商业银行的再贷款、再贴现以及外汇市场交易等。④在货币局制度下,货币供给是一种市场行为,货币当局根据市场的货币需求,按照固定比例,通过货币兑换,向市场提供基础货币;货币当局无法进行宏观调控。而在中央银行制度下,货币政策是有效的,中央银行可以根据社会经济发展的需要来制定反映政府意图的货币政策,调整货币供给量。

从另一方面来说,铸币税并不完全等于物价水平上涨(通货膨胀)导致的货币持有者的损失,因为物价水平上涨(通货膨胀)并不都是由增发货币导致的。从宏观经济层面来看,引起通货膨胀的原因有很多,例如,产品价格上升等导致的成本推动型通货膨胀。当存在恶性通货膨胀时,微观经济主体为了追求效用最大化,将会减少对中央银行纸币的实际需求,此时政府的铸币税收入比货币持有者的通货膨胀损失要小。在信用货币制度下,铸币税则是中央银行拥有的货币使用权,这种使用权由货币需求大小决定,主要取决于以下四个方面:商业银行、政府财政、居民和非居民。而国库的存款相当于中央银行创造的货币,主要由以下三个途径获得:财政当局直接向中央银行透支、发行国债和直接征税。因为派生存款的根基是基础货币,所以商业银行对基础货币存在需求,这是商业银行开展业务的基础。居民对货币的需求主要来自获得更多金融资产的愿望。非居民对货币的需求则来自本外币的自由兑换。以上四个方面只有在经济处于上升时期才会增加货币的有效需求,也只有在该情况下,政府才能在不引起货币持有人过高通货膨胀损失的前提下最大化自己的铸币税收入。

(三) 铸币税与财政政策

铸币税和财政赤字具有一定联系。铸币税其实也是财政收入的一部分来源,但不同国家的征税数量有所差异,通常与赤字政策、社会总需求等相关。当出现财政赤字时,政府可以通过向公众借债、消耗外汇储备和印发钞票的方式来弥补赤字。研究表明,在不同时期,财政赤字与预期货币增长密切相关。

四、国际铸币税与人民币国际化

(一) 开放经济下的铸币税

当一种货币成为国际货币以后,不管是本国居民,还是外国居民都可以持有这一货币。因此,货币当局所获得的铸币税收入来源既包括本国居民也包括外国居民。当货币流通发行到国外并作为国际储备货币时,货币同时就具有了从储备国筹集无息贷款的功能(Neumann,1992)。因此,国际货币发行国可以经过两种方式获得铸币税收入:一方面,货币发行国获得发行货币的票面价值与发行所需费用的差值;另一方面,来自本币国际化所产生的净收益。当一国国际铸币税收入大于支出,则称该国当年出现了国际铸币税收支顺差;如果收入小于支出,则称该国当年出现了铸币税收支逆差。在开放经济条件下,应该结合国内和国际两种铸币税收入来分析铸币税最优化问题。卡甘(Cagan)在1956年发现通货膨胀率和铸币税之间存在"丘陵"状的关系,并把它称为"拉弗曲线"。铸币税会随通货膨胀率提高而增加,但这一趋势在到达峰值后,出现下降趋势。最优通货膨胀率是指实现铸币税收入最大化时的通货膨胀率。陈雨露等(2003)用1981—2002年各国持有美元储备所形成的存款和国债的年末余额来核算美元的国际铸币税收益。其计算得出,在1981年,美国实际获得的国际铸币税收入为1051.85亿美元;到2002年,这一收益已经高达6782亿美元。①

(二) 人民币国际化下的铸币税

随着经济的飞速发展,以及社会主义市场经济模式的不断改进,我国参与国际分工和协作的广度与深度不断扩大和增加,人民币在国际货币储备中的分量越来越重,在国际市场中的自由兑换程度越来越高。人民币在国际货币体系中的地位逐步提升,人民币向国际化迈进的速度进一步加快。人民币国际化水平的不断提高也给我们带来了巨大的收益,其中最主要、最直接的收益就是铸币税收益。在开放经济下,我国发行人民币不仅能够获得国内铸币税,而且可以通过境外流通来获得国际铸币税。

小 结

本节阐释了最优税赋的理论基础和选择机制,并详细介绍了铸币税的相关内容。铸币税实际是财政当局对中央银行发行基础货币所征的税收,本质上是一种财政政策手段。另外,铸币税与财政政策、货币政策和货币供应量有关。具体来说,铸币税首先是一种税收,是一种财政收入,如果铸币税征收过多,会削减货币供应量;如果铸币税征收过少,可能会引发财政赤字。因此,铸币税同样适用于最优税赋理论。铸币税的实施需要伴随货币的发行,因此其大多依附于货币政策。如果政府制定的铸币税超过了最优铸币税限制,那么政府可能会超发货币,从而诱发通货膨胀,甚至是金融危机。在经济全球化趋势下,没有任何一个国家能把自己置身事外,一国发行货币不仅可以对本国居民征收铸币税,还可以对国外货币持有者征收铸币税。因此,随着人民币国际化的趋势加快,铸币税在这一条件下如何测度以及产生的影响如何还需要更多深入的研究。

---

① 陈雨露、王芳、杨明:《作为国家竞争战略的货币国际化:美元的经验证据——兼论人民币的国际化问题》,载《经济研究》2005年第2期,第35~44页。

◆案例分析◆

新常态下财政政策与货币政策的协调配合

作为现代宏观经济政策的核心,财政政策与货币政策的基本目标一致、政策手段互补、传导机制相通。中国经济进入新常态以来,已由高速增长阶段转向高质量发展阶段,正处在转变发展方式、优化经济结构、转换增长动力的攻关期。财政政策和货币政策的传统调控模式已经不能完全适应新形势的要求,不仅财政政策和货币政策自身亟待优化调整,两者间的有效配合尤为重要。

1. 财政政策和货币政策改革向纵深推进

面对外压和内因交织的新形势、新挑战,我国的财政政策和货币政策在手段创新、力度把控、机制建设等方面取得了长足进展,主要体现在以下三个方面。

第一,在发挥政策特长的同时,对总量和结构问题的处理更加均衡。财政政策更侧重于结构调整和资源配置,而货币政策的调节重点是社会需求总量,但普惠性的税率下调伴随着结构性调整,能够同时应对总量问题和结构问题。2016年5月,"营改增"试点全面推开,成为撬动财税改革的杠杆。当年仅通过"营改增"实现的减税降费规模已达到5000亿元,此后减税降费规模逐年上升,2017—2019年分别为1万亿元、1.3万亿元、2万亿元。这轮财税改革不仅调整了税收结构和产业结构,还进一步扩张了社会需求,深化了供给侧结构性改革。就货币政策而言,非常规型政策的出台和密集应用形成了对常规型政策的有力补充,例如中期借贷便利(MLF)、抵押补充贷款(PSL)等,使得货币政策在总量调控的基础上承担更多结构调整职能。

第二,在保持政策总体取向的同时,不断优化调控方式。自2010年至今,宏观调控政策组合一直保持着"积极财政政策+稳健货币政策"的搭配。财政政策与货币政策的搭配没有发生变化,但在不同时期、不同形势下,政策的重点和内涵有所调整。从财政政策的调控来看,相比2017年的"加大力度"、2018年的"积极取向不变"、2019年的"加力提效",2020年积极财政政策的重点是"提质增效",不过分追求减税降费和专项债规模,而是更加强调质量和效果。货币政策调控的灵活度显著增强,突出表现为更加注重价格型调控。2019年"松紧适度"的重点是流动性总量,2020年"灵活适度"则更加偏向新型货币政策工具,关注市场的价格信号。

第三,在注重市场培育的同时,着眼于中长期体制机制建设。"营改增"和个税改革的双双落地,从深层次重构了政府与市场、中央与地方的关系。在政府与市场的关系维度,"营改增"充分体现了税收中性原则,尽可能减少税收制度对市场经济的扭曲程度;在中央与地方的关系维度,"营改增"推动"财权、事权和支出责任相匹配"的财政机制建设。个税改革在简化税制、提高起征点、增加专项附加扣除的同时,迈向综合与分类相结合的混合税制,为最终实现综合所得税制奠定基础。传导机制的建设与完善是当前货币政策的工作重点之一。2018年、2019年中央经济工作会议分别提出改善、疏通货币政策传导机制。2019年年初,中国人民银行工作会议明确提出,稳妥推进利率"两轨并一轨",完善市场化的利率形成、调控和传导机制。在此背景下,新的贷款市场报价利率(LPR)形成机制于2019年8月启动,中期借贷便利(MLF)利率代替贷款基准利率与LPR挂钩,并新增五年期以上的期限品种。一方面,打破了贷款基准利率的隐形下限,有利于疏通市场利率向实体经济的传导机制;另一方面,提升了利率传导效率,有利于夯实由短期利率向中长期利率的传导机制。

2. 财政政策与货币政策协调配合稳步推进

自改革开放至今,我国财政政策与货币政策的协调配合在探索中不断发展,大致可划分为三个层次。

第一层次,财政政策或货币政策一家独大。1983年中央银行体制正式确立,1984年中央银行、专业银行二级银行体制逐渐形成。此前,宏观调控具有很深的计划经济时代烙印,由于缺乏相对独立的中央银行和货币政策,财政政策在经济运行中占绝对主导地位。其后,金融在经济体系中的核心地位得以确立,财政收入比重下滑。

第二层次,财政政策与货币政策各自为政。1993年11月,中共十四届三中全会确立了"综合运用货币政策与财政政策,调节社会总需求与总供给的基本平衡"这一宏观经济调控基本框架。在初始阶段,两种政策在力度和方向上形成松紧搭配,但欠缺政策间的协调配合,政策"越位"与"缺位"并存。比如1998年,央行在国债发行期间下调金融机构存贷款利率,财政部则被迫下调国债利率以应对冲击,一定程度上造成了政府信用和政策可信度下降。

第三层次，财政政策和货币政策的配合日趋成熟。根据调控目标、范围、工具、时滞等方面的差异，两大政策的职能分工、主辅关系进一步明确，在抑制通货膨胀、平抑经济波动方面发挥了积极作用。积极的财政政策更加注重结构调整，不仅包括宏观层面的经济结构和产业结构，还通过推动公共服务均等化促进地区间平衡发展。货币政策的主要任务则是营造稳定适宜的货币环境，避免以通胀换增长。

3. 政策配合新常态

第一，统筹对待财政政策和货币政策空间，防止财政风险和金融风险之间的过度转化。尽管财政政策和货币政策具有相对独立性，但两大政策均以政府公信力作为支撑，财政风险和金融风险会相互转化。因此，在衡量政策空间时，不能孤立地看待财政政策空间或货币政策空间。

第二，加强财政政策与结构性货币政策的配合，非常规政策应适时转型。中期借贷便利（MLF）、定向中期借贷便利（TMLF）、抵押补充贷款（PSL）等结构性货币政策工具在定向配给流动性的同时，兼具特定领域的资金引导功能。而结构调整和资源配置正是财政政策的重要职能，结构性货币政策和财政政策的协调配合有利于更好应对困扰已久的结构问题。

第三，加快推动国债市场建设，突出政策协调重点。国债最原始、最基本的功能是弥补财政赤字，保证国库的支付需要。国债同时又是金融机构和金融体系实施流动性管理的基础，在金融市场上具有公共产品的地位。国债市场的发展应与财政政策、货币政策的发展及其有效配合保持一致。

（资料来源：魏琪：《新常态下财政政策与货币政策的协调配合》，载《财政科学》2020年第7期，第147～153页。有所修改。）

◆思考讨论题◆

1. 分析财政政策影响货币政策的两个机制。
2. 简述财政赤字的利弊，并说明如何处理财政赤字。
3. 为什么财政赤字会诱发通货膨胀？
4. 请梳理和解释财政赤字、货币和通货膨胀的关系。
5. 什么是最优赋税？请思考其与铸币税的关系。
6. 请解释铸币税的计算公式。
7. 什么是最优铸币税？请简述其与财政政策和货币政策的关系。

8. 论述铸币税和通货膨胀的关系。
9. 论述铸币税如何影响财政政策和货币政策。
10. 思考并讨论人民币国际化进程是如何影响铸币税的。

第十三章 货币政策与财政政策的协调

宏观经济发展的四个目标分别是经济增长、充分就业、物价稳定和国际收支平衡，实现这四个经济目标需要货币政策与财政政策的搭配使用。货币政策与财政政策之间既有联系，又有区别。两者的联系主要在于二者都是需求管理政策，区别则是货币政策主要管理货币供应量，而财政政策则是进行财政收支管理。两者虽然联系紧密，但是在作用机制和作用方向上依然存在区别。因此，货币政策与财政政策既需要协同，又需要优势互补。

第一节 货币政策与财政政策协调的理论基础

货币政策侧重于调整货币供应量，而财政政策的重点放在财政收支。单一政策的实施并不能实现既定经济目标，因此，两种政策的协调具有一定的必要性，而关于两者相互协调作用的理论也在不断发展。

一、封闭经济下的 IS-LM 模型理论

1937 年，经济学家希克斯（John R. Hicks）和凯恩斯主义学派代表人物汉森（Alvin Hansen）提出了封闭经济下的 IS-LM 模型，该模型是在凯恩斯理论的基础上建立的，体现了产品市场和货币市场上利率和收入的均衡关系。该模型根据 LM 曲线的斜率大小划分出了三个区域：凯恩斯区域、古典区域和中间区域。其中，在凯恩斯区域，LM 曲线处于水平状态，当利率下降到一定程度时很容易出现流动性陷阱的问题；在古典区域，LM 曲线是垂直的，此时货币需求的利率弹性为零，因此，财政政策无效；在中间区域，两种政策都有效，所以此时政府做出的选择就显得比较重要。IS-LM 模型是分析货币政策与财政政策是否相互协调的重要工具之一。如上所述，选择不同的货币政策与财政政策组合对利率和产出会产生

不同的政策效果（见表13-1）。

表13-1 货币政策与财政政策组合的搭配效果

政策搭配	产出	利率
扩张性货币政策与扩张性财政政策	增加	不确定
扩张性货币政策与紧缩性财政政策	不确定	下降
紧缩性货币政策与扩张性财政政策	不确定	上升
紧缩性货币政策与紧缩性财政政策	减少	不确定

二、单一政策无法兼顾的"米德冲突"

1951年，英国经济学家米德（James Edward Meade）最早发现在固定汇率制下内外均衡容易引发冲突，这一现象被称为"米德冲突"（Meade Conflict）。之前的理论认为，宏观经济政策的目标就是要使内外都达到均衡，而内外均衡的表现包括物价稳定、充分就业、经济增长以及国际收支平衡。但是，在开放经济条件下，如果独立实行一项政策，容易引起内外均衡目标冲突。在米德理论中，将开放经济下有联系的内外均衡之间的冲突称为"狭义的内外均衡冲突"。

在开放经济条件下，内外均衡的四大目标可以分解为：外部均衡的目标是平衡国际收支；而内部均衡的目标是物价稳定和实现充分就业，最终实现经济增长。"米德冲突"表明，在凯恩斯主义分析框架下，实行固定汇率制度使汇率浮动区间受到极大的限制。因此，为了使国际收支均衡，国家主要实施开支变更政策，不同的开支变更政策会对内外均衡目标产生不同的效果。当一国同时存在国际收支逆差和通货膨胀问题时，政府采取减少总需求的措施可以使二者达到均衡；当一国国际收支顺差与就业不足问题同时存在时，政府需要采取扩大总需求的措施使二者达到均衡。但是，当一国同时存在国际收支顺差与通货膨胀问题，或同时存在国际收支逆差与严重失业问题时，政府就无法实现内外均衡的目标，此时，就会出现"米德冲突"。为了解决这个冲突，政府可以考虑将货币政策与财政政策搭配使用。应对国际收支失衡的问题，政府可以使用货币政策；应对国内经济波动，政府可采用财政政策。除此之外，政府可以根据国内外经济的不同情况，将两种政策搭配使用，从而达到国际收支和国内经济两者都均衡的政策目的。

三、针对不同政策目标采取不同政策工具的"丁伯根法则"

丁伯根（Jan Tinbergen）提出了关于经济政策和政策目标之间关系的"丁伯根法则"（Tinbergen's Rule），其主要思想是：如果为了实现一个经济目标，政府至少需要实施一个有效的政策；如果想要同时实现几个目标，那么政府需要同时运用几个有效且相互独立的经济政策。根据"丁伯根法则"，一个政策工具只能用来解决一个相应的问题；如果用一个政策工具想要实现两个及以上的目标，不同的目标之间可能会发生冲突进而降低解决问题的效率。

假定现在有两个政策工具分别是 I_1 和 I_2，有两个待实现目标 T_1 和 T_2。假定目标是政策工具的线性函数，即：

$$T_1 = a_1 \times I_1 + a_2 \times I_2$$
$$T_2 = b_1 \times I_1 + b_2 \times I_2$$

在上述条件下，只要每个政策工具与目标是相互独立的，并且决策者能够自主控制该政策工具，那么，决策者就可以经过各个政策工具相互的配合实现既定经济目标。

从数学方面看，求解出达到目标 T_1 和 T_2 时所需要的 I_1 和 I_2 的前提假设是这两个政策工具线性无关，即 $a_1/b_1 \neq a_2/b_2$。求解达到目标 T_1 和 T_2 时所需要的 I_1 和 I_2，即：

$$I_1 = (b_2 \times T_1 - a_2 \times T_2)/(a_1 \times b_2 - b_1 \times a_2)$$
$$I_2 = (a_1 \times T_2 - b_1 \times T_1)/(a_1 \times b_2 - b_1 \times a_2)$$

当 $a_1/b_1 = a_2/b_2$ 时，说明这几个政策工具对目标的影响是一致的。换句话说，决策者需要达到两个目标，但手中只存在一个独立的政策工具，此时就违反了该法则的前提假设。此结论可以继续推广。假定一个经济体是线性的，决策者想要实现 N 个政策目标，那么至少需要 N 个线性不相关的政策工具。在开放经济条件下，这一结论的政策含义是：假定财政政策和货币政策对产出的影响一致，通过调节支出总量的方式并不能同时实现内外均衡的目标，此时需要新的政策工具来搭配使用。

在实现目标的过程中，"丁伯根原则"具有如下特征：一是假定各种政策工具可以供决策当局集中控制，从而通过各种工具的紧密配合实现政策目标；二是没有明确指出每种政策工具有无必要在调控中侧重于某一目标的实现。

四、开放经济下的"蒙代尔－弗莱明－多恩布什模型"

"蒙代尔－弗莱明－多恩布什模型"（Mundell-Fleming-Dornbusch Model）融合了凯恩斯收入－支出模型和"米德冲突"的主要思想，其主要观点是：在不同的汇率制度下，国际资本流动对整个经济政策有效性会产生重要影响。

希克斯和汉森在凯恩斯《就业、利息和货币通论》的基础上建立了 *IS-LM* 模型，并加入国际收支这一因素，研究在开放经济条件下的经济均衡。该模型假定短期价格黏性，这一假设延续了凯恩斯刚性价格的思想。作为宏观经济的一般均衡模型，该模型把外汇市场纳入商品市场和货币市场均衡分析框架中。外汇市场的均衡不仅包括经常项目的均衡，还包括资本项目的均衡，这主要是因为"二战"后国际资本流动加快。该模型中假定资本流动是关于国内外利差的函数。在均衡状态下，经常项目与资本项目相联系，前者的盈余或赤字可以由后者来抵消。该模型更为重视资本流动对政策搭配的影响，并把开放经济条件下的分析延伸到了金融领域。

小　结

分析货币政策与财政政策配合的理论基石是 *IS-LM* 模型。*IS-LM* 模型通过建立利率和产出之间的联系，把货币政策与财政政策联系起来。"米德冲突"指出，单一的货币政策与财政政策无法实现宏观经济目标，因为两者都有无法解决的问题。而"丁伯根法则"指出，政策措施和政策目标之间具有对应的关系，一种政策目标至少要用一种政策工具来实现，不能妄想用一种政策工具来解决多种经济问题。因此，货币政策与财政政策要根据具体情况进行搭配使用，货币当局和政府应斟酌选择。

第二节　货币政策与财政政策协调的分析框架

货币政策与财政政策两者的协调主要表现在以下四个方面：政策工具的协调，政策时效的协调，政策功能的协调，调控主体、层次和方式的协调。

一、政策工具的协调

货币政策与财政政策工具的协调主要体现在财政投资项目中的银行配套贷款。此外,国债发行与央行反向进行公开市场操作也需要协调推进。这主要是指发行国债时,央行在公开市场上买进国债,抑制利率的提高。

二、政策时效的协调

政策时滞分为内部时滞和外部时滞,而内部时滞又分为认识时滞和行动时滞。货币政策与财政政策的协调也需要考虑政策时效问题,需要注意内外部时滞问题。货币政策与财政政策的调控侧重于不同的方面。货币政策的主要功能是对经济进行微调,在促进经济增长方面表现相对滞后。但从长期来看,货币政策在抑制通货膨胀和经济过热方面卓有成效。财政政策能够较快地启动投资、促进经济增长,但财政政策力度较大时容易造成财政赤字、经济泡沫等问题,严重时会引发通货膨胀。因此,财政政策只是在短期内更有成效,其本身并不适合长期频繁使用。

三、政策功能的协调

货币政策与财政政策功能的搭配主要是指在不违背商业银行经营的"安全性""流动性"和"盈利性"三性原则的前提下采取"积极或者适当的货币政策",这样的搭配可以在一定程度上降低扩张性财政政策给商业银行带来的风险。政府进行财政政策与货币政策投资时应该选择多样化的投资范围,发挥比较优势。财政政策投资应侧重于基础设施建设和公共物品,而货币政策投资应更加关注市场化的竞争性项目,否则就会导致盲目投资、资源配置效率降低等问题。

四、调控主体、层次和方式的协调

货币政策与财政政策在调控主体上的差异导致了两者在调控层次上的区别。货币政策调控层次通常包括宏观和中观层面,调控主体权力较为集中。宏观层面上,货币政策是指对货币供应量、利率和汇率等因素进行调节,其直接影响社会总供求、就业等宏观变量。而在中观层面上,货币政策根据国家政策指向,调整信贷资金存量和增量,以促进国民经济平稳快速发展。考虑到政府的多层次性及经济利益的相对独立性，财政政策通常会形成包括宏观、中观和微观的多层次调整体系。在宏观层面上，政府运用财政预算和税收等手段调节社会总供求，从而影响宏观经济；在中观层面上，政府主要是通过财政投资和转移支付等手段，来调整产业结构和区域经济结构，从而实现公平和效率的平衡并促进区域间协调发展；在微观层面上，政府通过财政补贴和转移支付等手段来影响企业和个人的收入。

小 结

货币政策与财政政策体系非常复杂，二者之间需要进行多方面的协调。首先，最主要的是政策工具的协调。不管是财政政策还是货币政策，都是通过政策工具来发挥作用，两者之间是否协调是政策是否有效的关键。其次，任何政策发挥作用都需要一定的时间。货币政策发挥作用较为滞后，但是对经济具有长期影响。财政政策能够即刻发挥作用，但是只能起到暂时的调节作用，不能对经济产生长远影响。因此，政府要考虑两者之间在时间上的搭配。再次，在政策功能方面，货币政策主要调节货币供应量，其影响具有普遍性，作用于经济生活的方方面面。而财政政策是一种收支管理政策，对宏观经济的影响具有片面性。因此，政府要注重两种政策对经济产生的影响在整体和部分之间的协调。最后，货币政策的调控主体是金融部门，而财政政策的调控主体是财政部门，因此，实施这两种政策需要部门间的协调配合。

第三节 货币政策与财政政策的组合及其影响

在早期的凯恩斯理论框架下，基于传统的 IS-LM 模型，实施货币政策还是财政政策是基于不同情况下的宏观政策调控需求来决定的：当经济处于下行状况时，一般采用"双松"政策，即财政政策和货币政策都是采取扩张性的；反之，当经济增速过快时，则采用"双紧"政策，即采用的财政政策和货币政策都是紧缩性的。在理论层面，货币政策与财政政策的组合可以分为紧缩型、宽松型和稳健型。具体的搭配有以下六种形式：① "松货币 + 紧财政" 或 "松财政 + 紧货币" 的 "松紧搭配模式"；② "稳货币 + 紧财政" 或 "稳财政 + 紧货币" 的 "稳紧搭配模式"；

③"紧财政+紧货币"的"双紧搭配模式";④"松财政+松货币"的"双松搭配模式";⑤"稳财政+稳货币"的"双稳搭配模式";⑥"稳财政+松货币"或"稳货币+松财政"的"稳松搭配模式"。货币政策与财政政策的搭配组合会随着经济周期的变化而进行调整,可以将政策调整为紧缩型的来稳定过热的经济,可以维持宽松状态以促进经济复苏,也可以坚守平稳政策保持经济平稳运行。IS-LM 模型和"相机抉择"理论要求在经济周期的不同阶段,政府要基于经济走势来选择合适的政策组合,以达到促进经济平稳运行的目的(见图 13-1)。

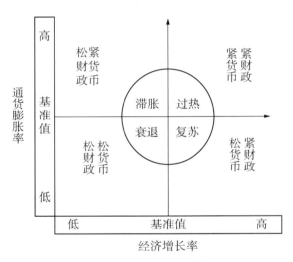

图 13-1 不同经济运行状态下的政策组合

一、经济增速上升期的财政政策与货币政策搭配组合

在经济增速上升初期,经济正在慢慢恢复,但物价水平还在低位。在这种环境下,虽然经济在逐步恢复,但是市场还没有完全稳定,经济复苏的微弱势头很容易被通货紧缩留下的负面影响所抵消。这种情况就需要正确的政策指引来消除通货紧缩带来的负面影响,使经济进入正轨。此时,政府适合采用"稳财政+松货币"的政策搭配组合。稳健型财政政策主要是为了维持市场上的有效需求,保障经济在上升区间稳定运行,从而实现经济复苏;同时,该政策通过税收的形式保证财政收支在合理的范围内。宽松型货币政策则是通过改变货币供应量达到稳定物价和增加产出的目

的，使价格水平和经济发展步调保持一致。

在经济增速上升中期，经济增速较快，而此时价格水平受时滞影响，依然持续着通货紧缩时的状态。此时，政府适合采取"紧财政＋松货币"或"紧财政＋稳货币"的政策搭配组合。面对财政紧缩和经济过热的"两难"选择时，政府应进行反方向调控。因此，政府适合采用"紧财政＋松货币"的组合。紧缩型财政政策可以采取增加税收、减少财政支出和缩减债务的措施来预防预算赤字带来的风险。相关的政策信号可以约束市场的非理性需求，防止经济过热。宽松型货币政策则通过增加货币供应量来刺激投资和消费，配合紧缩型财政政策来促进经济发展并消除通货紧缩。紧缩型财政政策和宽松型货币政策都应保持在合理的范围内，使经济正向发展。

二、经济增速下降期的财政政策与货币政策搭配组合

当经济增长达到一定高度之后，经济增速开始下滑，而此时物价水平仍然保持高位，导致经济出现滞胀的情况。因此，激发市场活力和刺激经济复苏成为当前首要任务。同时，在进行政策调控时也需要注意发生通货膨胀。为了缓解这种高物价和低经济增速的情况，政府应该采用"松财政＋紧货币"的搭配组合。采取宽松型财政政策可以通过增加财政支出和减少税收等方式扩大社会总需求，引导经济复苏。采取紧缩型货币政策可以通过收紧银根来预防通货膨胀。

当经济增速处于下降中期时，虽然此时经济已经开始衰退，但是物价水平仍然处于高位，对此，政府宜采取"松财政＋稳货币"的搭配组合。其中，宽松型财政政策可以通过释放市场有效需求来刺激投资和消费，从而拉动经济增长。在宽松型财政政策满足资金需求的基础上，货币当局实施稳健型货币政策，通过维持适当的货币供应量来实现物价稳定。

当经济增速处于下降后期时，经济整体陷入停滞状态，而在惯性的作用下进一步表现为经济疲软。受悲观预期的影响，生产要素价格降低，进而引起一系列连锁反应，在物价方面表现为通货紧缩。对于厂商来说，商品的低价格使其难以在市场上获利，因此，他们不得不缩小生产与投资规模，而这又进一步抑制了经济的发展。从长期来看，这将形成恶性循环，因此，经济复苏依然存在很大挑战。此时，政府适宜采取"双松"的搭配组合，通过放松银根、增加财政支出来刺激经济。当"双松"的政策搭配

组合产生的收益超过生产投资的成本时,就可以达到消除通货紧缩的目的,从而刺激经济复苏。具体见图13-2。

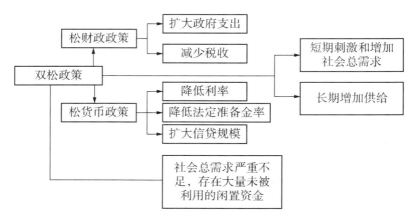

图13-2 宽松的财政政策与货币政策搭配组合

三、经济增速平稳期的财政政策与货币政策搭配组合

当经济增速处于稳定状态时,物价水平和市场供求状况均处于一个合理的状态。但是,如果想要经济一直处于稳定增长状态,就需要政府发挥"有形之手"的作用来维持。此时,政府宜采取"双稳健"的政策搭配组合。稳健型财政政策可以保证税收、财政支出和债务支出的平稳,而稳健型货币政策可以维持货币供应量和物价水平的稳定。"双稳"的政策搭配组合可以达到充分就业、物价稳定的政策目标。

经济运行过程中会出现"经济过热"和"经济衰退"两种极端,二者分别代表经济周期的顶部和底部。与此同时,政策组合存在"双紧"和"双松"两种极端的搭配形式。在经济运行过程中,经济政策组合应该顺应经济周期所处的位置,进行充分的协调和适当的调整。政府应该根据实际经济发展情况在紧缩型、宽松型、稳健型的财政政策与货币政策搭配组合之间进行审慎取舍。据此,一国应根据自身经济发展所处的阶段,确定两种政策的取向和重点,提供合适的政策搭配组合,充分发挥不同政策搭配的联合作用,并使之符合"动态调控"和"相机抉择"的政策规则。处于经济周期的不同阶段应该采取的财政政策与货币政策的搭配组合见表13-2。

表13-2 处于经济周期不同阶段下财政政策与货币政策的搭配组合及其效果

经济阶段	政策搭配组合	主要作用
经济增速上升期	稳财政+松货币	促进经济复苏,抑制通货紧缩
	紧财政+松货币	抑制经济过热,抑制通货紧缩
	紧财政+稳货币	抑制经济过热,促进物价平稳
	紧财政+紧货币	抑制经济过热,抑制通货膨胀
	稳财政+紧货币	促进经济平稳,抑制通货膨胀
经济增速下降期	松财政+紧货币	抑制经济下行,抑制"滞胀"
	松财政+稳货币	抑制经济衰退,维持物价稳定
	松财政+松货币	抑制经济疲软,抑制通货紧缩
经济增速平稳期	稳财政+稳货币	促进经济平稳,维持物价稳定

小 结

在不同的经济形势下,政府应采取不同的政策组合来实现政策目标。在明确基本经济环境的基础上,政府要"相机抉择"。当经济过热时,政府需要通过紧缩的财政政策与货币政策来抑制经济泡沫;当经济低迷时,政府需要采用相对宽松的财政政策与货币政策来鼓励投资和消费,从而拉动经济增长。政府在协调财政政策与货币政策时,要做到张弛有度、具体情况具体分析。

第四节 货币政策与财政政策前沿研究

伴随着全球经济一体化进程的加快,一国面临的经济不确定性不断上升,国内外不可预期事件都会对本国财政政策与货币政策造成影响,并引起各国政府的高度关注。历史上,1997年亚洲金融危机、2001年美国"9·11"事件、2008年国际金融危机、2017年中美贸易摩擦和2020年全球新冠肺炎疫情等事件,都造成了各国经济的剧烈波动并影响世界宏观经济走势。面对自然和社会的不确定性,之前的政策理论是否依然适用,以及我们采用的政策搭配组合是否依然能够发挥作用,仍是亟待研究的重要课题。

一、不确定性和最优财政政策与货币政策选择

2008年金融危机之后,经济不确定性持续上升,这引发了学界对经济不确定性的高度关注。众多研究发现,经济不确定性会给宏观经济运行带来显著的负向影响。为减少宏观经济波动,财政政策与货币政策组合的效用最大化成为当下的研究热点。因此,在经济不确定性背景下,研究财政政策与货币政策组合的宏观调控效应,研究政府如何设定社会福利最大化的政策组合,对宏观经济平稳运行具有重大意义。

1980年以前,主流经济学理论和政策制定者都推崇"相机抉择"。但是,推行这种政策存在着民众无法预期政策的长期变化和福利损失等弊端。此后,政策规则的调整方式逐渐受到重视。Schmitt-Grohe 和 Uribe (2007)研究了福利最大化的财政政策与货币政策组合,并在其模型里考虑了价格黏性、货币和扭曲性税收等因素,发现最优财政政策是被动的,且最优财政政策与货币政策组合获得的福利水平与"拉姆齐最优政策"基本一致。Adam(2011)在名义刚性和垄断竞争的基础上,研究了不同政府债务水平下最优的财政政策与货币政策的组合问题。Philippopoulos 等(2015)基于动态随机一般均衡模型(DSGE 模型),对财政政策与货币政策反馈的问题进行了研究。国内学者朱柏松等(2012)同样构建了 DSGE 模型,并分析了两个政策规则的联动机制对宏观经济的影响。

在应对不确定性冲击时,财政政策和货币政策往往难以完全发挥出理论上的作用,因此,政府应该采取什么样的宏观经济政策来应对不确定性冲击,以及如何设计最优宏观经济政策等在近期成为学者和政策制定者重点关注的问题。

二、灾难冲击下的财政政策与货币政策选择

如何搭配最优的财政政策和货币政策以应对突发事件对整个经济系统产生的影响并实现经济平稳发展,一直是经济学领域重点探讨的问题。最初的研究主要是在新古典经济条件下政府最优财政政策与货币政策选择的探讨(Lucas & Stokey, 1983; Chari et al., 1991)。

在有关灾难冲击的文献中,灾难事件既包括自然灾害,也包括人为造成的灾难,例如,经济或金融危机、世界大战、严重自然灾害等。一旦发生类似突发事件,将会给经济带来巨大的冲击与损失。这种冲击主要通过

以下两种途径影响经济：第一，灾难发生过后对经济直接造成的巨大冲击。第二，灾难带来的冲击通过预期进一步对宏观经济产生影响。这主要体现在：即使实际上还没有出现灾难事件导致的直接冲击，经济主体可能担心未来会受到灾难的冲击，从而影响人们的消费和投资等决策，进而影响经济平衡运行。如今，有很多学者研究预期冲击对宏观经济的影响，其中的一个重要方面就是灾难预期冲击。Gourio（2012）通过建立包含灾难冲击的实际经济周期模型（RBC 模型），发现灾难产生的风险会导致消费、产出等方面的下降。在我国，研究灾难冲击对我国宏观经济影响的文献还较少。陈国进等（2014）进行了类似的研究，他们认为，包含灾难冲击的 RBC 模型能更好地解释中国宏观经济的波动。陈彦斌等（2009）最早引进"灾难冲击"概念，他们研究发现，灾难所产生的风险确实会改变居民的行为模式，进而对整个社会的经济状况产生显著影响。目前已有一些文献研究了灾难冲击影响经济波动的途径，但政府如何利用政策对其进行调控还是亟待解决的问题。Niemann 和 Pichler（2011）基于 DSGE 模型，比较分析了"规则行事"和"相机抉择"在面对灾难冲击时的最优财政政策与货币政策组合，但是他们假设财政支出完全为非生产性的，忽视了财政的生产性支出。事实上，已经有很多学者对政府生产性支出与国家宏观经济之间的关系进行了研究。

如今，经济一体化进程飞速发展，各个经济体之间的联系越来越紧密。同时，我国经济也越来越多地暴露在全球各种金融风险中。在这样的经济环境中，根据我国现阶段的发展情况，选择最优财政政策与货币政策组合以应对金融风险可能带来的负面冲击，进而保持我国宏观经济平稳发展，不仅是研究的前沿热点问题，而且具有非常强的现实意义。此前，相关研究发现：中国在应对外来冲击时，实施"规则行事"比"相机抉择"导致的社会福利损失更少；政府生产性支出可以部分减小灾难冲击带来的影响，但同时也会弱化政府债务对灾难冲击的抵消作用；政府在引入通货膨胀后可以更多地依靠债务抵消一部分负面冲击，从而减少政府实施"相机抉择"政策带来的福利损失。

小　结

本节讨论了经济不确定性和灾难冲击两个方面对财政政策与货币政策造成的影响，该问题属于十分重要的前沿研究。不管是经济社会的不确定性还是自然社会的不确定性，都会打破原有财政政策与货币政策的协调作用机制。经济不确定性是诱发宏观经济波动的重要因素，其势必影响财政政策与货币政策的有效性。突发灾难也会影响既定的财政政策与货币政策的效果，因为财政政策与货币政策不得不改变以应对突发灾难。因此，建立财政政策与货币政策的应急机制也是以后研究的一个重要主题。

◆案例分析◆

财政政策与货币政策的搭配运用使美国经济走出大萧条

20世纪初，伴随着美国证券市场的蓬勃发展，投机势头也日渐强劲。人们疯狂涌进股票市场，梦想着一夜暴富。潮涌似的股票投机者集聚了大量风险，最终泡沫破裂诱发了严重的经济危机。1929年10月24日，纽约证券交易所股票价格断崖式下跌，股票遭到前所未有的疯狂甩卖，证券交易所充斥着失落和绝望，因此，这一天也被称为"黑色星期四"（Black Thursday）。随后，股价继续下跌，1638万股股票在一天之内被抛售，近50只主要股票的价格下跌了40%左右。曾经经济景气的现象消失，取而代之的是银行倒闭、产出下降和企业破产，市场一片萧条。失业率剧增，人民生活水平也跌入低谷。农产品价格严重下跌，农户无法继续进行农业生产。全面的金融危机爆发，美国经济陷入了前所未有的"大萧条"。

1933年，美国总统富兰克林·罗斯福（Franklin D. Roosevelt）实施"新政"挽救了美国经济。罗斯福新政将货币政策与财政政策搭配使用，使美国经济走出了大萧条。"新政"内容包括整顿金融业、工业和农业等。金融业方面的措施主要包括恢复银行信用、使美元贬值和刺激出口等；工业方面的措施主要是强化国家对工业生产的调节和控制，防止盲目竞争；农业方面的措施则是降低农业产品的供应量，稳定农产品价格和恢复农业生产。此外，"新政"措施还包括大力发挥"看得见的手"的作用，通过大力兴建公共工程来扩大就业、刺激社会需求，维护社会秩序。

"新政"采取了两轮渐进式的货币政策，两轮货币政策的重点有所区别，第一轮的目标在于在"救急"，而第二轮着重于"革新"。《紧急银行法》的目的是挽救银行业，《节约法》则旨在平衡收支。《托马斯修正案》允许扩大货币供应量，通过发行纸币、铸造钱币、降低储备金和美元法定黄金含量等条款，极大地增强了"新政"调控经济的灵活性和主动性。在这一时期，罗斯福政府实施的货币政策主要追求效率，旨在短暂而迅速地稳定经济。在第二轮货币政策中，罗斯福着力建立新的货币体系和新的货币管理结构。

"新政"运用了扩张型的财政政策。1933年5月，美国国会通过了《联邦紧急救济法》，并同时建立了联邦紧急救济署。其主要职能是将5亿美元的财政拨款分一半给各州使用。具体来说，地方政府每用掉3美元，联邦政府就补贴1美元；剩下的一半则全部交给财政拮据的各州，用来救济贫民和失业者。美国国会于1934年2月又追加了9.5亿美元的财政拨款。1933年6月，美国建立了公共工程署，负责基建工程。这些政策在一定程度上刺激了经济的复苏。1935年4月，美国国会通过了《紧急救济拨款法案》，并发放高达50亿美元的财政拨款。

1936年，凯恩斯发表了《就业、利息和货币通论》一书，书中论证了资本主义国家干预经济的必要性，并对罗斯福新政的成果给予了一定程度的肯定。"新政"大力发挥了政府"看得见的手"对资本主义经济的调节作用，并进一步提高了美国国家资本主义的垄断程度。

美国罗斯福新政将财政政策与货币政策有效搭配，挽救了美国经济，促使美国走出了大萧条。罗斯福新政主要有三个特点：

第一，运用财政政策与货币政策共同整顿银行业，防止危机进一步扩散。

第二，美联储主要发挥稳定市场的作用。"双宽松"的政策组合遏制了通货膨胀的进一步恶化。

第三，美国财政部动用黄金储备来增加货币供给并促进信贷扩张。例如，当1938年经济再次陷入衰退时，罗斯福动用14亿美元的黄金储备并辅之以宽松的货币政策来增加货币供给。

[资料来源："大萧条"词条，见百度百科（https://baike.baidu.com/item/%E5%A4%A7%E8%90%A7%E6%9D%A1/3304?fr=aladdin）。]

◆思考讨论题◆

1. 论述财政政策与货币政策协调配合的理论基础。
2. 解释"米德冲突"，并论述"米德冲突"主要弥补 $IS\text{-}LM$ 曲线的什么问题。

3. 简述"丁伯根法则"的原理,并思考其与 $IS\text{-}LM$ 曲线、"米德冲突"的区别和联系。

4. 论述开放经济下的"蒙代尔-弗莱明-多恩布什模型"。

5. 财政政策与货币政策的协调体现在哪些方面?

6. 论述财政政策与货币政策在经济周期的不同阶段的组合模式。

7. 梳理财政政策与货币政策的组合模式,并解释其各自主要解决什么问题。

8. 简述经济不确定性影响财政政策与货币政策的研究现状。

9. 简述在突发灾难情况下财政政策与货币政策是如何协调以促进经济复苏的。

10. 思考并论述传统财政政策与货币政策理论在解释现代经济发展方面的不足。

第十四章　货币政策与财政政策在中国的实践

中国是全球最大的发展中国家，我们的社会主义模式已经走过了几十年的风雨历程，取得了令人欣慰的成绩。最重要的原因在于中国找到了符合自身发展道路的经济模式，同样也探索出了具有中国特色的货币政策与财政政策搭配组合的实践道路。

第一节　中央银行与财政部门的资金联系

货币政策与财政政策的联系在组织结构上的体现是中央银行和财政部门的联系。从组织结构上看，中央银行与财政部门二者之间的联系主要体现在以下五个方面：第一，财政部门掌握着中央银行资本金的所有权，并在其中扮演着国家或者政府的角色。第二，中央银行的大部分利润会上交到国家财政（法律规定提存的除外）。当存在亏损时，国家财政也会进行弥补。第三，国家财政收支的大权由财政部掌握，国库主要由中央银行负责。第四，在财政部门发行债券的过程中，中央银行扮演代理人的角色，中央银行在需要时会依照法律规定从政府获取财政融资。第五，中央银行与财政部门通过相互协调和配合来满足两种政策的实施。政府作为市场主体之一，其与企业、社会组织、家庭和个人之间存在着很大的区别。其中最重要的区别是，政府在发行货币与调控货币中发挥了国家主权和财政信用的优势。在现代市场经济的大环境中，财政部门影响和调控货币供应与流通活动（简称为"货币流通"）的主要途径是调控财政收支和国库财政存款；中央银行影响和调控货币流通的主要途径是调节再贷款利率、存款准备金率和公开市场操作等。无论货币的发行主体是中央银行还是财政部门，都是典型的财政行为，因为无论发行主体是谁，发行都是完全以国家主权和财政信用作为基础的，其目的之一就是为了满足全社会范围内的交易便利和财富保全。具体来说，中央银行和财政部门的关系如图 14－1 所示。

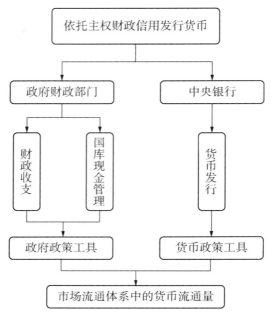

图 14－1 中央银行和财政部门的关系

第二节 中国货币政策与财政政策的历史回顾

1993 年以后，中国由计划经济过渡到市场经济。表 14－1 回顾了 1993 年以后中国实施的货币政策与财政政策。进入社会主义市场经济阶段后，中国的货币政策与财政政策之间的协调在宏观调控中呈现出阶段性特征，其主要体现在政策模式的搭配、政策工具的协调等方面。

表 14－1 中国货币政策与财政政策的历史回顾

阶　段	货币政策	财政政策
1993—1997 年	宽松、适度从紧	宽松、适度从紧
1998—2004 年	稳健	积极

续表 14-1

阶　　段	货币政策	财政政策
2005—2008 年	稳健	稳健
2008—2011 年	适度宽松	积极
2011—2019 年	稳健	积极

一、适度从紧的货币政策与适度从紧的财政政策协调阶段

1992—1993 年，中国处于经济体制改革的浪潮中，整个社会建设社会主义的热情高涨；同时，货币政策与财政政策二者皆采取了"双松"模式，导致货币供应量快速增长，中国面临巨大的通货膨胀压力，经济发展一度处于失控的状态。在经济过热与通货膨胀压力巨大的情形下，中国于 1994 年开始采取较为紧缩的货币政策与财政政策。在货币政策方面，国家上调贷款利率，严格控制信贷规模。与此同时，公众的投资热情也有减退的趋势。货币供应量的增速较之前明显降低，从 30% 逐步降低到 20% 以下，如图 14-2 所示。在财政政策方面，国家通过降低财政支出的增长率来控制局面，严格控制财政支出的赤字规模，同时进行税制改革，通过减少甚至取消生产增值税的措施来减少消费和投资。1996 年，中央银行开始开展将国债列为交易对象的公开市场业务，同时增加与货币政策和财政政策协调相关的工具来健全两大政策协调机制。

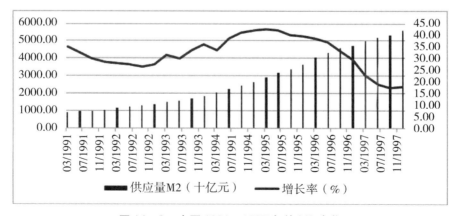

图 14-2　中国 1991—1997 年的 M2 变化

（数据来源：CEIC 数据库。）

经历了从"双松"模式到"双紧"模式的政策转变后,1997年中国的国内生产总值增长率为8.8%,中国的通货膨胀率与国内生产总值的增长率基本持平,约为8%。从数据可以看出,中国经济在快速增长的同时也缓解了通货膨胀的压力,经济局面实现了"软着陆"。但是,因为中国财政体制改革不深入,货币政策与财政政策之间还不能形成很好的协调机制,两种政策之间只是简单地相互替代,这在一定程度上影响了货币政策与财政政策相互协调运作的效果。

二、稳健的货币政策与积极的财政政策协调阶段

1997年7月,亚洲金融危机爆发,世界经济局势不景气,国外紧张的经济形势给中国经济造成巨大的影响。1998年以后,中国的经济增长速度放缓,一度跌破8%。与此同时,居民消费价格指数与工业品价格指数双双紧缩。毫无疑问,消费与投资也同样持续下跌,对外贸易额减少,中国经济面临着自改革开放以来最严峻的外部挑战。更糟糕的是,中国在1998年发生了严重的洪灾。为了改善当时的经济环境,中国采取积极稳健的货币政策与财政政策来抑制经济下行。其主要措施是通过扩大基础设施建设和提高住房消费这两个方面来刺激居民的消费与投资,从而维持经济增长。因此,1998年国内生产总值8%的增长率目标得以实现。

1998—2004年,中国通过将M2的增长率维持在15%左右来实施相对稳健的货币政策。1998年,中央银行将人民币的存贷款基准利率下调,并使其保持在2%左右。与此同时,法定存款准备金率也下降至6%左右。在贷款方面,中央银行对商业银行贷款的限额进行了调整,甚至一度将限额取消,并恢复了债券回购业务。尽管同时实施了多项货币政策,但对于恢复经济起到的作用依旧有限,消费与投资并未得到有效的改善。

1998—2004年,中国通过增发国债和调整财政支出实施积极的财政政策。首先是增发国债,用于基础设施投资和西部大开发。1998—2004年,中国一直实行积极的财政政策,国债发行规模较大,特别是在1998年发行了两批共5400亿元的国债和特别国债(见表14-2)。尽管采取的一系列扩大基础设施建设的举措在一定程度上拉动了经济的增长,对西部经济的发展起到了一定的促进作用,但同时也增加了国家财政赤字。其次,中国采取了调整财政收支与税收的措施。在调整财政支出放面,通过不断加大对公路、铁路等一系列基础设施建设的支出来拉动经济增长;加大对退

休职工的生活保障支出，提高低收入居民的平均收入水平，缩小贫富差距；在调整税收政策方面，不断地推进税制改革，通过提高出口退税率来刺激出口和消费需求。

表14-2 1998—2004年国债发行情况

发行年度	国债类型	发行总额（亿元）
1998	98国债2	2700.00
1998	98特别国债	2700.00
2001	01国债7	160.00
2001	01国债11	160.00
2001	21国债（7）	160.00
2001	国债917	160.00
2002	02国债05	260.00
2003	03国债（3）（上海证券交易所债券交易）	260.00
2003	03国债03（银行间债券市场交易）	260.00
2003	03国债14	1663.57
2003	国债0303	260.00

（数据来源：Wind数据库。）

三、稳健的货币政策与稳健的财政政策协调阶段

1998—2004年，中国采取了稳健的货币政策与积极的财政政策相互协调的模式，积极的财政政策在应对亚洲金融危机时发挥了一定的作用，使中国的经济保持较高的增长速度。但是，财政的压力因支出的扩大与国债的多次增发越来越大，这加重了政府的债务，呈现出对民间投资的挤兑现象，经济过热的现象明显。因此，从2005年开始，中国从实行稳健的货币政策与积极的财政政策转变为实行稳健的货币政策与稳健的财政政策，由此来调整经济结构、刺激消费与控制财政赤字等。

在此阶段，为实现经济目标，货币政策的选择侧重于稳健，采取的手段与工具灵活多样，在促进经济增长与调整经济结构等方面发挥了较为明显的作用：第一，不断推进汇率市场化的改革进程，将"以市场需求为基础并参考一篮子货币进行调节的有管理的浮动汇率制"作为新的汇率形成

机制，将货币政策的传导机制进行疏通，不断提高货币政策的传导效率。第二，对信贷政策进行治理，完善信贷结构，引导贷款方向，使贷款服务于国家支持的行业，深化经济结构改革。第三，丰富调节的手段，特别是运用利率、法定存款准备金率等工具，对货币供应量不断进行调整，使其控制在合理的范围内。中央银行在此期间多次调整法定存款准备金率和利率。截至 2007 年，普通存款类金融机构的法定存款准备金率达到了 13.5% 的新高度。将存款准备金率向上调整，防止投资的资金向外流入投资的热门领域，这在一定程度上也缓解了通货膨胀的压力。整体来看，此阶段的货币政策实现了由直接调控向间接调控的转变，对经济环境的治理起到了降低经济热度、控制通货膨胀、防范金融风险的作用。

在此阶段，国家也调整财政政策，使其不断地配合货币政策。在控制财政赤字方面，自 2005 年开始，中国就在不断提高财政收入。这很好地控制了财政赤字规模，2006 年的财政赤字率相较于上一年下降了 25% 以上。对国债（主要是建设国债）的发行数量也进行限制，这在一定程度上也缓解了政府的债务压力。同时，对财政支出结构进行了调整。在税收优惠政策方面，取消了农业税，降低了出口退税率。包括社会保障、科教、医疗卫生、"三农"等的民生领域的支出也在相应地扩大，不断地激发国内民众的消费动力。中国通过不断推进财政体制的改革，改变用财政投资支撑经济增长的模式，紧跟时代的步伐，打造现代化的企业制度，在资金融通的大环境中形成良好的资金流动。2005—2008 年，中国致力于"双稳健"的货币政策与财政政策，多种工具协调配合，特别是国债发行等政策性工具对财政政策与货币政策的协调配合发挥了积极的作用，缓解了通货膨胀的压力，维持了经济的平稳增长。同时，也加强了政策工具在进行结构调整中的积极作用，引导资金流向，整合推进各项改革举措以完善经济结构。

四、适度宽松的货币政策与积极的财政政策协调阶段

2007 年美国爆发的次贷危机，最终不断地扩大，逐渐形成国际金融危机，该危机的侵蚀从金融领域扩展到实体经济领域，使得中国经济发展面对较大的外部挑战。2008 年，世界经济增长呈现出衰减的趋势。中国也不例外，GDP 年度增长率从 2007 年的 14.23% 下降到 2008 年的 9.65%。另外，国际市场需求减少对中国的对外贸易造成了很大的冲击，

特别是加工贸易。国民经济在多种因素的影响下面临较大的下行压力,出现通货严重紧缩、消费需求严重不足的现象。因此,中国开始实施适度宽松的货币政策与积极的财政政策,在扩大内需的同时,注重经济结构的调整,使其更好地服务于缩小收入差距和保障民生的目标。

为了缓解国际金融危机导致国内经济低迷的状况,中国开始由稳健的货币政策向宽松的货币政策转换,主要通过扩大货币供应量来保证经济持续发展。中央银行从2008年下半年开始对存款准备金率和利率进行了多次下调,与此同时,通过取消对商业银行信贷规模的多种限制性约束条件来扩大社会资金融通的规模,给商业银行放权。商业银行可以根据自身状况来做出决策,将住房抵押贷款利率水平向下进行适度的调整,以促进国内民众的消费和投资。中央银行还加强窗口指导,积极地引导商业银行调整信贷结构,改变贷款投放的领域,例如,减少对高污染、高能耗等具有产业过剩特征的行业的贷款投放量,提高对小微企业、"三农"和高新科技产业的贷款投放量。

在国内外经济形势不断恶化的情形下,中国2008年的财政收入增长速度呈现出明显下降的趋势。为了使经济恢复活力,财政部门实施了积极的财政政策,不断地扩大财政支出与债务规模来刺激消费与投资。2009年,中国的财政赤字为7782亿元,这是2008年的5倍;中国的财政债务余额为60237.68亿元,较2008年增长了13.08%。到了2011年,中国财政债务余额首次突破70000亿元。在税收政策方面,国家积极推进增值税改革的进程,一系列举措不断出台,例如,降低企业的税收成本;加大对民生领域的低收入居民的补助,整体提高结构性减税的力度,不断缩小收入差距。

在国际金融危机结束后,为了恢复经济活力,中国采取了适度宽松的货币政策和积极的财政政策。政策的作用效果是立竿见影的,这使中国经济呈现出9%~10%的增长水平。中国也在危机中把握住机会,积极调整经济结构,例如,引导产业、城乡等的结构的调整,为世界经济的复苏做出了巨大的贡献。

五、稳健的货币政策与积极的财政政策协调阶段

2011—2019年,稳健的货币政策与积极的财政政策是中国的主要政策方向,用以解决经济结构中遇到的发展不平衡、不充分的问题,促进经济

高质量发展。我国的经济发展也步入新常态，从高速增长过渡到了中高速增长，促进经济增长的驱动模式也发生了转变，从要素与投资驱动向创新驱动过渡，经济结构也在不断地优化升级。2015年，中国国内经济结构分化明显。为了改善这种局面，中央政府决定通过供给侧结构性改革来纠正要素配置扭曲的现状，减轻企业税费负担，降低企业融资成本，不断地加大金融对实体经济的支撑力度，逐渐简政放权，鼓励创业创新，通过不断增加有效供给来满足人民群众的需求，从而实现提高中国社会生产力水平的目标。

稳健的货币政策主要是以控通胀、稳增长、促改革、调结构、防风险、惠民生为重点，并对货币供应量的增速进行合理控制，不断地创新与优化货币政策的工具，运用货币政策的不同种类组合来发挥优势，综合运用常备借贷便利（SLF）、定向降准、中期借贷便利（MLF）等一系列结构性货币政策工具，将资金流导入实体经济，加强防范系统性风险，致力于营造经济高质量发展的市场环境。首先，货币供应量增长速度应当保持适度的平稳。通货膨胀的压力则通过降低M0、M1、M2的增长率来实现。从2011年开始，我国M0、M1、M2的增速都呈现缓慢下降的趋势。特别是M2的增速下降幅度较为明显，从2011年的17.32%下降至2018年的6.99%。其次，积极地推进利率市场化改革。为了经济发展的需要，国家根据经济形势变化，灵活地调整存贷款基准利率，促进经济平稳增长。中央银行深入推进利率市场化改革，对货币政策的传导机制进行疏通和引导。另外，分别以常备借贷便利的利率为上限和超额存款准备金的利率为下限来构建利率走廊，构筑一套丰富的银行间市场基准利率体系。其间，中国也多次进行了存款准备金率的调整来应对短期经济的冲击，发挥定向降准等政策的优势来不断优化经济结构。最后，使用创新型货币政策工具。中国不断丰富货币政策工具，创新运用抵押补充贷款工具（PSL）、短期流动性调节工具（SLO）、常备借贷便利（SLF）、中期借贷便利（MLF）将流动性控制在合理范围，不断将资金导入实体经济。

在财政政策方面，中国近年持续实施积极性财政政策，例如进行结构性减税，通过不断优化财政支出结构来使财政投融资体系更加完备，逐步提高财政资金的使用效率，通过引导资金流向来优化经济结构。积极地实施结构性减税政策，促进"营改增"与增值税转型等多种改革措施的落实，将增值税的税率从原来的四档降低至三档，即为17%、11%、6%。

与此同时，为了改善农业经济，对农产品等进行税率优化，将农产品的增值税税率降至11%，比之前降低了2个百分点；加大对战略性新兴产业与科技创新的税收优惠力度，改革个人所得税制度；通过缓解小微企业的税负压力与减轻普通居民的税负来提高居民消费水平；通过减少赤字来优化财政支出结构，提高民生领域支出在一般公共预算支出中的占比，尤其是在教育、医疗、社会保障等公共服务领域的支出，其占比均有所提高。严格控制财政赤字规模，在保证政府债务风险可控的范围内减少财政赤字。

货币政策与财政政策在中国经济发展过程中面临结构性、体制性、周期性等多种问题的困扰，两种政策相互协调配合来促进供给侧结构性改革。财政部门为了较好地衡量人民币加入SDR后的利率，将短期国债的期限调整为三个月、六个月、九个月三种。这项调整为国债市场发展增添了活力，同时也较好地满足了中央银行开展公开市场业务的需要，反过来也配合了两种政策的实施。最近几年，中央银行通过对商业银行定期存款业务的跟进，在提高资金使用率的同时，也提高了对货币供应量的管控。2012—2019年，中国的GDP有了较为稳定的增长，整体稳定在6%～8%之间，其增长率分别为7.86%、7.77%、7.30%、6.91%、6.74%、6.76%、6.57%、6.30%。经济的稳步增长对居民消费起到了一定的促进作用。我国经济稳定增长，物价稳定，居民消费价格指数维持在2%左右；第三产业在整体经济中的比重加大了，消费在GDP中的占比不断上涨。一些新兴行业如高端装备制造业、人工智能等行业发展迅速，创新驱动发展与振兴乡村战略取得显著成效，中国的经济结构不断优化，供给侧结构性改革取得了显著的成效。

小　结

本节主要分析了中国自改革开放以来，货币政策与财政政策相互协调的历史进程。针对不同时期的经济状况，选择不同的货币政策与财政政策组合，解决经济发展问题。货币政策与财政政策按照松紧程度分为四个层次：松、积极、稳健和紧。松和紧是货币政策与财政政策的两个极端情况。随着经济形势的好转和对经济规律掌握程度的加深，中国很少实施极端的货币政策与财政政策。所谓松的财政政策或货币政策是指使银根松弛的措施，如减税、增加财政支出、降低准备金率与利息率、降低信贷支出等；收紧银根的措施则包括增税、减少财政支出、提高准备金率和利息率、压缩信贷支出等。当社会总需求小于总供给时，政策当局采取宽松的政策来增加社会总需求；反之，采取收紧的政策措施，抑制社会总需求的增长。近年来，中国采取稳健的货币政策。稳健货币政策的实施可以减少通胀，维持合理的通胀率。这种稳健的货币政策不仅避免了因货币政策实施所造成的物价上涨，也可控制不是由货币政策而是由其他因素如投机、垄断、经济结构失衡、消费预期偏差等引发的物价上涨。

第三节　如何促进中国经济增长

　　2019年，中国的GDP总值为99.09万亿元，同比增长6.1%，其中内需贡献最大。因此，拉动内需、促进投资是目前政府实现经济增长的突破点。新常态以来，中国处在经济发展的增速换挡期，只有发挥好货币政策与财政政策的协调促进作用，才能提高中国经济增长的速度和质量。

　　货币政策的手段主要有再贴现率、公开市场操作、法定存款准备金率等。中国通常利用货币供应量来影响商业银行的存贷款利率，并进一步影响经济发展。货币政策通过改变总需求来促进经济增长。增加货币供应量导致货币的需求量小于货币的供应量，资产组合持有人会倾向于通过购买其他资产以减少货币持有量，与此同时，资产价格会上涨，投资者的预期收益增加，此时消费组合发生变化，消费者需求旺盛，国内经济稳步增长。

　　在财政政策方面，政府使用政府支出与税收等政策工具，通过直接或间接的手段提高国民收入水平，增加社会总需求，实现经济稳定发展的目的。税收政策主要是指政府调整税率和税率结构。政府支出是指政府对商品与劳务的购买所产生的支出与转移支付。需要注意的是，政府支出的增加可能会引起私人部门消费或投资的降低，即政府支出会对私人部门投资或消费产生"挤出效应"。财政政策的作用途径主要有四个方面：①政府可能会通过出售政府债券的方式来为政府支出融资，在货币供应量不变的情况下，政府出售债券将会导致市场上流动资金的减少，利率随之上升，而利率的上升将导致私人部门投资成本加大，进而挤出私人部门投资。②如果政府采取增加税收的政策来为政府支出融资，那么增加税收将会减少私人部门的可支配收入，直接导致私人部门的消费投资减少。③在社会已实现充分就业的背景下，政府增加支出将会引起物价水平的提升，从而减少私人部门的消费和投资。④在开放经济体中，如果一国实行固定汇率制度，那么政府支出增加将导致价格水平上升，从而削弱本国商品在国际市场上的竞争力，进而导致出口减少；同时，因为政府支出增加也提升了本国的利率水平，根据利率平价理论，大量资本将涌入本国，货币供应量上升，利率向初始水平回落，对私人部门的投资或消费影响不大。如果一国实行的是浮动汇率制度，那么利率将根据供求关系调整到较高的水平，此时，国内私人部门投资与消费将减少。

在一国经济发生波动时，政府往往会同时运用货币政策与财政政策一起应对，两者相辅相成，共同促进社会经济的稳定发展。

一、中国财政政策与货币政策搭配面临的困境

目前，中国经济正处于增速放缓时期，2019 年中国的 GDP 增速为 6.1%，中国经济发展的重心正在从追求速度向追求质量转变。与此同时，中国的经济结构也亟须调整，在推进产业结构升级和国际化进程中，中国的财政政策与货币政策实施将面临新的挑战。

（一）财政收支不平衡加大，财政政策调控空间变小

一方面，随着中国"营改增"政策的实施，税收增速下滑，同时，对房地产交易市场的降温也使得中央与地方政府的土地出让收入减少；另一方面，中国持续加大对教育、医疗卫生、科技创新和社会保障的财政支出。因此，财政收入和支出的不平衡状况逐渐突出。未来在经济下行的情况下，想要通过实施积极的财政政策来刺激经济增长的空间被大大压缩。

（二）地方政府债务风险集聚，加大财政政策压力

中国政府财政赤字增速持续居高不下，导致债务集聚的风险加大。财政风险的不断扩大严重限制了政府职能的发挥，使得政府的财政政策不能发挥其最大的效用。据统计，2015—2020 年，地方政府债券累计发行 29.2 万亿元，平均发行年限为 8.7 年，平均发行利率为 3.45%。其中，新增 13.9 万亿元，置换 12.3 万亿元，再融资 3 万亿元。截至 2020 年年底，地方政府债券余额为 25.5 万亿元，年均增长率更是高达 12.55%。如此快速的债务积累导致一些地方政府的负债率过高。2020 年，全国 31 个省份的平均政府负债率为 31.93%，其中，北京市最低为 16.80%，青海

省最高为 81.64%。① 财政是国家治理的基础和重要支柱。作为现代财政制度的重要内容,地方债既处于中央和地方财政分权的核心领域,又承载了政府与市场对事权划分的逻辑。中央政府授权地方政府自主发债,一方面,避免了地方政府像以往那样通过融资平台变相担保举债等高风险的融资行为;另一方面,也通过要求省级政府严格遵守"统借统还"的原则分担了中央政府的财政压力。然而,这样的措施给了地方政府更大的债务发行专属权,也存在债务举借、使用、偿还以及分级管理主体错配的风险。同时,在"政绩锦标赛"的激励作用下,地方政府官员为了追求政绩、刺激经济发展或者各类"面子工程"等而进行的积极主动借债行为,也是地方债务不断攀升的重要原因。

(三)金融脱媒和金融创新降低了传统货币政策的有效性

金融脱媒会削弱货币政策的传导效果。金融脱媒通过利率、资产价格以及信贷三个渠道对货币政策的传导产生影响。首先,金融脱媒的深化会降低金融摩擦,从而降低外部融资溢价,这将对初始货币政策的冲击产生消极影响,最终造成产出缺口(产出与潜在产出的差值)对实际利率弹性的下降。因此,金融脱媒通过影响利率水平削弱了货币政策的有效性。其次,金融脱媒会影响资产的价格,导致资金不能自由流向高收益率的资产,从而产生了资源的配置扭曲,降低了国内生产的积极性,造成国内效率的严重损失。最后,金融脱媒会弱化货币政策的信贷传导效果。金融脱媒使得信贷融资的比重不断下降,对货币政策的传导效应起到了反向刺激的作用;同时,金融脱媒会降低投资者对商业银行的依存度,致使银行体系之外游离着大量的资金,因此会对货币政策传导的效果产生消极的影响。

金融创新对货币政策的影响主要体现在电子货币的发行与流通上。货币的本质是经济价值交换的流通媒介,用以维护交易主体的经济联系,并允许经济资源实现跨时空的配置优化。然而,电子货币的产生却绕开了中央银行和银联的监测,导致市场上的交易信息不完全,中央银行难以掌握资金流向,造成了货币政策实施的难度加大和货币政策的效率低下。首

---

① 刘颖:《2015 年以来地方债发行情况及政策建议》,载《债券》2021 年第 1 期,第 61~64 页。

先，电子货币体系降低了社会交易成本，促使货币流通加快，货币供应量变得不稳定。其次，电子货币体系促使货币结构出现替代效应，现金依赖性下降，而这不利于中央银行货币政策的实施。

（四）汇率和利率市场化改革倒逼货币政策调控的转型

中共十八届三中全会通过了《中共中央关于全面深化改革若干重大问题的决定》，该决定对利率与汇率市场化提出了新的要求。在微观层面上，利率市场化会提高金融机构之间的竞争，对商业银行的自主定价力、盈利模式、业务与管理的转型提出了新的要求；在宏观层面上，利率市场化也会促进金融脱媒，而金融脱媒会削弱传统货币政策的影响，因此，需要货币政策积极转型配合。在汇率市场化的改革进程中，2012 年，中国取消了银行间非美元货币波动幅度限制，并且将美元与人民币汇率的日常波动幅度扩大为中国外汇交易中心当日公布的中间价的 ±1%。2015 年 8 月，中央银行宣布了人民币对美元汇率的中间价报价机制。按照该中间价报价机制，做市商在每日银行间外汇市场开盘前，参考上日银行间外汇市场收盘汇率，综合考虑外汇供求情况以及国际主要货币汇率变化，向中国外汇交易中心提供中间价报价。这一举措加速了人民币兑美元汇率的市场化，较之前更加贴切地反映了外汇市场上的供求关系。汇率市场化改革在深度和广度的范围内进一步提高。同时，汇率市场化改革也促进了多种改革的配合发展，例如，汇率和利率市场化改革的互相配合、资本账户开放和货币政策框架调整的互相配合等。伴随着汇率市场化改革与资本项目开放的推进，作为货币政策工具之一的汇率的作用会逐渐弱化，货币政策作用的发挥依赖于其他价格工具（如公开市场操作、准备金率等）的程度加深，货币政策加速转型迫在眉睫。①

二、中国财政政策与货币政策搭配应注意的问题

（一）两大政策的协调配合要以实现社会总供求的基本平衡为共同目标

宏观调控的主要目的是实现社会总供求的平衡。这种平衡既包括总量

---

① 余斌、张俊伟：《新时期中国财政、货币政策面临的挑战和对策》，中国发展出版社 2014 年版。

的平衡，也包括结构的平衡。两大政策对总量与结构平衡的调节都有较强的作用，同时也存在区别。从调节重心来看，货币政策调节的重心在总量，而财政政策调节的重心在结构，二者相辅相成，共同为实现经济总平衡发挥作用。

（二）两大政策协调的初衷应是促进经济的发展

评价经济发展，不仅要关注经济发展的产值与增速，还要关注社会生产率的发展状况、经济结构的优化、效益与环境的平衡发展状况等多个维度。因此，货币政策与财政政策协调配合优劣与否应是一个综合评价的结果，既要看速度，又要看质量。

（三）两大政策既要相互支持，又要相互保持独立

对比发现，财政政策与货币政策二者在目标与调节对象上存在差异。其中，货币政策的调节对象主要是各类金融机构与国有商业银行，其目的通常在于调节货币供应量；而财政政策的调节对象是财政收支与纳税人，其目的在于维持财政收支平衡与优化财政收支结构。在政策传导方面，货币政策的传导方式主要是商业银行和其他金融机构进行基础货币创造并流通，进而影响市场和经济主体，其作用时滞比较长；财政政策的收支调控直接作用于购买力，几乎没有时滞，能够直接对投资与消费产生作用。正是这种差异，使得两者优势互补。此外，货币政策和财政政策又是相互联系的，这种复杂的联系可以简单理解为，往往一个政策的变动会对另一个政策产生影响。因此，政府在运用这两大政策时应充分考虑两者之间的联系与区别。

（四）从现实情况出发进行两大政策的搭配选择

采取货币政策还是财政政策，要视情况而定。两种政策之间如何搭配，要基于国民经济运行状况的分析进行研判，要符合本国国情。当经济过热时，适合选择相对紧缩的财政政策与货币政策；而当经济低迷时，适合选择相对宽松的财政政策和货币政策，以刺激消费和投资，拉动经济增长。

三、如何促进财政政策与货币政策的有效搭配

实行财政政策与货币政策的目的是实现经济增长、促进就业、稳定物价和促进国际收支平衡。财政政策与货币政策协调搭配所追求的目标应当

处于二者独自实施的目标区间内,即"宏观调控目标区间"。

(一)根据周期、趋势、外部冲击三大因素来搭配两大政策

财政政策与货币政策的实施通常需要考虑三大因素,即经济周期、发展趋势与外部冲击。

首先,经济周期有四个阶段(衰退、萧条、复苏、繁荣),在各个阶段,最优的松紧组合不同。第一,当经济处于复苏阶段时(即温和增长与低通胀),可以实行"紧财政、松货币"的财政政策与货币政策组合来保证经济稳健的增长;第二,当经济处于繁荣阶段时(即高增长与高通胀),可以实行"紧财政、紧货币"的财政政策与货币政策组合来为经济过热降温;第三,当经济处于萧条阶段时(即低增长与高通胀),可以实行"松财政、紧货币"的财政政策与货币政策组合,用以处理高通胀过程中经济急速下滑的局面;第四,在经济陷入衰退阶段时(即低增长与低通胀),应该实行"松财政、松货币"的财政政策与货币政策组合,以刺激经济早日复苏。

其次,在考虑发展趋势时,需要跳出周期因素的局限。当经济增长阶段出现转换、经济结构面临深度调整时,需对传统财政政策与货币政策进行适度调整。如若不进行改变,则实际增长率将难以达到预期,甚至会造成物价持续上涨,引发严重的通货膨胀。

最后,在考虑外部冲击因素时,尤其是像新冠肺炎疫情这样的突发公共卫生事件时,运用非常规的手段或者方法来刺激经济是必要的,也是可取的。需要注意的是,在这种情况下,要更多地关注刺激政策实施的时机,应在不合时宜时及时退出,不可以将非常规的应急措施变成常态化的制度安排。非常规财政政策与货币政策只是"特效药",而不是"调理药"。

(二)财政政策与货币政策应从"裁量型"向"规则型"转变

虽然中国在实行宏观调控政策的时候会宣布实行"宽松的"或者"紧缩的"财政政策或货币政策,但"紧"或者"松"的程度是很难进行量化的。就目前而言,中国的财政政策与货币政策实施的特点更偏向于"裁量型",从长远来分析,两种政策实现由"裁量型"向"规则型"转变显得尤为重要。财政政策规则必须遵守"黄金规则"(Golden Fiscal Rule, GFR),也就是说,政府在为公共物品投资时通过发行公债进行融资的过程中需保持经常性预算平衡。"黄金规则"强调将政府的经常性支出与资本性支出进行严格的区别处理,避免财政通过隐性担保的路径来为公共物品资本投融资,以减少甚至避免金融体系危机,同时也保证了财政资金的安全。货币政策需要遵守的重要规则有两类:不可调节的工具规则,即按照固定不变的方式进行操作,如"弗里德曼规则"(Friedman Rule);可以调节的工具规则,包括以货币为基础的"麦科勒姆规则"(McMallum Rule)和以利率为基础的"泰勒规则"(Taylor Rule)。

(三) 协调三大政策接口,加强两者的协调配合

财政政策与货币政策之间主要有三大接口:财政盈余、外汇储备与公开市场操作中的国债。但是,在使用之前应对其进行深入的分析。

首先,财政盈余表面上是财政问题,实际上与货币政策之间存在较为紧密的联系。如果将其放在中央银行,其实质就是收紧流动性;如果将其放在商业银行,其实质就是投放流动性。因此,对于财政政策和货币政策的实施,当局之间的协调就显得尤为重要。例如,2013年的"钱荒"实质上就是中央银行难以对财政系统的政策动向进行准确的把握,因此无法适时提供足够的流动性,从而凸显出财政政策与货币政策加强协调配合的紧迫性。

其次,外汇储备看起来是货币问题,其实与财政密切相关。在中国,外汇管理责任是属于银行的;但在英国、日本、加拿大等国,外汇管理责任却是属于财政部门的;而在美国、韩国等国,则是由财政部和中央银行共同管理。外汇管理责任属于谁,不仅意味着谁就应当承担维护汇率稳定的责任,也意味着谁就应当承担维持汇率稳定所需要的成本。如果由财政部门对汇率稳定担负责任,财政部门会根据财政政策的需求量力而行,不会一直不计成本地干预汇率,因而存在一定的约束机制。但是,如果是由中央银行来负责汇率稳定,那么中央银行就只能依靠投放外汇占款来大量购汇,不仅容易给人造成稳定汇率无须成本的假象,而且全部压力也都集中于中央银行,因而缺乏约束机制。根据以上的分析,关于外汇储备管理的责任是由中央银行还是由财政部门来承担需要更多的讨论。

最后,关于公开市场操作,以国债为例,大多数发达国家都禁止中央

银行直接从财政部门购买国债,日本除外。但是在中国,公开市场操作的对象不仅有国债,还有中央银行票据。尽管中央银行票据丰富了中央银行的政策工具,却对财政政策的配合产生了一定的阻力。因此,可考虑通过增加国债的品种与数量来逐渐替代中央银行票据。①

(四)摆正财政政策、货币政策协调配合的地位

从地位的角度分析,财政政策与货币政策应具有平等的地位。二者作为政府调控宏观经济的重要手段,如何看待两种政策的地位,将影响我们对财政政策与货币政策的把握。如今,中国对经济的宏观调控主要集中于财政政策,其主要原因是财政政策相较于货币政策而言更为成熟,效果也较为明显。但是,这并不意味着货币政策对于中国宏观经济的调控效果不明显、发挥的作用不大。恰恰相反,货币政策对中国宏观经济的调控同样重要。首先,精准的货币政策往往会比财政政策展现出更大的优势。例如,货币政策操作属于一种经济行为,对经济的调节作用比较缓和和灵活,有利于市场机制作用的发挥。因此,政府要想对经济社会发展中的问题精准调控,应主要运用货币政策。其次,以往的货币政策调控效果看起来"更差"的原因更多地在于中国的金融体系不完善、金融工具单一。所以,我们更应该注重现代金融体系的完善和银行系统的变革,发挥货币政策的优势,提高货币政策宏观调控的效果。

小 结

本节在前文理论研究的基础上,根据中国的现实情况,指出财政政策与货币政策协调配合的必要性,对中国财政政策与货币政策配合中存在的问题进行分析,认为财政政策与货币政策的配合,应以实现社会总供求的基本平衡为出发点;要根据经济周期、发展趋势和外部冲击,审时度势地选择有效的政策组合模式;两种政策应从"裁量型"向"规则型"转变;最重要的是要实事求是,从中国实际出发,力图解决中国的现实问题。最后,本节根据中国国情,提出关于财政政策与货币政策协调配合的建议。

---

① 余斌、张俊伟:《新时期中国财政、货币政策面临的挑战和对策》,中国发展出版社2014年版。

◆案例分析◆

日、韩两国增长转换阶段的财政政策和货币政策经验

1. 日本的财政政策和货币政策

20世纪70年代，日本开启了转换增长阶段的进程。面对石油危机与布雷顿森林体系崩溃的国际形势，日本曾经使用"宽财政＋宽货币"的政策来促进经济发展。这期间所采用的措施包括提高政府支出，积极推行"日本列岛改造计划"；降低贴现率，试图使日元汇率保持稳定且为给日元升值减压；增加对外援助、扩大进口、降低关税；等等。但是，这一系列的财政政策和货币政策措施不仅没有达到预期效果，还增添了通货膨胀的压力。日本又不可避免地选择了"紧财政＋紧货币"的政策搭配来稳定物价，公共支出项目被大量地推迟，贴现率上升。这最终导致了企业纷纷向结构调整的道路进军，提高了企业的竞争力，为日本经济摆脱第二次石油危机的影响打下了扎实的基础。从今天来看，当时日本成功的关键是选择了有效的经济政策。首先，独特的制度安排使得日本各项经济政策都能有效发挥作用。日本在高速增长期"生产"了许多制度，例如，年功序列工资制和终生雇佣制，还形成了大小企业之间、银行与企业之间相对稳定的合作关系。这些制度和合作关系不仅有利于企业积累技能和发展竞争力，还对知识创新有一定的促进作用。其次，日本积极利用产业基础，鼓励企业加速折旧与资本积累，引导企业创新技术、降低成本、调整产能，这些措施都取得了一定的效果。

2. 韩国的财政政策和货币政策

从1962年开始，韩国的经济飞速发展，渐渐形成由政府主导的出口导向型经济增长模式。进入20世纪80年代，供求条件发生了变化，韩国经济的高速增长难以持续，出现了经济增长减速、制度转型与动力转换的局势。尽管韩国采取了多种措施，但是政策效果并不明显。韩国的财政政策和货币政策主要包括：①宏观调控稳定政策和宽松的货币政策；②政府在社会福利方面扩大支出，在基础设施建设方面亦如此；③积极推动金融自由化，但相关的监管机制并不完善，金融风险不断积聚；④积极开放资本市场，但是货币种类与期限的错配较为严重。从一定意义上讲，1997年韩国金融危机爆发的很大一部分原因是韩国在增长转换期的政策和经济调整不到位。

3. 启示

深入分析20世纪70年代的日本与80年代的韩国，可得出两国财政政策和货币政策组合的共性经验。两国"政策包"的三个主要成分是：稳健又偏向紧缩的货币政策与相对稳健的财政政策；以放开各种管制政策为主的供给政策；以金融安全网与社会安全网为主的托底政策。

首先，采取稳健又偏紧的货币政策。这种政策的优势在于能够解决增长转换期阶段的主要矛盾，特别是其用结构性减速来代替周期性减速，用结构调整来代替需求刺激。此外，实施稳健又偏紧的货币政策的优点在于能够抑制通货膨胀与资产泡沫，从而使得社会综合成本降低，提高企业与国家的竞争力；在为企业降低成本、提升管理技术创新增添压力与动力的同时，提高企业的长期竞争力。

其次，采取稳健型财政政策。稳健型财政政策与稳健又偏紧的货币政策搭配，可以防止财政政策转向投资刺激而延缓经济转型升级。经济的转型与创新皆存在不确定性，这就需要不断地优化财政支出结构，实行税收优惠，尤其是针对小微企业以及与设备投资和企业创新等相关的领域，以便于让市场更好地寻找未来发展的方向。

再次，放开服务业准入条件。在工业化后期，服务业较大程度地拉动了经济增长与就业。政府应以交通运输、金融、文化教育、科研、通信等为重点，降低其市场准入门槛来增强市场竞争力，提高服务业的劳动生产率，加快全要素生产率的提升。

最后，建立金融安全网与社会安全网。处于转型期的中国面临着一定的失业与财政、金融风险。这就需要建立相关的存款保险制度，全方位地加强金融监管，积极实现市场自律；同时，也需要完善相关的失业保险制度，加强社会安全网的建立，降低改革的经济成本。

（资料来源：余斌、张俊伟：《新时期中国财政、货币政策面临的挑战和对策》，中国发展出版社2014年版，第10～13页。）

◆思考讨论题◆

1. 简述中央银行和财政部门的联系。

2. 列举改革开放以来中国历次财政政策与货币政策的协调配合阶段，以及阐述各自阶段主要解决的问题。

3. 2008年全球金融危机期间，中国是如何实施财政政策与货币政策以促进经济复苏的？

4. 分析目前阶段中国财政政策与货币政策的局限性和不足之处。

5. 简述财政政策与货币政策协调配合的必要性。

6. 在目前金融创新的情况下，法定数字货币是如何影响财政政策与货币政策的有效发挥的？

7. 财政政策与货币政策的协调应该注意的问题有哪些？如何有效发挥其相对优势？

8. 财政政策与货币政策从"裁量型"转变为"规则型"，主要解决的问题是什么？

9. 财政政策与货币政策的三大接口是什么？它们之间有着怎么样的联系？

10. 思考并讨论在结构转型期的中国，应该如何摆正财政政策与货币政策的位置，提高其协调的效率，以解决当下现实问题。

参 考 文 献

[1] Barnett W A, Fisher D, Serletis A. Consumer Theory and the Demand for Money [J]. World Scientific Book Chapters, 1992, 30 (4): 2086 – 2119.

[2] Barnett W A. Economic Monetary Aggregates—Reply [J]. Journal of Eco-nometrics, 1980, 14 (1): 57 – 59.

[3] Bernanke B S, Blinder A S. Credit, Money, and Aggregate Demand [J]. American Economic Review, 1988, 78 (2).

[4] Fama E F. Banking in the Theory of Finance [J]. Journal of Monetary Economics, 1980, 6 (1): 39 – 57.

[5] Fisher I. The Purchasing Power of Money: Its Determination and Relation to Credit, Interest and Crises [M]. New York: Macmillan Company, 1920.

[6] Friedman M. The Social Responsibility of Business is to Increase its Profits [J]. New York Times Magazine, 1970, 13 (33): 173 – 178.

[7] Markowitz H. Portfolio Selection [J]. The Journal of Finance, 1952, 7 (1): 77 – 91.

[8] Mishkin F S. The Economics of Money, Banking and Financial Market [M]. Dallas: Pearson Publications Company, 2016.

[9] Pigou A C. The Value of Money [J]. Quarterly Journal of Economics, 1917, 32 (1): 38 – 65.

[10] Stiglitz J E, Weiss A. Credit Rationing in Markets with Imperfect Information [J]. American Economic Review, 1981, 71 (3): 393 – 410.

[11] Tobin J. Liquidity Preference as Behavior Towards Risk [J]. Review of Economic Studies, 1958, 25 (2): 65 – 86.

[12] 贝纳西 – 奎里, 等. 经济政策: 理论与实践 [M]. 徐建炜, 等,

译. 北京：中国人民大学出版社，2015.

[13] 博芬格. 货币政策：目标、机构、策略和工具［M］. 黄燕芬，等，译. 北京：中国人民大学出版社，2013.

[14] 陈共. 财政学［M］. 10版. 北京：中国人民大学出版社，2020.

[15] 陈青. 人民币利率传导机制研究［D］. 南昌：南昌大学，2012.

[16] 陈雨露，王芳，杨明. 作为国家竞争战略的货币国际化：美元的经验证据——兼论人民币的国际化问题［J］. 经济研究，2005（2）.

[17] 邓婧. 电子货币发展及对中央银行货币政策影响实证研究［D］. 北京：北京交通大学，2009.

[18] 董化杰，王毅. 财政收支与货币政策操作［J］. 中国金融，2011（12）.

[19] 多恩布什，费希尔，斯塔兹. 宏观经济学［M］. 12版. 王志伟，译. 北京：中国人民大学出版社，2017.

[20] 弗里德曼. 货币经济学［M］. 任力，译. 北京：中国人民大学出版社，2020.

[21] 高洪民. 关于香港离岸人民币存款变动影响因素的理论和实证研究［J］. 世界经济研究，2017（9）.

[22] 高鸿业. 西方经济学［M］. 7版. 北京：中国人民大学出版社，2020.

[23] 郭长林. 被遗忘的总供给：财政政策扩张一定会导致通货膨胀吗？［J］. 经济研究，2016（2）.

[24] 国务院发展研究中心"新时期我国财政、货币政策面临的挑战与对策"课题组，余斌，张俊伟. 新时期我国财政、货币政策面临的挑战与对策［J］. 管理世界，2014（6）.

[25] 胡奕明，王雪婷，张瑾. 金融资产配置动机："蓄水池"或"替代"？——来自中国上市公司的证据［J］. 经济研究，2017（1）.

[26] 吉松涛. 铸币税、货币化与中国经济增长研究［D］. 成都：西南财经大学，2006.

[27] 加利. 货币政策、通货膨胀与经济周期：凯恩斯主义分析框架引论［M］. 杨斌，于泽，译. 北京：中国人民大学出版社，2013.

[28] 姜伟. 当前我国宏观经济下的财政政策［J］. 黑龙江对外经贸，2008（10）.

[29] 李春根，廖清成. 公共经济学［M］. 武汉：华中科技大学出版社，2015.

[30] 李建军，罗明雄. 互联网金融［M］. 北京：高等教育出版社，2018.

[31] 李劲松，肖利平. 凯恩斯主义货币需求理论的演变和发展［J］. 江汉论坛，2003（2）.

[32] 李俊生，姚东旻，李浩阳. 财政的货币效应——新市场财政学框架下的财政 - 央行"双主体"货币调控机制［J］. 管理世界，2020（6）.

[33] 凌高. 美元货币供应量对黄金价格影响分析［D］. 杭州：浙江大学，2013.

[34] 凌江怀，等. 金融学概论［M］. 北京：高等教育出版社，2020.

[35] 凌一楠. 货币供给、通胀预期对我国农产品价格波动的传递效应研究［D］. 重庆：西南大学，2015.

[36] 柳欣. 劳动价值论与马克思主义经济学［J］. 南开经济研究，2001（5）.

[37] 吕旺实，王美桃. 现代铸币税研究［M］. 北京：中国财政经济出版社，2016.

[38] 罗森，盖亚. 财政学［M］. 10版. 郭庆旺，译. 北京：中国人民大学出版社，2015.

[39] 马海涛. 财政理论和实践［M］. 北京：高等教育出版社，2018.

[40] 任泽平，甘源. 2019年降准降息空间有多大？——PPI才是中国货币政策最重要的锚［EB/OL］.（2019 - 01 - 29）［2021 - 03 - 02］. http://www.wenlvbang.com/image/admin/research/1548727579221.pdf.

[41] 萨缪尔森，诺德豪斯. 萨缪尔森谈财税与货币政策［M］. 萧琛，译. 北京：商务印书馆，2012.

[42] 王春丽. 创新视域中的供给侧结构性改革研究［J］. 经济问题，2018（8）.

[43] 吴化斌，许志伟，胡永刚，等. 消息冲击下的财政政策及其宏观影响［J］. 管理世界，2011（9）.

[44] 谢平，石午光. 数字货币新论［M］. 北京：中国人民大学出版社，2019.

[45] 徐新华. 人民币国际化研究：理论与实证［D］. 上海：复旦大学，2006.

[46] 杨志清. 国际税收［M］. 2版. 北京：北京大学出版社，2017.

［47］姚前. 数字货币初探［M］. 北京：中国金融出版社，2018.

［48］易纲. 中国的货币化进程［M］. 北京：商务印书馆，2003.

［49］尹敬东. 不确定性、风险和投机性货币需求分析［J］. 数量经济技术经济研究，2000（5）.

［50］尹敬东. 凯恩斯主义货币需求理论的微观基础及其启示［J］. 云南财贸学院学报，2000（1）.

［51］于凤. CPI 与我国旅游上市公司成长性相互关系研究［D］. 西安：陕西师范大学，2013.

［52］曾康霖. 金融经济学［M］. 成都：西南财经大学出版社，2002.

［53］张德勇. 财政支出政策对扩大内需的效应——基于 VAR 模型的分析框架［J］. 财贸经济，2013（8）.

［54］钟伟. 数字货币：金融科技与货币重构［M］. 北京：中信出版社，2018.

［55］周秋红. 流动性过剩测度指标及实证研究［D］. 成都：西南财经大学，2010.

［56］邹彤. 实际有效汇率波动对人民币国际化的影响因素分析［D］. 武汉：武汉大学，2018.

后 记

作为"国家金融学"系列教材的副主编,我负责主编《国家金融政策组合》一书。在2019年11月策划编撰此书的时候,我初步拟订书名为《货币政策与财政政策》,后与丛书主编陈云贤教授反复论证后,为了与丛书的风格保持一致和内容衔接,将书名定为《国家金融政策组合》。除了保留原有货币政策和财政政策两大部分内容外,还补充了货币政策与汇率政策、监管政策等的组合分析,以及国家金融政策的组合方式、协调机制和实施效果等内容。为了增强本书的可读性和现实意义,我决定在本书的每一节后面做个小结,在每一章增加若干个现实案例,在每一章的最后列出若干道思考讨论题,以期为国家金融政策组合的相关研究和理解做一些有益的补充。

在决定出版本书后,我邀请邓贵川副教授联合负责此书的编写工作。在确定了编写团队和进度后,我与邓贵川副教授进行了细致的分工和密切的合作。我负责全书的写作框架、大纲和章节安排,邓贵川副教授负责各章节的小结以及每章的案例分析和思考讨论题,并做好内容衔接和写作风格的统一工作。在后续编写过程中,由三位博士研究生负责各章(张伟俊负责第1~5章,孙霄霓负责第6~10章,廉胜南负责第10~14章)的材料收集工作,最后由我和邓贵川副教授统稿和修订,完成第一轮编写工作。第一轮完成后,进入第二轮编写工作。为了提高本书的质量,第二轮编写工作尤为重要和复杂:第一步,由两位博士研究生李嘉杰、赵成林和两位硕士研究生李佳纯、何巧超对第一稿内容逐章进行细致的修改;第二步,邓贵川副教授对四位同学修改后的内容逐章进行第二轮全方位的修改;第三步,邓贵川副教授修改后的书稿交由我审阅修订(此轮总共三批次审阅修订);第四步,责任编辑在审稿后将书稿返回给编写组,邓贵川副教授和我对相关表述与专业术语再次进行校对和修改。通过上述四步修订工作,书稿基本成形。完成第二轮编写工作后,进入第三轮编写工作,由邓贵川副教授和我对全书从整体上进行修订，避免前后术语表述不一致等现象。我对书稿做最后审阅。从 2019 年 12 月确定全书的写作框架到 2021 年 10 月该书出版，历时 22 个月，大家都付出了莫大的努力。感谢本书的责任编辑徐诗荣，他出色的文字编辑工作，让本书得以尽早与读者见面；感谢在编写过程中给予我们帮助的家人、朋友和学术同仁；感谢中山大学国际金融学院国际经济研究中心的师生们对本书编写工作的支持和帮助；感谢国家社会科学基金重大项目（16ZDA042）、国家自然科学基金青年项目（71903205）、广东省自然科学基金重点项目（2017A030311037）和广东省自然科学基金面上项目（2020A1515011106）的资助。

国家金融政策组合是一个新兴的研究领域，由于作者水平有限，编写时间仓促，所以书中错误和不足之处在所难免，恳请广大读者批评指正。

黄新飞

2021 年 10 月 8 日